Der Januskopf des Fortschritts

Gion Condrau

Der Januskopf des Fortschritts

Gesellschaftspolitische Gedanken eines Psychiaters

Benteli Verlag Bern

ISBN 3-7165-0125-5

© 1976 Benteli Verlag, 3018 Bern
Typographie, Satz und Druck: Benteli AG, 3018 Bern
Printed in Switzerland

Janus *gilt als einer der ältesten römischen Götter, der vor jedem Gebet und Opfer angerufen werden musste. Er ist der Gott des Anfangs und Endes, er schützt die «Durchgänge», die Türen und Tore, regiert das Jahr und die Zeit, dargestellt mit Zepter in der Rechten, Schlüssel in der Linken, mit zwei Gesichtern, einem jugendlichen und einem bejahrten, vor- und rückwärtsblickend in die Zukunft und in die Vergangenheit zugleich.*

Auch der Fortschritt hat einen Januskopf. Vergangenheit und Zukunft verweben sich in der Gegenwart, sind immer gleichzeitig präsent und mahnen den modernen Menschen daran, dass alles, was wir tun, nur Durchgang und Tor ist – wie wir hoffen, zu einer menschenwürdigen Zukunft.

Inhalt

Vorwort

In meinem Buch «Aufbruch in die Freiheit» habe ich ein eigenes Kapitel der politischen Verantwortung des Arztes in der modernen Industriegesellschaft gewidmet. Darin wurde unter anderem auf die sozioökonomischen Zusammenhänge neurotischer und psychosomatischer Krankheiten eingegangen, ausführlich über das Problem der Drogenabhängigkeit, der modernen Ehesituation und der Erziehung berichtet sowie Gesundheits- und Jugendpolitik besprochen. Der vorliegende Band kann als Fortsetzung jenes Buches betrachtet werden. Es handelt sich auch hier wiederum um Vorträge und Aufsätze, allerdings samt und sonders in erweiterter Form um solche, die ich für verschiedene Gelegenheiten verfasste. Der wissenschaftlich-medizinische Ansatz, von dem ich ausgehe, ist jener der *Daseinsanalyse*. Damit ist bereits angedeutet, worum es mir in der Politik geht.

Die Daseinsanalyse, aus der Psychoanalyse Sigmund Freuds und der philosophischen Daseinsanalytik Martin Heideggers erwachsen, versucht als Wissenschaft, sich von den unmittelbar gegebenen und sich zeigenden Erscheinungen ansprechen zu lassen, auf traditionelle theoretische Abstraktionen und gedankliche Konstruktionen zu verzichten. Insbesondere hebt sie sich von jener naturwissenschaftlichen Betrachtungsweise ab, die im Menschen lediglich ein biologisches, Kausalgesetzen gehorchendes, berechenbares, wäg- und messbares Wesen sieht. Die phänomenologische oder daseinsanalytische Sicht öffnet den Blick gerade für das Wesentliche am kranken und gesunden Menschen, das nicht quantitativ erfasst werden kann. In einer Zeit aber, da medizinische Begriffe wie «Krankheit» und «Gesundheit» stetem Wandel unterworfen sind und eine soziologisch erweiterte Fassung erhalten haben, kann auch die Daseinsanalyse – so wenig wie die Psychoanalyse – lediglich als ein individuelles Heilverfahren betrachtet werden.

Neben der philosophischen und der psychotherapeutischen Dimension sind gesellschaftsbezogene Probleme mitzuberücksichtigen. Der Arzt, der Psychiater und Psychotherapeut im besonderen – so habe ich es bereits einmal formuliert – hat seine Rolle als Geheimnisträger seiner Wissenschaft und als Hüter einer autoritären, individuellen, ausschliesslich technisch orientierten Medizin ausgespielt. Er steht im Zentrum der gesellschaftlichen Problematik unserer Zeit, ohne allerdings seine traditionellen Verpflichtungen aufzugeben. Die Interdependenz von Gesellschaft und Individuum, von Krankheit und Gruppe, der Einfluss des Sozialverhaltens auf die Gesundheit zwingen ihn, sich neuen Fragen zuzuwenden.

Im Vordergrund der politischen Interessen der letzten Jahre stehen neben den Fragen der wirtschaftlichen Rezession und sozialen Sicherheit besonders auch gesellschaftspolitische Probleme. Umweltschutz, Stressbewältigung, Frauenemanzipation, Schwangerschaftsabbruch und Euthanasie bewegen unsere Zeitgenossen in allerhöchstem Masse. Hier darf auch der Arzt der Diskussion nicht ausweichen. Von diesem Zeitgeschehen handeln meine Beiträge.

Herrliberg, Herbst 1976

Psychoanalyse und Gesellschaft

Die Psychoanalyse, von ihrem Begründer Sigmund Freud zunächst ausschliesslich als Heilbehandlung seelischer Störungen des kranken Individuums gedacht, erweitert heute offensichtlich ihr Untersuchungsgebiet durch den Einbezug soziologischer und politischer Dimensionen. Die Berechtigung, ja Notwendigkeit dazu leitet sie davon ab, dass sie nicht nur eine psychotherapeutische Methode, sondern immer auch eine *Wissenschaft vom Menschen* ist. Als solche hinterfrägt sie den Sinn menschlicher Existenz, beschäftigt sie sich mit der Frage nach dem «Wer bin ich?» und den Bedingungen, unter denen unser Dasein zu existieren vermag. Dabei hat es sich gerade auch aus dem Studium neurotischer Fehlentwicklungen deutlich gezeigt, dass der Mensch in *Beziehungen* lebt, mit den Mitmenschen, mit anderen Lebewesen und mit den Dingen seiner Umwelt, ja dass er diese Beziehungen recht eigentlich *ist*. Mensch sein heisst somit in einem Bezug stehen zur Welt, frei und offen sein für alles Begegnende, diesem sein An-wesen und Sein zu ermöglichen. Diese faktischen Feststellungen beruhen einerseits auf empirischen Erfahrungen, andererseits auf der philosophischen Analytik des Daseins. Aufgabe der Psychoanalyse ist es, den Menschen für sein eigentliches Sein-Können frei werden zu lassen, ein Sein, das nie subjektivistischer, egozentrischer und possessiver Natur sein kann, sondern in ursprünglichster Weise als Mit-Dasein konstituiert ist. So schliesst die Psychoanalyse als psychotherapeutisches Heilverfahren a priori die soziologische Dimension mit ein. Die Untersuchung mitmenschlicher Beziehungen in Familie und Gesellschaft ist daher nicht nur für das Verständnis neurotischen, psychotischen oder psychosomatischen Krankseins notwendig, sondern auch für die Gestaltung des gesunden Zusammenlebens, für die Gesundung nicht nur des Individuums, sondern auch der Familie und der Gesellschaft. Allzulange haben sich Medizin und Psychologie in einem Glashaus aufgehalten und sich mit einerseits naturwissenschaftlich-experimentellen Grundlagen-Forschungen, andererseits mit anthropologisch-spekulativen Hypothesen begnügt, beidemal lediglich einen Ausschnitt aus der menschlichen Natur erfassend oder diese gänzlich verpassend.

Die Wissenschaftsgläubigkeit des modernen Menschen kam ihnen in einem Masse entgegen, das kaum hinter der animistischen Haltung der vorwissenschaftlichen Menschheit zurückblieb. Man pflegt zwar oft zu sagen, die Wissenschaft sei gesellschaftsabhängig, mit anderen Worten, die jeweilige Gesellschaftsstruktur begründe die Struktur der Wissenschaften. Dies mag zweifellos der Fall sein. Für die Zeit des 19. und 20. Jahrhunderts gilt aber auch der umgekehrte Satz, dass nämlich die Naturwissenschaft das Antlitz der Welt verändert und weitgehend unsere Gesellschaft geformt hat.

Nur so ist die Entmenschlichung der Welt zu verstehen, einer Welt, in welcher das Individuum lediglich eine Funktionseinheit innerhalb eines riesigen maschinellen Räderwerkes darstellt, wie im spätkapitalistischen Industrie- und Wirtschaftssystem oder im Arbeitskollektiv sozialistischer Prägung. Und es mag denn auch kein Zufall sein, dass diese Reduktion menschlicher Existenz auf ein austauschbares Computerwesen und die damit verbundene Wertreduktion des Daseins *mit* einer der Gründe ist, welche ihrerseits den Menschen zwingen, künstliche Kommunikationsmöglichkeiten zu schaffen. In einem solchen Weltverständnis nämlich erübrigen sich Fragen nach echten menschlichen Beziehungen, erübrigen sich auch Fragen nach Zwang und Freiheit. In unserer Welt herrscht der possessive Subjektivismus einer Philosophie vor, dessen erklärtes Ziel es ist, die Welt zu beherrschen. Die Mächtigkeit dieser Zielvorstellung verlangt die totale Unterordnung individueller Bedürfnisse unter das Gemeinwohl, Anpassung an Stelle von persönlicher Freiheit, Egalisierung statt Individualisierung des Einzelnen, zugunsten des Kollektivs.

Allerdings ist die Auseinandersetzung des Menschen mit der Freiheit, der Verantwortung, der Angst und Schuld, mit dem Zwang, der Einordnung und Anpassung, der Auflehnung und Revolte nicht nur ein wesentliches Element des zeitgenössischen Geistes unseres Jahrhunderts. Aber heute stehen die Psychotherapeuten wie nie zuvor an der Front dieses Geschehens.

Ihnen ist eine Aufgabe übertragen, die früher von anderen gelöst wurde – unter anderem von den Philosophen und Theologen. So kann denn tatsächlich keine Psychotherapie, am allerwenigsten die Psychoanalyse, ein elitäres Verfahren sein, das nur die jeweilige Individualität des Individuums im Auge hat – wie ihr immer noch allzuoft vorgeworfen wird. Auch in der analytischen Einzeltherapie bleibt der Analysand in mitmenschlichen Beziehungen, in einem Sozialgefüge verwoben, bleibt er mikro- und makrosozialen Spannungsfeldern verhaftet, spielt sich sein Leben im urmenschlichen Kampf zwischen dem Zug nach Beständigkeit und dem Drang nach Wandel ab. Wo diese Antinomie fehlt, die Auseinandersetzung aufgegeben, die Beziehung mit dem Mitmenschen, mit der belebten und unbelebten Natur dieser Welt ausgeklammert wird, tritt der *Stillstand* ein. Dieser Stillstand kennzeichnet unsere modernen Neuroseformen. Er führt zum Verlust der Werte, zur Sinnentleerung des Daseins, zur Langeweile, der wohl typischsten Neuroseform unserer Zeit. Die Folgen sind bekannt. Das weltweite Problem der Sucht, der Jugendkriminalität, des sozialen Versagens, der Aggression in unserer Welt, kann ohne Besinnung auf eben diesen Stillstand nicht erfasst werden.

Wenn wir von Beständigkeit und Wandel sprechen, dann bewegen wir uns bereits im Feld von Zwang und Freiheit. Der Drang nach Bewahren und Besitzen, nach Festhalten und Pflegen, die Unmöglichkeit, loslassen zu können, anderes und sich selbst aufzugeben, sich an Güter und Werte festzuklammern, ja ihnen ausgeliefert zu sein, beherrscht heute noch unsere Welt. Daher auch die ungeheure Trennungs- und Todesangst der modernen Menschheit, die nur äusserlich alle Tabus einer tradierten Wertmoral und Wertordnung über Bord geworfen hat, selbst dabei aber in kleinkindlicher Weise diesen verhaftet geblieben ist. Der Zwang dominiert die Welt, auch wenn die Autoritäten früherer Zeiten wie antike Götterstatuen von ihren Sockeln gestossen wurden. Sie mögen liegen bleiben; an ihre Stelle treten neue. Der irrationale Gottesglaube wurde durch den rationalen Wissenschaftsglauben ersetzt, die sippenhaften Familienvorstellungen durch clanmässige Kommunengemeinschaften, welche ihren Mitgliedern womöglich noch weniger Freiheit gewähren als die vielgeschmähte Kleinfamilie. Die Jugend der ganzen Welt fühlt sich bedrängt, sie will die Freiheit – und verschreibt sich grossenteils wiederum Utopien. Freiheit ist aber Realität, nicht Utopie. Und so ist es fraglich, ob unsere westlichen und östlichen Systeme überhaupt je in der Lage sein werden, dem Menschen Freiheit zu bringen. Ihre Interessenlagen stehen in allzu offensichtlichem Gegensatz zu jenen des eksistierenden Menschen. Oder haben die Millionen Soldaten auf der ganzen Welt ein «existentielles» Bedürfnis, in der Zwangsjacke der gleichschaltenden Uniform steckend, auf den Zeitpunkt zu warten, da sie sich gegenseitig umbringen müssen? Sind es tatsächlich «Aggressionstriebe», welche die Menschen zu wilden Wölfen werden lassen?

Offenbar können uns bis heute weder die Philosophen noch die Theologen in überzeugender Weise dartun, ob der Mensch lediglich ein verhinderter Heiliger oder schlechthin eine Fehlkonstruktion der Schöpfung sei. Solange wir jedoch täglich den Kampf um die Freiheit miterleben, im kleinen Alltag wie auf der grossen politischen Bühne, halten wir uns an das «Prinzip Hoffnung». Und diese Hoffnung wird genährt durch die psychoanalytische Erfahrung des Freiwerdens von Menschen, die in lebenslanger Knechtschaft und Abhängigkeit von Zwängen lebten.

Freiheit bedeutet Wandel. Die Psychoanalyse hat sich dem Wandel verschrieben, sie setzt die Freiheit vor den Zwang. Die psychoanalytische Befreiung meint die Befreiung des Einzelnen, *von* Zwängen, *zu* den Mitmenschen und Dingen hin. In der Psychoanalyse werden *Möglichkeiten* der eigenen Lebensgestaltung freigelegt und gleichzeitig Kräfte geschöpft, diese als die eigenen sich anzueignen und zu entfalten.

Der psychoanalytische Prozess deckt jedoch nicht nur die individuellen Unvollkommenheiten mit schonungsloser Akribie auf; er lässt auch in aller Schärfe die *Grenzen* offenbar werden, die der individuellen Freiheit entgegenstehen. Die Psychoanalyse *muss* demnach, ihrem innersten Wesen gemäss, *gesellschaftskritisch* sein. Dies, obwohl Freud weder seine philosophische Grundlage (jene der Naturwissenschaften) noch die bürgerliche Gesellschaftsordnung seines Jahrhunderts ernst-

14

haft in Frage stellte. So wich auch die Psychoanalyse zunächst dem Problem der Wechselwirkung von Individuum und Gesellschaft weitgehend dadurch aus, dass sie ihr Augenmerk auf die Psychodynamik der individuellen Entwicklung beschränkte. Sie befasste sich wohl mit der Situation der familiären Problematik, ohne jedoch deren gesellschaftliche Bedingtheit zu thematisieren. Mit der Annahme eines konstanten und nicht veränderungsbedürftigen oder veränderungsfähigen Gesellschaftshintergrundes verzichtete sie von sich aus auf eine grundlegende Gesellschaftskritik. Dies mag um so mehr erstaunen, als ja die Psychoanalyse selbst über die Medizin hinaus einen grossen Einfluss auf die gesellschaftlichen Veränderungen unserer Zeit ausübte. Erziehungsnormen, Bildungskonzepte, bildende Kunst und Literatur, selbst die theologische Seelsorge haben wesentliche Impulse von der Psychoanalyse erhalten. Erst in jüngster Zeit und unter dem Druck der Kritik an der Psychoanalyse haben namhafte Forscher darauf hingewiesen, dass nicht die Befriedigung oder Frustration eines Triebes das Hauptproblem der Psychologie bilde, sondern die spezifische Art der Verwandtschaft des Individuums zur Umwelt (Fromm). Ein Grundsatz der Psychoanalyse besagt, dass der Mensch vor allem ein soziales Wesen ist; demzufolge muss der Versuch, zwischen Individualpsychologie und Gesellschaftspsychologie zu unterscheiden, seiner Natur nach fiktiv sein (Jones).

Die Daseinsanalyse, eine Weiterentwicklung der klassischen Psychoanalyse, bemüht sich ihrerseits um eine eigentliche «daseinsanalytische Gesellschaftslehre».

Die Konfrontation des Psychoanalytikers mit seinen Kranken deckt Dimensionen der menschlichen Existenz auf, denen weder die Medizin noch die Theologie, weder die Soziologie noch die Philosophie in derartiger Fülle und Unüberschaubarkeit begegnen. So mag es denn kein Zufall sein, dass die Analytiker bei bereits bestehenden Weltanschauungen Zuflucht suchen, um den eigenen Halt zu finden, um ihrer scheinbaren Orientierungslosigkeit wieder Richtung zu geben. Dem einen kommt seine religiöse Herkunft zu Hilfe, er betreibt eine christliche oder jüdische Psychotherapie; einem anderen dienen politische Strömungen, etwa neomarxistischer Provenienz, einem Dritten genügt die von den Naturwissenschaften tradierte wissenschaftliche Sicherheit, und andere wiederum verschreiben sich einem Philosophen. So hat jeder seinen Guru, sofern er sich nicht selbst für einen Halbgott hält. Aber die entscheidende Frage, wann denn die Psychoanalyse selbst zum Guru für eine tatsächlich menschenwürdige Gesellschaft wird, ist bis heute noch nicht befriedigend beantwortet.

Sicher bleibt immer auch die Frage zu prüfen, wie weit *der Mensch selbst* für seine Neurose verantwortlich ist. Man würde es sich wohl allzu leicht machen, lediglich die *Gesellschaft* als den Schuldigen zu erklären und sich von einer Änderung der gesellschaftlichen Verhältnisse das Verschwinden neurotischer und psychotischer Verhaltensweisen zu erhoffen. Auch dürfte es fragwürdig bleiben, das Versagen ausschliesslich im *familiären* Bereich zu suchen. Beide, die gesellschaftliche wie die familiäre Struktur, bilden zweifellos einen Nährboden für psychoreaktive, neurotische, psychosomatische und psychotische Entwicklungen. Dazu kommt aber ebenso zweifellos der je individuelle Persönlichkeitsfaktor. Denn sonst wäre der Mensch wohl nicht anders zu bewerten als irgendein Lebewesen auf dieser Erde. Dem Menschen jedoch billigen wir die ihm wesensmässig eigene Möglichkeit der Selbstentfaltung zu. Gesellschaft und Familie mögen Zwänge darstellen, die des Menschen Freiheit beengen. Der Zwang aber ist nur möglich, wo Freiheit ist – er bestätigt die Freiheit. Lebensgeschichtliche Erfahrungen, vor allem mit Autoritätspersonen, führen zur Grundstimmung der grenzenlosen Enttäuschung. Enttäuschung kommt von Täuschung, von Getäuschtwerden. Die Jungen sind enttäuscht von den Alten, sie wurden von ihren Erziehern getäuscht, von ihrer Tradition, von den althergebrachten Werten, vom Staat, von der Kirche, von der Gesellschaft. Die Alten sind von den Jungen enttäuscht, die ihre Erziehungsarbeit in Frage stellen, gegen bestehende Ordnungen revoltieren, selbst aber kaum Alternativen zu bieten haben. Enttäuschung bringt Vertrauensverlust, dieser wiederum setzt das Selbstwertgefühl herab. Langweiligkeitsneurose, Sinnentleerungsneurose, Isolierung, Kommunikationsverlust, Enttäuschung sind Zeichen der Krise, in welcher sich die Menschheit befindet. Wer trägt die Verantwortung für diese Krise? Die Gesellschaft? Die Familie? Das Individuum?

In Zusammenhang damit stellt sich die Frage, was sich in einem derartigen, neurotischen Weltverhältnis zu erkennen gibt und wie es zu dessen Entstehung kommen kann. Es ist, wie bereits gesagt, das Kranksein an unserer Zeit, der die Menschen kaum noch einen Sinn abgewinnen können, die sie anwidert und langweilt. Die Kollektivierung, Vermassung und Objektivierung des Menschen lässt der individuellen Freiheit nur noch begrenzten Spielraum. Sie führt tatsächlich zum Maschinenmenschen und damit zum bereits erwähnten Stillstand. So kann wohl generell gesagt werden, dass die heutige soziologische Situation mit dem Verlust der Geborgenheit in den traditionellen gesellschaftlichen Institutionen und der existentiellen Unsicherheit, dem Ersatz mitmenschlicher Beziehungen durch ein technisches Weltverhältnis, den Boden für solche Entwicklungen vorbereitet. Nicht von ungefähr spricht man denn auch von Sozioneurosen. Familiäre Situation, gesellschaftliche Zwänge haben zweifellos eine Stresswirkung auf den Menschen. Nur darf dieser «Stress» nicht im Sinne einer einfachen Reiz-Reaktion und als Kausalitätsbeziehung gesehen werden. Schon im Bereich der Tierforschung ist das Reiz-Antwort-Konzept fragwürdig geworden. Für die menschliche Situation hat es überhaupt keine Berechtigung. Weder aus der Feststellung von reizenden Energiequantitäten oder chemophysikalischen Nervenprozessen noch aus soziologischen Strukturen lässt sich das Grundphänomen menschlichen Existierens verstehen, setzt dieses doch ein Vernehmen- und Verstehenkönnen von Bedeutungsgehalten und Verweisungszusammenhängen der dem Menschen begegnenden Dinge voraus, die jedem chemischen oder physikalischen Element abgehen. Wenn die biologische «Kausalität» beim Menschen schon nicht zu finden ist, dann noch viel weniger eine «soziologische» oder «psychosoziale». Wenn aber der Mensch im existentiellen Sinne immer für sein Schicksal, für die Erfüllung seiner Lebensmöglichkeiten mitverantwortlich ist, dann trägt er diese Verantwortung auch für seine neurotische Fehlentwicklung. Es ist die Aufgabe der Psychoanalyse, dem Patienten den Ort seiner eigenen Verantwortung aufzuzeigen, ihm recht eigentlich diese Verantwortung zu überbürden, so unpopulär heute diese Aufforderung auch klingen mag.

Dies allerdings darf, wie gesagt, die Psychoanalyse nicht daran hindern, vermehrt als bisher die *soziologischen* Bedingungen unseres Existieren-Könnens in Frage zu stellen. In der heutigen Situation muss die Psychoanalyse als Prellbock gegen eine menschenunwürdige Entwertung der Welt eingesetzt werden, als Mahnung für die Bewahrung der Individualität, als Besinnung auf nichtmaterielle Werte.

Die mehr als fragwürdige Entwicklung der Welt scheint nun endlich die Menschheit zur Besinnung aufgeweckt zu haben. Die durch das technokratische Weltverhältnis geschaffene und gefestigte soziale Situation wird nicht mehr unbesehen hingenommen. Gesellschaftspolitik ist aber nicht die Angelegenheit einiger weniger aktiver Philosophen und Politiker, sondern eine Politik, an der sich jedermann, auch der «Mann auf der Strasse», beteiligen muss. Wie überhaupt die Strasse, die grossen Plätze, das *Forum*, zu Orten der Auseinandersetzung geworden sind, im grösseren Masse als dies je zuvor der Fall war.

Konnten sich bisher Medizin und Psychologie auf ein Tabu der Unverletzlichkeit berufen, das ihnen praktisch jede Freiheit der Forschung, des Lehrens und Handelns liess, so hat die jüngste Entwicklung gezeigt, dass auch diese Grenze überschreitbar ist. Selbst die Psychoanalyse kann sich heute der Kritik nicht mehr entziehen. Ihre scheinbar gesicherten Erkenntnisse werden in Frage gestellt, ihre praktische Wirksamkeit wird angezweifelt, ihr klassisches Therapieziel, nämlich die Wiederherstellung der Leistungs- und Genussfähigkeit, als schlichte Anpassung an ein bestehendes, «repressives» Gesellschaftssystem «entlarvt». Die Gefahr besteht, dass solche Infragestellung, sofern von der Psychoanalyse nicht ernst genommen, zu einer Abwanderung der Psychotherapeuten in andere

Richtungen motiviert, deren Effizienz für den Patienten möglicherweise weit unter dem psychoanalytisch erreichbaren Niveau liegt. Es mag denn auch kein Zufall sein, dass die neueste Entwicklung der Psychotherapie einerseits das Gruppenerlebnis in den Vordergrund rückt, andererseits sich in einem «Urschrei» entlädt, der offensichtlich nicht nur der Mutter gilt, sondern wohl auch der Befreiung aus den Fesseln und dem Zwang unserer individuellen, familiären und gesellschaftlichen Gegenwart.

Der Januskopf des Fortschritts

Der heute so viel verwendete Begriff der «Umwelt» lässt den Verdacht aufkommen, der Mensch sei tatsächlich, wie es Descartes noch vermeinte und wie es seither das naturwissenschaftliche Weltbild glauben macht, ein Subjekt, das monadisch und jenseits allen Zweifels für sich existiert, dem als zweite Wirklichkeit eine Objektwelt, die Welt der Gegenstände, Pflanzen, Tiere gegenübersteht. Also eine innere und eine äussere Welt. Die innere Welt pflegt man als Geist oder Psyche zu bezeichnen, die äussere Welt wird dann tatsächlich zur Um-Welt, zur Welt, die sich gleichsam wie ein Mantel um die Psyche legt: die Welt der Materie. Die Frage bleibt, ob mit dieser Zweiteilung der Wirklichkeit in eine geistig-psychische, immaterielle und in eine ausserhalb des menschlichen Geistes liegende, materielle Welt menschliches Dasein in seinem Wesen erfasst wird oder nicht. Max Scheler vertrat bekanntlich schon die Ansicht, der Mensch habe eine Welt, das Tier dagegen eine Umwelt. Sollte dies stimmen, dann halten wir uns eigentlich bei der Besprechung von Umweltproblemen in der Tierwelt auf. Gleichzeitig sind wir auch beim Kausalitätsprinzip angelangt, das Mensch und Umwelt in ein berechenbares, mess- und wägbares Abhängigkeitsverhältnis hineinstellt. Dass dieses Abhängigkeitsverhältnis einseitig sein muss, geht schon daraus hervor, dass logischerweise eine Ursache nicht auch deren Wirkung oder umgekehrt, ein Bewirktes nicht auch dessen eigene Ursache sein kann. Beim Tier mögen, soweit wir überhaupt etwas über Tiere wissen, andere Verhältnisse vorliegen. Es lebt und verhält sich nach dem Schlüssel-Schloss-Prinzip. Mit anderen Worten: es ist determiniert. Die vergleichende Verhaltensforschung spricht denn auch von der *Prägung*. Das Tier ist der Umwelt ausgeliefert. Es kann sich zur Umwelt verhalten, insofern es von der Umwelt geprägt wird. Es kann aber die Umwelt nicht aktiv verändern.

Der Mensch

Wenn vom Einfluss der Umwelt auf die Psychologie, oder vom Einfluss der Psychologie auf die Umwelt die Rede ist, geht es immer um den Menschen. Selbst dann, wenn die Psychologie den Menschen als ein naturwissenschaftliches Objekt verkennt oder in ihm lediglich ein Informationsbündel sieht. Auch der Mensch erlaubt dem Wissenschaftler, sich als Objekt betrachten zu lassen. Auch er bietet Möglichkeiten an, gewogen, gemessen und berechnet zu werden. Diesen Möglichkeiten hat die Medizin ihre mit vielen Nobelpreisen geehrten Fortschritte zu verdanken. Diese Fortschritte sind so überragend, dass nicht nur des Menschen Leib, sondern auch dessen Seele von der naturwissenschaftlichen Methode profitieren sollte. Die Psychologie, ursprünglich ihrem Wesen nach philosophische Anthropologie (es sei an die ionische Naturphilosophie, an die chinesische Philosophie, an Plato, Aristoteles, Thomas von Aquin, Augustin und viele andere erinnert) wurde zur empirischen (1740 Ch. Wolff; 1938 Weber und Fechner, Gesetz über die Beziehungen von Reiz und Empfindung) und zur experimentellen Psychologie (1874, erstes psychologisches Labor in Leipzig durch Wilhelm Wundt). Die anthropologische Richtung wurde aus der Naturwissenschaft verbannt, ihr Anspruch auf den Menschen wissenschaftlich reduziert, wohingegen die «exakte» Psychologie und mit ihr auch die systematische Psychiatrie ihr wissenschaftliches Image zu retten wussten. Selbst der grundlegende Einbruch der Freudschen Psychoanalyse und die Flut von psychotischen, neurotischen und psychosomatischen Krankheiten vermochten die stürmische Entwicklung einer Wissenschaft nicht zu bremsen, die Gefahr läuft, in Überschreitung ihrer Grenzen den Menschen manipulieren und die Welt beherrschen zu wollen. Bereits werden Neurosen computersimuliert und chemophysikalische Mittel sowie technische Apparaturen verwendet, um Verhaltensstabilisierung und Verhaltenskonformität zu erreichen. Haseloff meint, die Psychologie könne kommunikative und integrative Aufgaben nur übernehmen und verwirklichen, wenn sie es vermeide, «sich gegen die Realität der sich wandelnden Gesellschaft zu stellen». Ihren humanen Auftrag könne sie nur mit einer nüchternen und rationalen Interpretation von Mensch und Gesellschaft sowie durch strenge Wissenschaftlichkeit erfüllen. Was heisst hier jedoch «wissenschaftlich» und was «Anpassung an die sich wandelnde Gesellschaft»? Doch offensichtlich nur, was als *naturwissenschaftliche* Methode bezeichnet wird, und offensichtlich nur die Identifizierung mit einer technisch-naturwissenschaftlich durchorganisierten Gesellschaft. Allen anderen Versuchen, den Menschen in seiner spezifischen Existenz zu verstehen, wird Rückfall in eine «Idealisierung vorindustrieller Lebensordnungen», ein Beharren auf «intuitionistischen Wissensformen, auf Modellplatonismus, auf ontisch hypostasierte Wertstrukturen und auf kulturkritische Intentionen» vorgeworfen. Jedes Misstrauen gegen die «wissenschaftliche» Psychologie wird dagegen als «affektiver Widerstand gegen die wissenschaftliche Entmythologisierung des menschlichen Verhaltens» gedeutet, letztlich aber auch als «Ausdruck seines seit langem bestehenden gesamtkulturellen Zwiespaltes, der aus der Disproportionalität eines raschen Entwicklungstempos der Naturforschung, der Technik und zum Teil auch der Wirtschaft einerseits und einer retardierten Entwicklung von Erziehung, Politik und Recht andererseits resultiert». Behauptungen des Wertreduktionismus und der Verunsicherung traditionsgestützter Verhaltensmuster dienten lediglich der rationalisierenden Begründung dieses affektiven Widerstandes.

Hier nun setzt bereits die Fragwürdigkeit einer solcherart wissenschaftliche Ausschliesslichkeit beanspruchenden Psychologie ein. Schon die Behauptung eines «affektiven Widerstandes» ist bekanntlich objektiv nicht begründbar. Denn, was immer ein «affektiver» Widerstand sein soll, messbar ist er jedenfalls nicht. Der Begriff des affektiven Widerstandes entstammt der Psychoanalyse und gehört in deren metapsychologischen Bereich, von dem bereits Freud sagte, dass er nicht objektivierbar sei, sondern lediglich als Hypothese diene. Die philosophisch-anthropologische Richtung der Psychologie anerkennt durchaus den praktischen Wert der experimentellen Forschungen in bezug auf menschliches Verhalten innerhalb bestimmter Grenzen. Letztlich ist aber auch diese «wissenschaftliche» Psychologie nicht «ideologie-» oder besser gesagt «philosophie-frei». Auch sie beruht auf einem philosophischen Vorentwurf, nämlich jenem, der den Naturwissenschaften zugrunde liegt. Wenn dann noch insbesondere die «Anhänger phänomenologischer, ‚ganzheitlicher' oder in anderer Weise harmonisierender psychologischer Richtungen» anvisiert werden, die angeblich «die jeweils aktuelle Rechtfertigung, Verteidigung und Wiederbelebung altideologischer Menschenbilder sowie eines in ihnen verankerten sozialen Denkens» übernehmen, so ist das Missverständnis der Methode und des Anliegens gerade dieser Richtungen vollständig. Nur einseitiger, unkontrollierter und unangefochtener Wissenschaftsglaube kann derartige Pauschalurteile fällen, ohne selbst dem leisesten Zweifel über die eigene «Selbstsicherheit» zu verfallen.

Die *phänomenologische* Betrachtungsweise bemüht sich um ein Verständnis menschlichen Seins, das *Dasein* als Ansprechbar-Sein des Menschen für die Bedeutsamkeiten der sich ihm zeigenden Gegebenheiten seiner Welt ist. Es ist jedoch solchen Wesens, dass es dem Anspruch des Vernommenen auch zu entsprechen vermag und ihm zu antworten hat. Dadurch schon fällt aber ein Missverständnis weg, die Phänomenologie «verleite die Menschen zu rein rezeptiver, passiver Beschaulichkeit» (Boss). So befindet sich der Mensch in einem immerwährenden Engagement zu seiner Welt, der er angehört und die sein Wesen mitkonstituiert, so sehr sogar, dass menschliches Dasein als ein In-der-Welt-Sein festgelegt werden kann. Der Mensch *ist* in der Welt. Diese Welt ist viel reicher an Bedeutsamkeiten und Verweisungszusammenhängen, als es jede subjektivistische, technische Betrachtungsweise erfassen kann, die auf Messbares und Berechenbares reduziert ist.

So ist insbesondere auch die Frage zu prüfen, ob das von der modernen Psychologie postulierte wissenschaftliche Denken tatsächlich eine Anpassung an die sich wandelnde Gesellschaft darstellt, und wenn ja, ob eine derartige Anpassung wünschenswert wäre. Damit nämlich kommen wir zur Kernfrage der uns beschäftigenden Umweltsituation. Der naturwissenschaftlichen Denkweise liegt ein bestimmtes Menschenbild zugrunde. Es ist jenes des Subjekthaften, des Mess- und Berechenbaren, Sicherheit vermittelnden, Prognosen für die Zukunft Erlaubenden.

Das naturwissenschaftliche Weltbild hat sich in unserer «Zivilisation» derart eingebürgert, dass sich in der praktischen Lebensführung niemand mehr darum kümmern muss. Von keinem Handwerker wird verlangt, dass er die Grundlagen seines Tuns kenne, sowenig wie ein Holzfäller Forstwirtschaft studiert haben muss, um seine Arbeit zu verrichten. Die Technik hat sich derart verselbständigt, dass sie zur Selbstverständlichkeit geworden ist. Und doch zeigt sich immer wieder die Macht des Menschen gegenüber der Technik, der Unberechenbarkeit gegenüber dem naturwissenschaftlich Berechenbaren, die Überlegenheit des Menschlichen gegenüber der Materie. Und in bezug auf Umweltprobleme lässt sich voraussagen, dass diese nicht allein technisch zu lösen sein werden. Dazu ist bereits Bedenkenswertes festgehalten worden. Etwa wenn gesagt wurde, die Probleme seien nicht mit Umweltspezialisten zu lösen, «denn dadurch würden wir sie ja mit dem gleichen Geist angehen, mit dem sie erzeugt wurden» (Leuthold). Gewiss, der Geist der Naturwissenschaften beherrscht heute noch unser Denken. Naturwissenschaftliche Erkenntnis, so wurde weiter gesagt, sei durch den Rang des Objektiven und Absoluten in unserem Bewusstsein zum Massstab aller Phänomene schlechthin geworden. «Obschon die moderne Physik natürlich längst die sehr beschränkte Aussagefähigkeit und die Gewalttätigkeit der Methode des naturwissenschaftlichen Experimentes erkannt hat, wird die Methode kausal-analytischer Erkenntnis weiter unbekümmert auf Bereiche angewandt, in denen sie laut eigener Definition nicht zuständig ist», was insbesondere für die Medizin und die Psychologie, die Wissenschaften vom Menschen, gilt, müsste man hinzufügen.

Die Gründe, welche Medizin und Psychologie verführen, in diesem mechanistischen Denken zu verharren, sind vielseitig. Doch ist es höchst fraglich, ob die Gesellschaft tatsächlich auf dem bisher eingeschlagenen Wege weitergehen wird oder ob sich nicht gerade jetzt ein Wandel ankündigt, der zu einem völlig veränderten Weltverhältnis des Menschen führen wird. Es wäre allerdings zu billig, einen solchen Wandel schlicht als Rückfall oder Regression auf frühere phylogenetische Stufen der Menschheit deklarieren zu wollen. Eine solche Stufe könnte jedoch wohl eines Tages erreicht werden, wenn die Beherrschung des Menschen durch die Technik weitergeht, so lange weitergeht, bis der Stillstand erreicht ist, der totale Stillstand, nach dem das Leben wiederum ab ovo beginnen muss.

Haben wir uns aus dem Bereich der Psychologie entfernt? Sind wir unvermutet und entgegen unserer ursprünglichen Absicht in das Gebiet der Medizin zurückgefallen? Keineswegs. Dann nämlich, wenn wir Psychologie, wie wir es postulieren, nicht als Fach sui generis, sondern als Betrachtungsweise verstehen, die in jedes Gebiet miteinbezogen werden muss. So können wir die Beziehung von Psychologie und Umwelt in zweierlei Hinsicht in den Griff bekommen:

- einerseits in ihrer Verbindung zur Umwelt als möglichem pathogenem Faktor für die Gesundheit des Menschen, mit anderen Worten: als Medizinpsychologie,
- andererseits im Versuch, das «psychologisch» Erfassbare des Menschen in bezug auf die Zukunft des Menschlichen in unserer Welt einzusetzen. Der Psychologie nämlich dürfte eine bedeutende Rolle zukommen, unsere Zukunft «menschlich» zu gestalten.

Die Zukunft gehört in den Begriff der Zeitlichkeit. Die Gegenwart erleben wir, an die Vergangenheit erinnern wir uns, wir können sie uns vergegenwärtigen. Können wir uns auch die Zukunft vergegenwärtigen? Können wir überhaupt Aussagen über die Zukunft, die noch nicht stattgefunden hat, machen? Und hätten solche allenfalls mehr als nur spekulativen Charakter?

Die Kassandrarufe sind uns bekannt. Die Futurologie hat sich als Wissenschaft etabliert, der Büchermarkt und die Bestsellerlisten werden von Büchern über die Zukunft überschwemmt: «Die Zukunft im Angriff», herausgegeben von Arthur Gloor, «Der Zukunftsschock» von Alvin Toffler, «Was wird morgen anders sein? Wissenschaftler sehen die Zukunft», herausgegeben von Otmar Hersche, u.a.m.

Die Prognosen sind zumeist düster, Therapievorschläge sind spekulativ. Die Menschen bereiten Maschinen vor, die intelligenter sein werden als unsere Intelligenz. Eines Tages, so Mounier in seinem Buch «Angst und Zuversicht des XX. Jahrhunderts», wird der Mensch nur mehr ein Parasit der Maschine sein, oder, wie es Samuel Butler sagt, «eine Laus, die die Maschinen kitzelt». Die Maschine entfremdet sich uns immer mehr. Das Menschengeschlecht müsste ohnmächtig innerhalb sechs Wochen erlöschen, wenn man auf einen Schlag die Technik aus der Welt schaffte. Daraus schon wird klar, dass der Mensch in einem unlösbaren Verhältnis zur Welt der Technik steht, dass es – wenn wir von Psychologie sprechen – niemals darum gehen kann, diese Welt zu verleugnen, sie als nicht-existent zu betrachten oder gar eine technisch rückläufige Bewegung zu inszenieren. Vielmehr gilt es, gerade dieses Weltverhältnis einer Besinnung zu unterziehen, die Beziehung des Menschen zur Technik in einer positiven Weise zu verstehen und die Konsequenzen daraus zu ziehen.

Worauf beruhen die Prognosen hinsichtlich der Zukunft des Menschen? Wie in der Medizin: auf der aktuellen Diagnose und auf dem bisherigen Verlauf der Krankheit.

So gilt es zunächst, die Krankheit unserer Welt zu diagnostizieren, deren bisherigen Verlauf zu analysieren – bevor wir uns tatsächlich der Zukunft zuwenden können. Die Menschlichkeit der Zukunft liegt nämlich in unseren Händen. Ihre Grundlagen sind im Hier und Jetzt unserer Existenz zu suchen. Hoffnung auf die Zukunft darf nicht Flucht vor der Gegenwart sein. Dieser Gefahr erliegen allzu viele Zukunftsforscher. Man begnügt sich mit einer palliativen, das heisst «symptomatischen» Therapie der Gegenwart und hofft, die Zukunft werde ihre Probleme selbst lösen.

Die Diagnose unserer Zeit entscheidet über die Zukunft. Nun weiss jeder, der sich mit unserer Zeit beschäftigt, wie morsch und faul diese ist. Ist sie ohne Überlebenschance?

Langeweile und Leere, Depression und Angst, Pessimismus und Verzweiflung führen zum Suizid unserer Welt.

Ist diese Diagnose richtig?

Ich meine, dass sie einseitig ist, dass sie nicht in umfassendem Sinne unsere Welt charakterisiert. Denn Langeweile und Sinnlosigkeit kann es nur dort geben, wo nach einem Sinn gesucht wird. Angst, Depression, Verzweiflung weisen auf die Sinnfrage menschlicher Existenz, auf die Tatsache hin, dass der Mensch um etwas ringt, um sein Menschlich-sein-Können, um seine Freiheit. Und so deuten demnach gerade die negativen Aspekte unserer Zeit auf deren positive hin. Die Zunahme der Drogensucht, der Jugendkriminalität, des Aufruhrs ist nicht lediglich Ausdruck einer verdorbenen Zeitepoche, sondern Anzeichen, wenn auch unliebsame, einer zunehmenden Freiheit. Müssen wir nicht auch deren schmerzende Seiten in Kauf nehmen? Hat der Mensch nicht gerade diese Freiheit der durch ihn entwickelten Technik zu verdanken? Belügen wir uns nicht selber, wenn wir diese – im Zeichen des Umweltschutzes – dauernd in Frage stellen?

So mündet denn die Frage nach dem Verhältnis der Psychologie zur Umweltproblematik in jene nach dem Selbstverständnis der Psychologie schlechthin ein.

Man wirft der Psychologie allzuoft vor, sie habe den Kontakt mit der praktischen Wirklichkeit verloren, sie bewege sich im luftleeren Raum und sei demzufolge für die Bewältigung der allernotwendigsten Lebensaufgaben wertlos. Dass dem nicht so ist, wissen alle jene, die ihrem Tun und Handeln einen Sinn zu geben bereit sind. So möchte ich einige Gebiete aufweisen, in denen eine phänomenologisch orientierte Weltschau umwälzend wirken könnte.

Mensch und Maschine im Industriezeitalter

Das Thema «Mensch und Maschine» ist vielschichtig. Die Fragestellung kann *philosophisch* angegangen werden, insofern als es um das spezifische Problem des Menschseins geht. In einem kürzlich im «Spiegel» veröffentlichten Interview erklärte der wohl bedeutendste zeitgenössische Denker, Martin Heidegger, die Philosophie sei am Ende, und auf die Frage, wer den Platz der Philosophie jetzt einnehme, antwortete er: «Die Kybernetik.» Damit meinte er ein Zweifaches: einmal, dass die Technik den Menschen immer mehr von der Erde losreisst und entwurzelt, dann aber auch, dass gerade die Aufgabe des Denkens darin besteht, mitzuhelfen, dass der Mensch überhaupt erst ein zureichendes Verhältnis zum Wesen der Technik erlangt.

Die Frage nach diesem Verhältnis hat aber nicht nur einen philosophischen, sondern auch einen *gesellschaftlichen, soziologischen* Aspekt. Hier gehen die Meinungen sehr stark auseinander. Während die einen davon sprechen, dass unsere Welt von der Maschine beherrscht wird, wie etwa Emmanuel Mounier, und das apokalyptische Ende der Menschheit heraufbeschwören, meinen andere, unter ihnen Karl Steinbruch, in unserer Gesellschaft herrsche eine «geradezu groteske Missachtung der Technik». Dabei hat aber gerade die Technik Wesentliches zur Entstehung und Entwicklung der menschlichen Kultur beigetragen. In unserer Zeit schliesslich wurden auf dem Gebiet der Wissenschaft und Technik Leistungen vollbracht, «die zu früheren Zeiten höchstens Träume waren». Insbesondere hat auch die Vervollkommnung der menschlichen Kommunikation dazu geführt, dass die menschliche Gesellschaft zur *informierten* Gesellschaft wurde.

Daraus lässt sich folgern, dass die Technik entscheidenden Einfluss auch auf die *medizinische* und *psychologische Praxis* hat.

Die Tatsache, dass heute in der Medizin mittels technischen Apparaturen eine verfeinerte Diagnostik möglich ist – es sei hier nur an das EKG und das EEG erinnert –, ist allgemein bekannt. In neuester Zeit wurde von Roberto Masironi ein Gerät entwickelt, welches das Kreislauftraining überwacht. Der «Interbeat Interval Distribution Recorder» (so gross wie ein Taschenrechner) misst die Intervalle zwischen den Herzkontraktionen und registriert die ermittelten Werte, die vom Schlafzustand bis zum intensiven Training reichen. Damit wird es möglich sein, eine quantitativ einwandfrei messbare Infarkt-Prophylaxe zu betreiben.

Ein zweites Beispiel: José Delgado veröffentlichte ein Buch mit dem deutschen Titel «Gehirnschrittmacher». Darin vertritt er die auf Experimenten gründende These, dass das Gehirn mit einem Computer in direkte Kommunikation treten, ohne Umwege über die Sinnesorgane von ihm Informationen empfangen kann, während der Computer in der Lage ist, die «Sprache» des Gehirns zu verstehen. Delgado sieht in diesen Möglichkeiten eine neue Epoche der Evolution der Menschheit heraufkommen, in welcher der menschliche Geist seine eigene Struktur und Funktion selbst beeinflusst. Damit schafft er sich die Basis seines künftigen Überlebens. Die soziologische Konsequenz wäre eine «psychozivilisierte» Gesellschaft, in der das Ungleichgewicht aus überentwickelter Technik und unterentwickelter menschlicher Weisheit aufgehoben ist.

Gewiss handelt es sich hier nur um Zukunftvisionen, die nicht vorbehaltlos entgegengenommen werden dürfen. Immerhin hat die Geschichte der Menschheit gezeigt, dass die Realität immer noch unwahrscheinlich reicher ist als die menschliche Phantasie – denken wir beispielsweise an die Erforschung des Weltraumes. Trotzdem würde ich meinen, dass im Verhältnis von Mensch und Maschine der *Mensch* den Vorrang hat; ja dass alles, was wir Technik und Maschine nennen, nur im Bereich des spezifisch Menschlichen möglich ist. Dies geht schon aus der Tatsache hervor, dass des Menschen Leib nicht einfach ein körperlicher Organismus ist, den man wie jedes andere körperhafte Ding messen und wägen kann.

Vom Menschen – und nur von ihm – sagt man, dass er zugleich ein Leib sei und einen Leib habe.

Die *Frage nach der besonderen Leiblichkeit des Menschen* ist gleichzeitig die *Frage nach dem Beginn der Maschine*. Die neuere Philosophie des Abendlandes, die im 17. Jahrhundert mit Descartes ihren Anfang nimmt, hat vor allem auf die Entwicklung der Naturwissenschaften einen günstigen Einfluss gehabt. Sie hat die Betrachtung der Natur aus den anthropologischen Kategorien weitgehend befreit und eine exakte quantitative

Forschungsmethode in die Wege geleitet. Damit war auch die erstaunliche Entfaltung und Ausbreitung der physikalischen Erkenntnisse in der Medizin gewährleistet; sie führte aber gleichzeitig zur irrigen Vorstellung, den gesamten Menschen in seiner Mannigfaltigkeit erfassen zu können. Mit der Auffassung des l'homme machine hatte sie den höchsten Triumph gefeiert, war aber gleichzeitig in eine Sackgasse geraten.

Ich will darauf verzichten, die wissenschaftliche Entwicklung des Leib-Seele-Problems, das gleichzeitig das Verhältnis von Mensch und Maschine festlegt, ausführlich darzustellen. Es scheint mir aber wichtig zu sein, darauf hinzuweisen, dass die wissenschaftliche Trennung des Menschen in eine Seele und einen Leib, in eine Ich-immanente Subjektwelt und eine äussere messbare Welt, in Geist und Materie also, auch Mensch und Maschine als zwei völlig inkompatible, einander konkurrenzierende Grössen festlegt. In einem solchen Verständnis kann es nur um die Frage gehen: wer gewinnt die Zukunft, wer wird den Sieg über den andern davontragen?

Dort jedoch, wo auch ein neues Verständnis von Leib und Seele zu einer ganzheitlichen Schau führt, muss auch das Verhältnis von Mensch und Maschine einen neuen Aspekt erhalten. Nach neuerer philosophisch-anthropologischer Auffassung *ist* der Mensch nicht nur Leib, sondern er *hat* auch einen Leib zur *Verfügung*. Dieser Doppelaspekt fehlt beim Tier. Aber: der menschliche Leib ist kein tierischer Organismus. Als Beispiel sei die menschliche Hand erwähnt. Sie dient unter anderem auch dazu, Werkzeuge herzustellen. Dafür besitzt sie eine Spezialisiertheit, die kein tierisches Organ aufweist. Mit dem Werkzeug kann ich anderes herstellen, ein Fahrzeug, schliesslich eine Fabrik. Aber irgendwo ist ein Ursprungsprinzip, das nicht Werkzeug ist – eben die menschliche Hand. Allein das Wesen der Hand, sagt Heidegger, lässt sich nie als ein leibliches Greiforgan bestimmen oder von diesem her erklären. Greiforgane besitzt zum Beispiel der Affe, aber er hat keine Hand. Die Hand ist von allen Greiforganen – Tatzen, Krallen, Fängen – «durch einen Abgrund des Wesens» unendlich verschieden. Nur ein Wesen, das denkt und spricht, kann die

Hand haben und in der Handhabung Werke der Hand vollbringen. «Allein das Werk der Hand ist reicher, als wir ge-
wöhnlich meinen. Die Hand greift und fängt nicht nur, drückt
und stösst nicht nur. Die Hand reicht und empfängt, und zwar
nicht allein Dinge, sondern sie reicht sich und empfängt sich in
der anderen. Die Hand hält. Die Hand trägt. Die Hände falten
sich, wenn diese Gebärde den Menschen in die grosse Einfalt
tragen soll. Dies allein ist die Hand und ist das eigentliche
Hand-Werk.»

Was von der Hand gilt, ist auf alle Körperorgane anwend-
bar. Es gilt dies beispielsweise vom Gehirn, das immer *mehr* als
lediglich ein naturwissenschaftlich erfassbares Konglomerat
physikochemischer Verbindungen ist. Das Gehirn ist nichts
anderes als die leibhaftige Voraussetzung der Ratio, und so ist
auch die Technologie lediglich eine Methode, die eine bestimmte Struktur der Rationalität darstellt. Aufgabe und Sinn
der Rationalität ist hier «Steigerung des Wissenspotentials als
eines Könnenspotentials. Berechnung und Prognose sind die
massgebenden Verfahrensweisen. Wesentlich ist der Abbau
von Komplexität in Richtung auf vereinfachte, überschaubare
Zusammenhänge. Die *Technologie* untersteht ihrem Wesen
nach dem Gedanken der *Planung*. Planung muss sich den sogenannten *Sachzwängen* unterstellen. Sachzwänge sind nicht
Vorgegebenheiten von einer in sich ruhenden Welt her, Sachzwänge sind Verlaufszwänge. Der technologische Prozess verlangt, dass man sich diesen Zwängen unterstellt» (Schulz).
Hartmut von Hentig sagte einmal, wir müssten lernen, in
Modellen zu denken, in allgemeinen Strukturen, Hypothesen,
Utopien, die von der Gegebenheit entfernt sind. Wir müssten
in Alternativen, das heisst in Prozessen denken, Entscheidungen fällen, die gegebenenfalls wieder aufzuheben sind. Wesentlich für diesen Ansatz ist die *Operationalisierung der Lernziele*, das heisst, die reibungslose Einordnung alles dessen,
was als Lernstoff anerkannt werden soll, in einen *gedanklichen
Raster*, aus dem alles *computerhaft abrufbar* ist. Bei der Festset-
zung der Lernziele muss nicht nur auf die Ausbildung der
Kreativität und der Emotionalität geachtet werden, sondern

vor allem ist die Möglichkeit der *Sozialisation* zu bedenken, denn Lernen ist wesentlich ein gesellschaftlich und sozial bedingter Prozess. Das Ideal ist, auch dort und gerade dort, wo man an der gegenwärtigen Gesellschaft Kritik übt, der sozialisierte Mensch, das heisst der Mensch, der den unter Umständen erst zu schaffenden idealen Sozialgebilden konform ist.

Dem hält Schulz allerdings entgegen, dass bereits das Anstreben dieses Ideals problematisch ist. Der Gedanke des Spannungsverhältnisses, in dem lebendige Subjekte zueinander stehen, wäre hier von vornherein zugunsten einer restlosen Einigkeit ausgeschaltet, deren formalisierter Status nur der Zustand einer kommunikativen Dauerreflexion sein könnte.

Oder: Man sagt, der Mensch sei nichts anderes als ein eher komplizierter oder aber störungsanfälliger *Computer*. Als Neurologe steht auch Frankl («Leiden am sinnlosen Leben») dafür ein, dass der Computer ein geeignetes Modell, um die Funktion des Zentralnervensystems zu demonstrieren und zu erklären, sein könne. Aber der Mensch «ist gleichzeitig unendlich mehr, qualitativ, *dimensional mehr* als ein Computer; er ist auch ein Computer, aber er ist vergleichbar mit einem Würfel, dessen Grundfläche ein Quadrat ist. Irgendwo ist der Würfel ein Quadrat, aber er ist zugleich ein Quadrat, das er mit in sich enthält. Und eine höhere Dimension ist nichts moralisch Höheres, es ist kein Werturteil.» Höhere Dimension heisst umfassendere Dimension, die die jeweils niedrigere mit in sich birgt. Und «in diesem Sinn ist der Mensch ein Computer, eine chemische Fabrik, ein Tier mit angeborenen Auslösemechanismen im Sinn von Konrad Lorenz. Aber er ist gleichzeitig unendlich mehr insofern, als er die *menschliche Dimension* besitzt, die etwas qualitativ anderes ist.»

Hier ist wohl hinzuzufügen, dass der Mensch zwar seinem Wesen nach sicher kein Computer *ist*, sich aber als solcher gebrauchen lassen kann. Analog dazu sagen wir auch von der Leiblichkeit des Menschen, dass sie es sich gefallen lässt, wie irgendein vorhandener Gegenstand betrachtet und gemessen zu werden, und bereit ist, der naturwissenschaftlichen Betrachtungsweise bedeutsame und verwertbare Antworten zu liefern. Was wir aber von der Leiblichkeit des Menschen, von dessen «Leiben» («Medizinische Psychologie», Kindler, 1976) gesagt haben, gilt auch für das Verhältnis des Menschen zur Maschine, zur Technik. So wenig wie ein «Organ» an dessen Oberfläche, der menschliche Körper an dessen «Epidermis» enden, kann auch die Maschine von jenem Weltbezug, in den hinein sie durch den Menschen gestellt wurde, trennbar sein. Dieser aber wird nicht von der Maschine bestimmt. Ohne den Menschen und dessen Geist gibt es auch keinen Computer. Denken und Erinnern, Fühlen und Erkennen sind spezifisch menschliche Eigenschaften. Nur der Mensch steht lichtend im Sein, dergestalt, dass ihm die Bedeutsamkeiten der Welt, dem Grade seiner Offenständigkeit entsprechend, aufgehen und damit anwesen können. So ist, wie Boss zu Recht vermerkt, der Sache nach «noch nie die Spur von einem Mitteilen, Melden, von Symbol, Schrift oder Sprache an den gehirnlichen ‚Informationsprozessen' als solchen zu finden». Die mehrfach genannten spezifisch menschlichen Phänomene beziehen sich streng genommen immer unmittelbar auf das Vernehmen und Weitergeben von Bedeutungsgehalten. «Ein Vernehmenkönnen von Bedeutsamem als das, was es ist, geht jedoch jedwedem Materiellen oder Energetischen, aber auch allen ihren Ordnungsgefügen völlig ab.» Daher erweisen sich auch alle neurophysiologischen Versuche und Informationstheorien als ausweglos, wenn es um das wirkliche Verstehen des menschlichen Daseins geht. Mensch und Maschine sind nicht zwei voneinander trennbare Gegebenheiten, schon gar nicht kann das Menschliche aus dem besseren Verständnis der Maschine erklärt werden oder wird gar die Maschine letztlich den Menschen ablösen können. Die Technik ist eine der dem Menschen inhärent gegebenen Möglichkeiten, sein Sein zu verwirklichen. Nicht mehr und nicht weniger.

Die Technik gehört in unsere Welt und ist aus ihr nicht mehr wegzudenken. Zu bedenken ist jedoch unser Verhältnis zu ihr, das frei oder unfrei sein kann. Mounier sagt, die Entwicklung der Technik habe uns längst einsehen gelehrt, dass Idee und

Wille selbst mit den besten Absichten, wenn nicht schon zu nichts, so jedenfalls nur zu Misserfolgen führten, sobald sie ungenügend mit Technik gekoppelt sind. Aber die Technik ist auch ein ständiger Quell grosser Unsicherheit, und noch nie war das Gefühl der Fatalität und der Ohnmacht so stark wie in der heutigen Welt, die uns die Schlüssel zur Macht darbietet. «Die Ratlosigkeit angesichts der unversehens grenzenlos gewordenen Verantwortung genügt, um das Ressentiment des Menschen gegen die Maschine zu erklären, die ihn in dieses Abenteuer stürzt: es ist die Auflehnung eines Kindes, das sich nicht zu helfen weiss.» Die Frage, vor welche die Welt gestellt ist, lautet: «Wird die neue Welt die Vermenschlichung der Natur durch den Menschen unter Zuhilfenahme der Maschine verwirklichen oder läuft sie nicht vielmehr Gefahr, den Menschen durch die Maschine zu verdinglichen?» Die Technik ist in der Lage, zwischen Mensch und Mitmensch eine Distanz aufklaffen zu lassen, die allzu weitreichend ist, um ohne Konsequenzen bleiben zu können. Die Distanz, «das Dickicht einer grossen Fabrik», ein politischer, militärischer oder administrativer Apparat, ein «diplomatisches Labyrinth», ein weltweites Produktions- und Handelsnetz, fördern das Vergessen des Menschen als Mitmensch. Die Welt ist unpersönlich geworden, distanziert, sachlich. Sie wird von Experten geführt. Die Expertokratie aber kann zur «tödlichen Gefahr für die Demokratie» (Kogon) werden, denn der moderne Mensch ist allzusehr bereit, um seiner Sicherheit, Versorgung und Wohlfahrt willen auf Freiheit zu verzichten.

Dabei sollten wir bedenken, dass das Wesen der Technik ganz und gar nichts Technisches ist. Technik, sagt Martin Heidegger, ist eine Weise des Entbergens, der Wahrheitsfindung. Der Mensch des technischen Zeitalters ist auf eine besonders hervorstechende Weise in das Entbergen herausgefordert. Wenn wir das Wesen der Technik bedenken, dann «halten wir uns schon im Freien des Geschickes auf, das uns keineswegs in einen dumpfen Zwang einsperrte, die Technik blindlings zu betreiben, oder, was das Selbe bleibt, uns hilflos gegen sie aufzulehnen und sie als Teufelswerk zu verdammen. Im Gegenteil:

wenn wir uns dem *Wesen* der Technik eigens öffnen, finden wir uns unverhofft in einen befreienden Anspruch genommen.» Die Bedrohung des Menschen kommt nicht erst von den möglicherweise tödlich wirkenden Maschinen und Apparaturen der Technik, sondern von der ihnen verfallenen Menschheit. Die mit der Technik verbundene *Macht* und der Kampf um die Macht drängen den Menschen in die Seinsverlassenheit. Durch die Technik kann der Mensch «in die Nutzung, den geregelten Verbrauch des Seienden gelangen». Ziellosigkeit jedoch führt zur «Vernutzung». In diesem Zeitalter der ausschliesslichen Macht der Macht, des «unbedingten Andranges des Seienden zum Verbrauch in der Vernutzung, ist die Welt zur Umwelt geworden» (Heidegger: «Überwindung der Metaphysik»); die «Vernutzung aller Stoffe, eingerechnet den Rohstoff ‚Mensch‘ zur technischen Herstellung der unbedingten Möglichkeit eines Herstellens von allem, wird im Verborgenen bestimmt durch die völlige Leere, in der das Seiende, die Stoffe des Wirklichen, hängt».

Wissenschaft und Forschung

Unsere Wissenschaftsgläubigkeit kennt keine Grenzen. Die Wissenschaft ist zum Allgemeingut der Welt geworden, sie ist «öffentlich». Das Volk bewilligt in unserer Demokratie die Kredite für die Forschung, diese moderne Gottheit, der man alles zutraut, von der unser Zusammenleben abhängt und unsere Zukunft. In einer Tageszeitung konnten wir lesen, dass Berichte über Naturwissenschaft und Medizin in den Massenmedien die Beliebtheits- und Interessenskala der Leser anführen und somit sogar Sport und Politik übertreffen. Der Wissenschaftsjournalismus ist so wichtig geworden, dass er sich neuerdings organisieren muss. Organisation schafft Macht.

Aber ist unsere Forschung nicht zu einseitig? Ist sie nicht ausschliesslich technisch orientiert? Gilt sie etwas, wenn sie es nicht ist? Und wie verhält es sich mit der Verantwortlichkeit des Forschers? Alles Fragen, die einer genauen Abklärung,

38

also selbst der Erforschung harren. In England wurde vor einigen Jahren die «British Society for Social Responsibility in Science» gegründet. Denn zu oft, so meint einer ihrer Begründer, werde die Wissenschaft missbraucht und nicht zum Wohle der Allgemeinheit eingesetzt.

Ich habe im «Aufbruch in die Freiheit» (1972) die Relativierung der Forschungsergebnisse vor Augen geführt. Experimente, so schrieb ich damals, sind offensichtlich wertmässig höher eingeschätzt als reine Denkarbeit. Für die Anschaffung von technischen Apparaturen sind wesentlich mehr und bedeutend leichter finanzielle Hilfen zu erreichen als für das Denken. Zumindest müssen Fragebogenaktionen – deren Wert mehr als umstritten ist – «pro forma» dazu dienen, um das «wissenschaftliche Gesicht» zu wahren. Dass heute noch, an verschiedenen Orten mit gleichen Mitteln und gleicher Zielsetzung dasselbe erforscht wird und dafür die gleichen technischen Apparaturen benötigt werden und somit in Vielzahl vorhanden sind, scheint die Forscher selbst nicht übermässig zu beunruhigen. Vielleicht aber einmal die Steuerzahler?

Wissenschaft als Selbstzweck? Ist es sinnvoll, Menschen in der Retorte heranzuzüchten, solange dies zum Überleben des Menschen nicht notwendig ist? Dient die Weiterentwicklung von Nuklearwaffen der Sicherung innerweltlicher Freiheit? Forschung ist zu einem magischen Wort geworden, zum Heils-Slogan, von dem die Zukunft unserer Welt abhängen soll. Forschung soll die unmittelbare Beobachtung ersetzen, das ursprüngliche Sehen und Wahrnehmen der Dinge. Auch in der Psychologie wird geforscht. Es werden Zusammenhänge gesucht und Kausalketten konstruiert, so dass man sich um das unvoreingenommene Wahrnehmen des Begegnenden nicht mehr zu kümmern braucht. Forschungsprojekte über die Drogensucht verschlingen Millionen, dringlichere Projekte zur Bekämpfung des Drogenhandels und des Drogenkonsums bleiben liegen. Bis heute gibt es in der Schweiz kein adäquates Behandlungsangebot für Drogenkranke, trotz Versprechungen der zuständigen Politiker. Für die Theorie ist genügend Geld vorhanden, für die Praxis nicht.

In der Forschung sind somit neue Schwerpunkte zu setzen. Forschung um ihrer selbst oder oder um des Ruhms des Forschenden willen darf es nicht mehr geben. Dies gilt auch für die Umweltforschung, die da und dort bereits am Überborden ist. Wo über das Ziel hinausgeforscht wird, tritt die Wissenschaft an Ort und Stelle. Der Forschungsoptimismus muss abgelöst werden durch den Forschungsrealismus. Dies bedingt eine vermehrte Koordination und Poolung der zur Verfügung stehenden Forschungskredite, eine vermehrte und effizientere Aufsicht über die Forschungsprojekte. Es darf nicht mehr vorkommen, dass Forschungsgelder durch deren Treuhänder gleichsam im «Selbstbedienungsladen» erhältlich sind oder Forschungsgesuche von inkompetenten Gutachtern zur Ablehnung empfohlen werden. Soll die Forschung weiterhin durch die öffentliche Hand gespiesen und getragen werden, dann muss sie transparent sein.

Medizin im Umbruch

Wir leben in einer Zeit der Gegensätze. Technik und Terror, Angst und Aggression, Auflehnung und Flucht gehen Hand in Hand. Aufstand der Jugend, Drogenprobleme, Unruhe an den Universitäten, Verunsicherung des Bürgers, Verkehrshysterie und Todesflucht sind Zeichen der Zeit. Die psychiatrischen Sprechzimmer füllen sich mit «farblosen» Neurosen, mit Depressionen, Langeweile, Sinnlosigkeit und Leere. Die Praxis der Mediziner wird von Kranken aufgesucht, die leiden, ohne im naturwissenschaftlichen Sinne krank zu sein. Kranksein hat einen neuen Stellenwert erhalten. Die hochtechnisierte Medizin ist zu einem Problem geworden: sie ist schlicht und einfach zu teuer und wird in Zukunft noch teurer werden. Man spricht von einer Kostenexplosion im Gesundheitswesen, man ist völlig hilflos der Entwicklung ausgeliefert, kennt sich in den Grundsätzen eines sinnvollen Versicherungsträgers nicht mehr aus, ruft nach dem Allheilmittel der Verstaatlichung. Die Medizin ist in einen ungesunden Kreislauf getreten, einen circulus vitiosus, aus dem sie kaum mehr herauskommen kann. Die Honorierungsverfahren einerseits machen aus dem praktizierenden Arzt einen Krämer, der zur verlangten Leistung noch Nebenpositionen verkaufen muss, um existieren zu können. Die soziale Seite des Krankseins, verankert in den Versicherungsleistungen verschiedener Art, bleibt ihrerseits nicht ohne Einfluss auf das Kranksein. Und schliesslich leben wir in einer Gesellschaft, die alles, auch die Medizin, juristisch regelt. Unterlassungen im naturwissenschaftlich-technischen Bereich der Apparaturen in Diagnostik und Therapie werden strafrechtlich geahndet, sofern sie dem Patienten schaden; eine fehlerhafte Gesprächsführung, falsche Ratschläge, Versagen im Arzt-Patienten-Verhältnis, Versagen in mitmenschlichem Bereich, Verpassen adäquater psychotherapeutischer Eingriffe werden kaum bemerkt, geschweige denn verfolgt.

Trotzdem führt die medizinische Therapie, wie wir heute zur Genüge wissen, oft nicht zu der von Patient und Arzt erwarteten Heilung, auch dort nicht, wo mit ihrer Hilfe ein sogenannter Organbefund festgestellt werden könnte. Die Kranken nehmen zumeist, vom Arzt verordnet, neue Medikamente. Es werden neue Therapievorschläge gemacht, neueste Medikamente und Apparaturen erprobt, schliesslich wird der Arzt und nicht nur das Medikament gewechselt, oft mehrmals gewechselt, bis der eigentliche Ärzte-Parcours beendet ist. Möglicherweise wird dann zu irgendeinem Zeitpunkt die *richtige* Diagnose gestellt, die allerdings zumeist nicht in zwei Worte und schon gar nicht in lateinischer Sprache zu fassen ist. Der Wandel der Lebensbedingungen, der gesellschaftlichen Strukturen und damit auch der krankmachenden Faktoren, insbesondere in der zweiten Hälfte des zwanzigsten Jahrhunderts, ist so schnell vor sich gegangen, dass der Mensch kaum lernen konnte, sich ihnen anzupassen. Als Resultat «dieses Missverhältnisses zwischen Belastung und Anpassung ist eine Zunahme von Leidenszuständen» festzustellen, «die mit den Krankheitsbildern, welche die klassische Medizin beschreibt, erkannt und behandelt und die durch ein bestimmtes Muster von technischen Daten definiert werden, nicht deckungsgleich und demzufolge auch einer hier sonst erfolgreichen Therapie nicht zugänglich sind» (Silomon).

Tatsächlich ist ein Wandel in der Krankheitssymptomatik unserer Zeit eingetreten. Zwischen Krankheit und Leiden besteht nicht immer Übereinstimmung. Menschen leiden, ohne krank zu sein. Soziale Konflikte, biographische Fehlentwicklungen, schleichende Lebenskrisen, Grenzsituationen des Lebens, Kränkungen aller Art lassen die Menschen leiden. Wohl nie in der Menschheitsgeschichte hat der Mensch ein derartiges Selbstverständnis gehabt wie gerade heute; nie hat er in seiner Majorität nach dem Sinn des Lebens gefragt, nie sich mit «Umweltproblemen» beschäftigt wie in unseren Tagen. Nicht medizinische Befunde sind mehr ausschlaggebend für das Leiden, sondern soziale Daten. *Diagnose* kommt von «diagnoscein», was soviel heisst wie durchschauen. Nun sind gerade die psychischen Störungen und die sozial bedingten Leiden und Konflikte oft nicht leicht zu durchschauen, so dass man nicht selten sagen muss, dass gerade im Bereich der Neurosen und psychosomatischen Krankheiten die Diagnose erst am Ende der Therapie gestellt werden kann. So greift man denn, um den sozialversicherungstechnischen Anteil am Krankheitswesen nicht zu stören, gerne zu vordergründigen, organbezogenen Diagnosen. Man spricht etwa von Magenbeschwerden oder Kreislaufversagen, selbst dort, wo damit noch gar nichts über die tatsächliche Natur eben dieser Magenbeschwerden oder dieses Kreislaufversagens ausgesagt wird. Auch die Patienten sind zumeist mit der ihnen vom Arzt mitgeteilten Organdiagnose zufrieden, «zumal unter den gegebenen sozio-kulturellen Bedingungen der offiziell vom Arzt deklarierte Organkranke gegenüber dem Geisteskranken und dem psychisch Gestörten einen höheren Statuswert geniesst» (Silonom), selbst dann, wenn er sich «inoffiziell» als nervenkrank fühlt. Eine Migräne hat einen anerkannteren Sozialstatus als die sie bedingende Überangepasstheit und intellektuelle Abwehr von Depression und Angst.

Eine Medizin ohne Berücksichtigung der sozialen Gegebenheiten ist heute nicht mehr denkbar. Die Gesellschaftsbezogenheit der Medizin bringt es notwendigerweise mit sich, dass diese den gleichen Wandlungs- und Veränderungsgesetzen unterworfen ist wie die Gesellschaft selbst. Niemand wohl zweifelt daran, dass die animistische Priestermedizin einem ganz bestimmten, vorwissenschaftlichen Gesellschaftstypus entsprach, dass die mittelalterliche Gesellschaftsstruktur ihre eigene, vorwiegend karitativ und pönitentiell ausgerichtete Medizin besass, die Zeit der Renaissance das ästhetische Moment in den Vordergrund rückte (Parfümeure) und dass schliesslich der massive Einbruch des naturwissenschaftlich-technischen Weltverständnisses unsere Medizin bis auf den heutigen Tag prägte. Womit wir bei bei der Frage angelangt sind, ob sich unsere Zeit, die seit langem technokratisch ist, und damit die Medizin wirklich in einem «Umbruch» befinden.

Eine Standortbestimmung muss das Fazit aus der Gegenüberstellung der positiven und negativen Aspekte, beziehungsweise Errungenschaften, der bisherigen Entwicklung ergeben. Es gilt somit zunächst, jene Faktoren festzuhalten, die unsere heutige Medizin kennzeichnen. Es sind dies:

1. deren Grundlage: die Naturwissenschaft
2. deren Zielsetzung: die Heilung von Defekten
3. deren Methode: die Technik

Zur *naturwissenschaftlichen Grundlage* gehören: das kausale Denken, die Messbarkeit, Wägbarkeit, Berechenbarkeit menschlicher Phänomene, das Experiment und die Statistik. Lehre und Forschung sind praktisch ausschliesslich dieser Auffassung verpflichtet. Die Krankheit ist objektivierbar, selbst das mitmenschliche Verhältnis zwischen Arzt und Patient wird «objektiviert» – (z.B.: «Zur quantitativen Erfassung von Explorationen und Interpretationen in psychoanalytischen Erstinterviews», von Kitzmann, Kaechele und Thomae; oder: «Die Gesprächsführung des Arztes», Froelich-Bishop, Ein programmierter Leitfaden). Die *Zielsetzung*, nämlich die Heilung, setzt voraus, dass Krankheit den Stellenwert eines Defektes aufweist, wie die Krankheitsdefinitionen, die den Leistungen der Versicherungsträger zugrundeliegen, beweisen. Die *Methode* der naturwissenschaftlichen Medizin muss möglichst *effizient* sein, zeitsparend und perfektionistisch. Daraus folgt: Omnipotenz des Arztes, Aktivität der Medizin, Passivität des Patienten.

Die unmittelbaren Folgen dieser Medizin sind auf *standesethischem* Gebiet die Abkapselung (Glashausmedizin, eigene Gesellschaften wie Zünfte im Feudalsystem, oder moderner: Gewerkschaften), Selbst- und Fremdabsicherung gegen Missbräuche und Ausnutzung; in der *Gesetzgebung:* Ausbau des Haftpflichtversicherungs-Systems; auf *sozialpolitischem* Gebiet die «surconsommation médicale» und Kostenexplosion (Medizin als Konsumgut).

Unbefriedigend ist diese Gesundheitspolitik in dreierlei Hinsicht, nämlich im Bereich der Präventivmedizin, der Psychosomatik und im Feld der Sozialmedizin.

Hier befinden sich *Gesellschaft und Medizin* in einem *Umbruch*.

Wissenschaft und Politik

Umweltschutz ist zu einer politisch hochbrisanten Angelegenheit geworden. Kaum eine politische Partei, die sich nicht zumindest in Wahlkampfzeiten den Umweltschutz auf ihre Wahlpropaganda-Fahnen geschrieben hat. Propagandaschlager nähren in sich den Verdacht, dass es ihnen, sofern parteipolitisch ausgeschlachtet, nicht nur um die Sache an und für sich geht. Sie beinhalten vielmehr ein politisches Engagement. Alle sind sich darin einig, dass die Welt sauber sein muss. Dies entspricht dem Trend unserer Zeit. Es geht uns nicht nur um das Überleben. Es geht auch um das «saubere Überleben». Was einer aktiven Gesundheitspolitik nicht gelungen ist, nämlich den Menschen zu einer gesünderen Lebensweise zu bewegen, ihn vom Rauchen und vom Alkohol fernzuhalten, ihn zu einer sinnvollen Ernährungsweise zu erziehen, das gelang dem Umweltschutz: den Menschen hellhörig zu machen für die drohende Verschmutzung und den buchstäblichen Erstickungstod im Dreck. Und nicht einmal die Ökologen, deren Warnungen wir

44

schon längst gehört und überhört haben, brachten dies zustande, sondern die Politiker.

Politik und Wissenschaft sind enger miteinander verbunden, als man gemeinhin wahrhaben will. Aber nicht nur das. Eine Sachpolitik ohne Fachpolitiker kann es heute nicht mehr geben. Die Zeiten dürften bei den heutigen politischen Sachzwängen endgültig vorbei sein, da Politik als nebenberufliches Hobby betrieben werden kann. Die Länder ersticken an ihren wirtschaftlich-finanziellen Problemen. Wer anders als ein Fachmann dürfte sich erdreisten, Wege aus dieser prekären Situation heraus aufzuzeigen? Wer ist schon bereit, die Verantwortung für seine Entscheidungen und Fehlurteile auf sich zu nehmen? Selbst dann, wenn er – wie in der Referendumsdemokratie – das Volk im Rücken hat? Gleiches gilt für die Gesundheitspolitik, für die Bildungspolitik.

Der Schutz der Umwelt ist längst kein ausschliesslich technischer mehr. Er impliziert die gesamte Industrie- und Finanzwirtschaft, er impliziert die Gesundheits- und Erziehungspolitik eines Landes, er impliziert internationale Verbindungen. Die Forderung lautet: mehr Politik *um der Sache willen* und mehr Politiker um ihres Faches willen. Nur ein vermehrtes Engagement unserer wissenschaftlichen und wirtschaftlichen Spitzenkräfte in der Politik kann unsere Welt und damit unsere Umwelt retten. Wir müssen von der auf tradierten Werten beruhenden und emotional getragenen Parteipolitik *weg* und uns einer sachbezogenen Politik *zu*wenden. Auch da wird es Auseinandersetzungen und Meinungsdifferenzen geben. Diese werden jedoch immer nur «um der Sache willen» und nicht um des Ansehens einer Person oder einer Partei willen ausgetragen. Es ist angenehmer, mit Leuten zu diskutieren, die *anderer* Meinung sind, als mit solchen, die aufgrund ihrer Unwissenheit *keine* Meinung vertreten können. Die Frage jedoch, wie eine warnende Wissenschaft zu politischem Einfluss gelangen kann, ist umstritten. Der Schritt von der luftleeren Theorie zur lebendigen Praxis ist für den Club of Rome nur zu machen, wenn der Einfluss auf politische Entscheidungsprozesse gewährleistet ist und wenn Politiker zur akiven Mitarbeit gewonnen wer-

den können. Die argentinische Barloch-Stiftung entwickelte ein
«Modell zur Entwicklung einer sozialistischen – und demokratischen Gesellschaft» mit voller Mitbestimmung und Selbstver-
waltung. Es fand unterschiedliche Aufnahme. Insbesondere
wurde kritisch geäussert, die Fülle der Denkprozesse schade
der Öffentlichkeit mehr als sie ihr nütze. Die Tagung des Club of
Rome schloss denn auch mit einem Appell zur Zusammenarbeit
von Politikern, Soziologen, Ingenieuren und Wirtschaftsmana-
gern, um die Probleme des Überlebens der Menschen zu lösen.

Eine solche Zusammenarbeit setzt aber voraus, dass die
Schranken, die heute noch einerseits zwischen Wissenschaft
und Öffentlichkeit bestehen, dass das gegenseitige Misstrauen
zwischen Wissenschaft und Politik andererseits, sowie der zunehmende Incredibility Gap zwischen Politik und Volk besei-
tigt werden. Solange die Aussagen der Wissenschaft dem Politiker nur als Alibi für pseudowissenschaftliche parlamentari-
sche Vorstösse dienen, die Öffentlichkeit sich nicht wissenschaftlich, dafür aber emotionell mit gewichtigen politischen
Fragen wie dem straffreien Schwangerschaftsabbruch oder der
Euthanasie, mit Strafrechtsreformen usw. auseinandersetzt, ist
keine vorurteilslose, von der Sache her bestimmte, phänomenologisch orientierte Politik möglich. Und schliesslich erleben
wir bei Abstimmungen und Wahlen noch und noch, dass das
Volk den politischen Führern nicht folgt, den Parteiparolen
trotzt und – nicht immer unberechtigt – andere Entscheide
fällt. Der Kontakt zwischen Parteien und Volk ist lose geworden; man kennt sich nicht mehr – und Nichtkenntnis schafft
Misstrauen und Abwehr.

Moderne Politik verlangt Politiker, die voll informiert sind,
entscheidungsfreudig und dynamisch, dabei ruhig und über-
legt, aber offen für das Gespräch mit dem Volk und ehrlich,
mutig und mit jener Durchsetzungskraft und Überzeugungsfä-
higkeit ausgestattet, die sie weder überheblich noch stur erscheinen lässt. Politische Autorität beruht auf *Wissen*, nicht
auf Ellbogentaktik und Volkstribunenallüren. Der Politiker
muss auch in der Lage sein, Niederlagen einzustecken, ohne zu
rebellieren oder zu resignieren.

Was aber motiviert den Politiker, diesen Beruf, der gar keiner ist, zu ergreifen? Wo liegt sein wahres Interesse, wo seine Hoffnungen, Ängste und Befürchtungen? In einem Zeitungsinterview nahm H. Wintsch, Psychologe und Mitglied des Zürcher Kantonsrates, seine Kollegen scharf aufs Korn. Das Handeln des Politikers sei letztlich nicht von sachlicher Logik bestimmt («Psychogramm eines Parlaments», Tages-Anzeiger-Magazin, 1975), sondern von seiner unbewussten Psycho-Logik. Die Politiker, so meint er, seien in ihrem politischen Verhalten und in ihren politischen Entscheiden hinter- und untergründigen Tatbeständen und Mechanismen ausgeliefert, von geheimen Ängsten und Zweifeln beherrscht, die dann in der bekannten Pose des «starken Mannes» ihre Kompensation finden und alle Spielarten «kollektiver Verdrängung und kollektiver Aggression» der politischen Blöcke bedingen. Unterschwellige Motivationen kommen gewiss überall dort ins Spiel, wo es um persönliche oder weltanschauliche Dinge geht, um kulturelle Fragen, Bildungs- und Erziehungsprobleme, Jugendfragen, Frauenfragen, Familienfragen, Fragen der öffentlichen Moral und Sittlichkeit, religiöser oder sexueller Problematik, des Drogen- und Konsumverhaltens und schliesslich Fragen, wo materielle Interessen im Spiel stehen. Diskussionen um diese Themen sind naturgemäss häufig von Motivationen untermauert, die thematisch selbst nicht in Erscheinung treten oder zumindest versteckt gehalten werden. Tabus, Ängste, Rivalitäten, Eifersucht, Machtstreben als Angst vor Hilflosigkeit kommen ins Spiel. Diese Ängste entfalten ihre Dynamik insbesondere im Verhältnis des Politikers zur Ordnungsmacht, zum Staat. Der loyale, gehorsame, angepasste, rechtschaffene Mensch findet seine Lebenssicherheit im gestrengen Autoritätsrahmen; er hat Angst, das oft mühsam Erreichte wieder zu verlieren. Auflehnung und Rebellentum gegen die Ordnung darf bei ihm selbst nicht aufkommen. Diese Funktion wird von anderen übernommen, die gleichsam stellvertretend für eigene Aggressionen einspringen. «Der Ordnungswächter» – so Wintsch – «braucht die andere, die dunkle Seite in der Gestalt von Aussenseitern und Sündenböcken, damit er sie bekämpfen kann. Er bekämpft dann nach aussen, was er innerlich ständig unterdrückt.» Aber auch der Rebell, der Aussenseiter lehnt sich gegen innere Zensoren auf; auch er ist unfrei der strengen Vater-Autorität gegenüber, die ihn zurechtweist. Auch er ist auf seinen Schatten, den Gehorsamen, Eingepassten angewiesen, auch er braucht – dem Wiederholungszwang folgend – eine Vaterfigur als Sündenbock. Dafür eignet sich der Staat ganz vorzüglich. Eines aber, worauf Wintsch nicht eingegangen ist, ist die Stellung des wirklich freien Politikers. Desjenigen, der nicht primär von «unbewussten» Regungen und persönlichen Motiven geleitet ist, sondern wirklich der Sache zuliebe öffentliche Aufgaben übernommen hat. Auch ist er in der Öffentlichkeit nicht unverdächtig. Man unterschiebt auch ihm geheime Machtwünsche, Ehrgeiz und persönliche Interessen. Der Mensch ist ja nur insofern offen für das Wahrnehmen seines Mitmenschen und dessen Verhaltensmotivation, als er diese Offenheit selbst schon realisiert hat. Wer selbst im ehrgeizigen Leistungsstreben und in machthungriger Imagebildung befangen ist, kann auch des Anderen Verhalten in keinem anderen Licht sehen. So begegnet der freie Politiker dem Misstrauen beider Extremgruppen: demjenigen der Angepassten wie demjenigen der Rebellen. Dies auch deshalb, weil er die geheimen Ängste und Wünsche derselben entlarvt. Ohne Schatten ihrer selbst, ohne angreifbaren Gegner erkennen sie sich nämlich wie in einem Spiegel. Eine Politik, die sachlich sein will, kann nicht extreme Positionen beziehen.

Kulturpolitik

Im Vorfeld parlamentarischer Wahlen erfährt der Stimmbürger manches über die Verschiedenheit politischer Ansichten der Kandidaten und ihrer Parteien. Die sozial- und wirtschaftspolitische Differenzierung, mehr oder minder deutlich in Erscheinung tretend, beherrscht die Wahlkampfszene. Selten bis gar nicht treten dagegen die kulturpolitischen Aspekte in Erscheinung, so dass man geneigt wäre, diese als politisch bedeutungslos bis inexistent zu betrachten. Sieht man zunächst davon ab, dass eine zahlenmässige Minderheit unserer Mitbürger, nämlich die Künstler und Kulturschaffenden, von solcher Nichtbeachtung direkt betroffen wird, wodurch die Frage eine sozialökonomische Bedeutung erhält – so muss dies uns auch aus anderen Gründen beunruhigen.

Es geht hier nämlich um ein Problem von *grundlegender* Bedeutung für unsere Zivilisation: das Verhältnis des Menschen zur Kreativität, das über die Individualität hinaus einen gesellschaftlichen und damit gesellschafts*politischen* Aspekt erhält. Wir leben in einer Gesellschaft, in der das Prinzip der *Leistung*, der Effizienz, der praktischen Verwertbarkeit eine hohe sozialpolitische Bedeutung besitzt. In dieser Welt haben Wissenschaft und Forschung den Vorrang. Was messbar, wägbar oder sonstwie in Zahlen erfassbar ist, steht im Zeitalter der Technik im Vordergrund des Interesses. Dass aber gerade diese einseitige Faszination der technischen Weltbewältigung den Menschen nicht zu befriedigen vermag, ist uns allen bekannt. Nicht nur die Psychiater, sondern alle jene, die die Welt mit wachen Augen beobachten, stellen eine Zunahme des Gefühls von Sinnlosigkeit des Lebens und Langeweile fest. Die Jugendunruhen, die Drogenwelle, die Altersdepressionen, die Unzufriedenheit am Arbeitsplatz sind nur einige Symptome dieser weltweit feststellbaren Krankheit unseres Jahrhunderts.

Diese Unzufriedenheit des Menschen hat ihren letzten Grund wohl darin, dass menschliches Dasein eben auf ein viel reicheres Existieren hin angelegt ist, auf ein Existieren, das nicht nur aktive Leistung und passiven Konsum beinhaltet, sondern auch *schöpferische Gestaltung*, Kreativität. Das Schöpferische, so würde ich meinen, ist ein Grundzug menschlichen Daseins, und zwar dergestalt, dass es dessen Welt immer durchwaltet. Die schöpferische Kraft und Gestaltungsmöglichkeit wird aber allzuoft wertmässig unterschätzt. Kreativität entzieht sich nämlich der mathematischen Berechenbarkeit. So hat sich denn auch im Bewusstsein des modernen Menschen eine Gegensätzlichkeit zwischen Wissenschaft und Kunst entwickelt, wobei der ersteren ein realer, letzterer ein irrealer Wert beigemessen wird. Auf eine andere Ebene übertragen könnte man es als den Widerspruch von *Vernunft* und *Gefühl* bezeichnen. Die menschliche Wirklichkeit orientiert sich an der Vernunft, der gegenüber die «unwirklichen» Gefühle stehen. Vernunft gibt Sicherheit, Gefühl erzeugt Unsicherheit und Angst. Kunst als Ausdruck schöpferischer Weltbewältigung entspricht der Gefühlssphäre des Menschen. So ist auch das Verhältnis des Menschen unseres Industriezeitalters zu Kunst und Kultur nur verstehbar aus dem Verhältnis, das dieser zum Gefühlsmässigen hat.

Primum vivere, deinde philosophari, erst leben, dann philosophieren, heisst ein bekanntes Sprichwort. Auf Kunst und Kultur übertragen hiesse dies: erst das Leben, dann Kreativität. Darin aber liegt ein wesentliches Missverständnis von «leben». Wird dieses nämlich auf die Biologie und Physiologie des menschlichen Leibes reduziert oder auf die Erfüllung materieller Bedürfnisse, wird der volle Bedeutungsgehalt menschlichen Seins verpasst. Dieses nämlich findet seinen Sinn erst in der vollen Wahrnehmung und Antwortgebung allem Begegnenden gegenüber, in unserem Bezogensein auf die Fülle und Schönheit der Welt. Solches Wahrnehmen und Sehen ist ursprünglich gerade nicht verstandes- und vernunftmässiger, sondern wesentlich gemüthafter Natur. Nur wer für sein eigenes Gemüt offen ist, kann den Blick für das volle Menschsein öffnen. Nur er ist wirklich auf den Mitmenschen, auf die Welt der lebendigen Natur und der leblosen Dinge bezogen. *Kunst* ist somit immer *Beziehung.* Das künstlerische Werk ist Mitteilung eines Menschen, der mehr und anderes wahrnimmt als der in der Geschäftigkeit des Alltags aufgehende Mensch. Schöpferisch aber, so schreibt ein bedeutender Schriftsteller, kann innerhalb der alltäglichen Beziehung schon ein einfacher Mensch sein, der das Wort findet, das für den Nächsten wesentlich ist. Der Mensch dagegen, dem der Durchbruch zum Sein in irgendeinem Bereich nicht gelang, kann als Dichter oder Künstler kaum Bedeutsames ausdrücken. Dies wieder in das Bewusstsein des Menschen zu bringen, ist die Aufgabe des Künstlers einerseits, des Politikers andererseits. Wollen wir eine menschengerechtere Welt anstreben, eine Welt, in der dem Menschen seine verlorengegangene Würde wiedergegeben wird, müssen wir unser Verhältnis zum Schöpferischen neu überdenken und neu gestalten. Der wertmässige Vorrang der Wissenschaft vor der Kunst ist durch nichts gerechtfertigt. Diese Überzeugung muss in die Politik Eingang finden.

Die Umsetzung der eben skizzierten gesellschaftspolitischen Gedanken in praktisch-politische Postulate ist in der Schweiz durch den Bericht der eidgenössischen Expertenkommission für Fragen einer schweizerischen Kulturpolitik in den Bereich der Verwirklichung gerückt. Man mag sich zu diesem Bericht einstellen wie man will: als Bestandesaufnahme der kulturpolitischen Szene der Schweiz ist er unerlässlich. An den Politikern und an den Kulturschaffenden selbst liegt es nun, dafür zu sorgen, dass die darin enthaltenen Anregungen nicht nur «kosmetische» Verbesserungen des bisherigen Zustandes bleiben, sondern Anlass zu einer effektvollen und echten Förderung von Kultur und Kunst. Eine Förderung muss allerdings bereits im Erziehungs- und Schulprogramm unserer Kinder integriert sein. Unsere Schulen sind noch allzusehr einseitig auf den Erwerb von Wissen und auf intellektuelle Leistungen ausgerichtet. Die Förderung des Schöpferischen im Kinde kommt dabei zu kurz. Darin sehe ich vor allem zwei Anliegen, die realisiert werden müssten. Einmal sollten im Kinde die in ihm schlummernden schöpferischen Gestaltungskräfte gefördert werden. Dass dies möglich ist, beweisen alle jenen Versuche mit Malateliers für Kinder, wie sie bespielsweise von A. Stern in Paris, dem Gründer des Centre d'éducation créatrice, realisiert worden ist. Das Ziel eines solchen Unterrichts ist ja nicht, dem Kinde spezielle Techniken im Umgang mit der Farbe oder anderem Material beizubringen; es geht vielmehr darum, ohne eine Arbeitsatmosphäre zu schaffen, das Kind anzuregen, seiner eigenen Erlebniswelt in der ihm gegebenen Weise gestalterischen Ausdruck zu verleihen. Das zweite Anliegen betrifft nicht so sehr die Förderung der eigenen gestalterischen Kräfte, sondern die Weckung des Interesses für das Kunstwerk ganz allgemein. Dazu müssten vermehrt Besuche in Ateliers und

51

Kunstausstellungen mit entsprechender Führung veranstaltet werden. Wenn wir nicht bereit sind, das Verständnis für Kunstwerke ganz allgemein schon im Kindes- und Schulalter zu fördern, wird auch eine zukünftige Generation kein echtes Verständnis für Kunst- und Kulturförderung aufbringen können.

Erziehung, Bildung, Schulreform

Erziehung ist heute weder als Wissenschaft noch als Praxis ohne Psychologie denkbar. Freud selbst stellte bereits 1925 fest, dass keine Anwendung der Psychoanalyse auf so viel Interesse gestossen sei wie jene seiner Theorie und Praxis der Kindererziehung. Aufgrund der psychoanalytischen Erkenntnisse über die Entwicklung von Neurosen und der Annahme, dass deren Wurzeln immer in der Kindheit zu suchen seien, entstanden in Russland, später in Amerika, Kinderhorte und Schulen auf psychoanalytischer Basis. Dies führte schliesslich zur sogenannten Non-Frustration-Erziehung, die im übrigen eher auf einer Verkennung der psychoanalytischen Absicht Freuds als auf deren Anwendung beruht. Sie erwies sich bald als undurchführbar und sinnlos. Gegenüber der traditionellen autoritären Erziehungsmethoden und in Abhebung von der autoritären Erziehung setzte sich dann in den letzten Jahren eine Bewegung durch, welche die *antiautoritäre Erziehung* forderte. Deren Prinzip: dem Kinde möglichst Entfaltungsfreiheit belassen mit gleichzeitiger Hinwendung zu eigenständiger Verantwortlichkeit. Leider hat sich auch hier in der Praxis gezeigt, dass die Auslegungsmöglichkeiten des Ausdrucks «antiautoritär» zu gross sind und dass die «antiautoritäre Erziehung» der Willkür des Erziehers freien Lauf lässt, so dass ein sinngemässer Konsensus nicht einmal unter den Vertretern dieser prinzipiell wichtigen pädagogischen Richtung herzustellen war. Das Erziehungs- und Bildungswesen bedarf jedenfalls einer gründlichen Reform. Von der möglichen Anpassung an die Dynamik der gesellschaftlichen Entwicklung wird weitgehend auch unse-

52

re Zukunft bestimmt werden. Eine Erneuerung des Bildungswesens von innen heraus muss den wirklichen Bedürfnissen der menschlichen Natur entsprechen und kann nur aus einer gründlichen Besinnung auf das eigentliche Bildungsziel hervorgehen. So formuliert es die Schweizerische Gesellschaft für Bildungs- und Erziehungsfragen in ihren «Leitgedanken zu einer Reform des schweizerischen Erziehungswesens». Aber eine sinnvolle Zielsetzung kann sich nur aus einem «umfassenden und gehaltvollen Welt- und Menschenbild» ergeben. «Demgegenüber» – so folgert die Schrift – «zeichnet sich die Gefahr ab, dass eine naturwissenschaftlich gerichtete Unterrichtstechnologie die wesentlichen Entscheidungen von Randerscheinungen wie Tierversuch oder kybernetischer Anlage her präjudizieren. Solche Tendenzen sind geeignet, gerade die Erreichung der wesentlichen Erziehungsziele, die Heranbildung zum selbständigen Menschen, zu verunmöglichen.» Dazu nämlich genügt keinesfalls lediglich eine verfeinerte Informationstechnik, vielmehr muss sie von der spezifisch menschlichen Veranlagung zu Weltoffenheit und Freiheit getragen werden und Rücksicht nehmen auf die Entwicklungsgesetze der menschlichen Natur sowie den sozialen Forderungen unserer Zeit entsprechen.

Am bisherigen Schulsystem lässt sich kritisieren, dass es den modernen Erkenntnissen der Entwicklungspsychologie zu wenig Beachtung schenkt, die Individualität des Kindes ungenügend berücksichtigt und damit zu einer Bildungsnivellierung beiträgt. Insbesondere in der Zeit der Oberstufenschulung ist das Kind in einer besonderen Entwicklungsphase, die bei ausschliesslichem Leistungszwang und intellektueller Überforderung zu einer charakterlichen Fehlsteuerung führen kann. Die offensichtliche Zunahme neurotischer und psychosomatischer Reaktionen im Schulalter sprechen eine deutliche Sprache. Von einer Schulreform muss verlangt werden, dass sie im Kinde, neben den intellektuellen Bildungszielen, an Stelle von Konkurrenzhaltung, Neid und rivalisierendem Denken das Gefühl für Partnerschaft und kommunikatives Verhalten weckt. Gleichzeitig soll sich der Schüler seiner Individualität und zunehmenden Freiheit, gepaart mit mitmenschlicher Verantwortung, bewusst werden und jene Entscheidungsfähigkeit erringen, die ihn befähigt, Bildungsziel und Berufswahl weitgehend selbst zu bestimmen. Es sei hier an einen Ausspruch von Jeanne Hersch erinnert: «Wenn für zehnjährige Kinder schon entschieden wird, ob ihnen der Weg des Studiums geöffnet oder geschlossen wird, dann können rein persönliche Begabungen und Neigungen kaum in Betracht gezogen werden.»

Es gilt folgendes festzuhalten:

Die Welt des Erwachsenen ist nicht mehr von der Welt des Kindes zu trennen, das Kind nimmt unmittelbar an der Welt des Erwachsenen teil. Die Entfremdung von der Natur ist für Erwachsene wie für Kinder ein scheinbar unaufhaltsamer, aber besorgniserregender Vorgang.

Die Technik und das naturwissenschaftliche Denken beherrschen unser Weltbild. Technik erfordert Spezialisten, die Informationsflut nimmt zu und kann kaum mehr bewältigt werden. Technik verlangt Ordnung, Gewissenhaftigkeit, Gehorsam, Verzicht auf individuelle Wünsche, auf Eigenständigkeit. Sie prädisponiert zu Perfektionismus und Zwangsverhalten.

Die Welt der Technik nivelliert die mitmenschlichen Beziehungen, reduziert Freunde zu «Arbeitskollegen», erzieht Rivalen und Konkurrenten.

Die Folgen sind Langeweile, Gefühl der Sinnlosigkeit des Lebens, intellektuelle und emotionale Überforderung. Wir gehen einem «Nervenzusammenbruch» der Menschheit entgegen, wenn wir uns nicht rechtzeitig an das Menschliche in der Welt erinnern.

So ist von einer Schulreform nicht nur eine bessere Bildungsnutzung unserer Jugend zu erwarten, nicht nur eine kindergerechtere Schule, sondern darüber hinaus die Vorbereitung auf eine sinnvollere, menschlichere Gesellschaft.

Probleme der Schule, der Schulgestaltung, der Schulsystems sind Probleme der Kinder, der Eltern, der Lehrer und der Gesellschaft. Probleme der *Kinder*, weil sie die unmittelbar Betroffenen sind. Die Schule ist der erste schwerwiegende Eingriff in die natürliche und spontane Entwicklung. Sie ist richtungsbestimmend für das Schicksal des Menschen, ob in positiver oder negativer Weise. Ein Problem der *Eltern* ist die Schule insofern, als sie ihnen erstmals das Kind aus dem Familienverband herausholt und sowohl bildungsmässige wie erzieherische Aufgaben abnimmt. Die *Lehrer* schliesslich übernehmen die Betreuung und Verantwortung für Kinder, die nicht ihre eigenen sind. Die *Gesellschaft* letztlich ist auf die Schulung der Heranwachsenden angewiesen, um überhaupt leben zu können. Die Schule von heute bestimmt die Gesellschaft von morgen. Die Zukunft des Staates hängt vom Bildungs- und Ausbildungsstand des Einzelnen ab. So ist man dazu übergegangen, nach Verbesserungen unseres traditionellen Schulsystems oder gar nach neuen Schulsystemen im ganzen zu suchen. Die Gesamtschule taucht, vielen als Verheissung, anderen als Gespenst, auf. Der Ruf nach einer antiautoritären Schulung unserer Kinder wird laut, nach Schulversuchen dieser oder jener Art – alles in allem ein Übermass an brauchbaren und weniger brauchbaren Vorschlägen.

Menschliche Entwicklung geschieht nicht im luftleeren Raum. Von der Geburt an, bereits im extrauterinen Frühjahr, wie man das erste Jahr des Menschen, dieses hilflosen Nestflüchters (Portmann), bezeichnet, findet die Reifung im mitmenschlichen Bereich statt. Pflege und Wartung von seiten der Mutter sind erste erzieherische und bildende Momente zu einem Sozialwesen hin. Und nach dieser ersten Reifephase beginnt unmerklich, aber unaufhaltsam die Sozialisierungsphase. Eine Phase der Entwicklung, die bekanntlich viel länger dauert als bei allen Tieren der Säugetierreihe und die eben auf das Spezifische am menschlichen Wesen hindeutet. Die Eigenart der menschlichen Entwicklung erfährt in funktioneller und organischer Hinsicht eine sinnvolle Deutung durch ihre Zuordnung zur gesamten Daseinsform des Menschen. Der wechselseitige Kontakt mit den reichen und immer wieder wechselnden Inhalten der Mit- und Umwelt führen zum späteren menschlichen Wachstum und Reifen. Während die höheren Säuger ihre endgültigen Körpergrössen schon mit 2 bis 6 Jahren erreichen, benötigt der Mensch dazu 19 bis 22 Jahre. Auch die Geschlechtsreife ist beim Menschen hinausgezögert. Erklärt kann dies nur werden als Teilfaktor der Gesamtverwirklichung menschlicher Endgestalt. So spielen in der Schulzeit das Pubertätswachstum und die Akzelerationsproblematik eine wesentliche Rolle. Die beim Menschen in dieser Zeit festzustellende Erhöhung der Wachstumsintensität hat keine Analogie im Tierreich, wohl aber eine aktuelle Bedeutung für das klinische Problem der Akzeleration unserer Kinder und Jugendlichen. Sie zeigt nämlich, dass nicht biologische Ursachen für die seelischen und geistigen Veränderungen verantwortlich zu machen sind, sondern umgekehrt die sozialen und kulturellen Anforderungen Körperwachstum und Organfunktion modifizieren. So machen die einseitige Steigerung gewisser Teilleistungen und die damit verbundene körperliche Arbeit einen wesentlichen Inhalt zahlreicher Klagen über die Schulnöte der Gegenwart aus (Wiesenhütter).

Glaubte man früher noch, die menschliche Entwicklung verlaufe phasenweise, so ist man neuerdings zur Überzeugung gelangt, dass menschliche Entwicklung eher kontinuierlich geschieht. So erscheint es heute nicht mehr sinnvoll, nach Entwicklungsstufen zu suchen, die alle Verhaltens- und Erlebnisformen eines bestimmten Alters umfassen. Plötzliche Veränderungen haben meist äussere Ursachen (Oerter). Menschliche Entwicklung lässt sich als Differenzierung und Zentralisation, Verfestigung, Kanalisierung und Einengung bezeichnen. Sie ist nicht lediglich ein biologischer oder biopsychischer Vorgang in inniger Verbundenheit mit den *Einflüssen der Mitwelt*. Der *Sozialisierungsprozess* ist ein *Hineinwachsen in die Gesellschaft und Kultur*, wobei die Sozialisierung eine Kette von Lernprozessen voraussetzt, die häufig unmittelbar nach Reifung der erforderlichen Funktionen beginnen und mehr oder weniger bis zum Erwachsenenalter weiterlaufen, aber auch von den gesellschaftlichen Zwängen mitbestimmt werden.

So ist denn gerade aus der Verflechtung kindlicher Entwicklung mit der Umwelt die Frage, die uns hier beschäftigt, eine vielfältige. Es kann niemandem gleichgültig sein, wie sich unser

Schulsystem gestaltet, weder den Kindern und Jugendlichen selbst, noch den Eltern und Lehrern, noch der Gesellschaft, in der wir leben.

Die *Unterstufe* ist eine Zeit der Anpassung und des Umlernens. Das Kind erwirbt die Arbeitshaltung, es verbessert sein Vermögen zur Steuerung des Verhaltens (willentliche Aufmerksamkeit) und gewöhnt sich an das schulische Leben. Bis etwa zur sechsten Klasse ist dann das Kind optimal angepasst; es hat im Durchschnitt eine vorwiegend positive Einstellung zum Schulunterricht und zur Lehrerpersönlichkeit. Ausgesprochene Arbeitshaltung, Sinn für Leistung und Wettbewerb sind die Norm. In der *Oberstufe* dagegen findet der Übergang zur Reifezeit statt. Das Kind orientiert sich mehr nach dem, was «draussen», also ausserhalb der Schule vor sich geht. Es setzt sich langsam sowohl von der Autorität des Lehrers wie von der Klassengemeinschaft ab. An die Stelle unverpflichtender Klassenpromiskuität kanalisiert sich das emotionale Gefühl des Kindes auf einzelne Mitschüler. Freundschaften entstehen, es kommt zu ernsthaften affektiven Auseinandersetzungen. Hinzu gesellt sich zumeist das Gewahrwerden häuslicher Unstimmigkeiten oder das Einbezogenwerden in eheliche Zerrüttungssituationen. Das Kind fühlt sich seiner eigenen vorpubertären und pubertären Problematik hilflos ausgeliefert, allein gelassen.

Die Zeiten haben sich nicht nur äusserlich, sondern auch innerlich geändert. Die Welt des Kindes ist von der Welt des Erwachsenen nicht mehr zu trennen; es gibt keine Kindheit mehr, die unberührt bliebe von den direkten und indirekten, von den gesteuerten und ungesteuerten Einflüssen der Erwachsenenwelt. Die Massenmedien bringen dem Kinde das gleiche ins Haus wie den Erwachsenen. Die Illustrierten mit ihren erfreulichen Nackedeis und weniger erfreulichen Mordgeschichten liegen offen in den Wohnungen herum, am Fernsehen sehen sich die Kinder die gleichen Kriminal- und Liebesgeschichten an wie die Erwachsenen, ganz abgesehen von der Vermittlung des Weltgeschehens auf den Kriegsschauplätzen, von Terroraktionen und Unglücksfällen in den Tagesschauen. Die unmittelbare

Begegnung mit der Natur hat weitgehend der Begegnung mit dem Farbfernseher das Feld geräumt. Es braucht einen autoritären Eingriff der Eltern oder die Überlistung der Kinder, um sie noch zu sonntäglichen Spaziergängen anzuhalten. Die *Konsumhaltung* hat bereits das Kind erreicht. In der *Schule* allerdings wird noch streng am *Leistungsprinzip* festgehalten, und zwar in einer Weise, die noch allzuoft den Stempel einer vergangenen Zeit trägt. Das Kind wird künstlich in ein System gezwängt, ungeachtet seiner spezifischen Eigenart, seiner individuellen Reife, seiner eigenen Bildungsfähigkeit. Es wird normiert. So findet im Leben des Kindes mit dem Eintritt in das Schulalter eine eigentliche Zäsur statt. Im Grunde entspricht es nicht immer der zum Schulalter diktierten Entwicklungsstufe, dass das Kind intellektuell lernen muss. Dazu kommt, dass in dieser Zeit eine Nivellierung der individuellen Kinderschicksale stattfindet, die sich besonders bei sensiblen Kindern entwicklungshemmend auswirken kann. Auch haben diejenigen, welche die Schule institutionalisierten, oft recht wenig Verständnis für die Bedürfnisse und Möglichkeiten des Kindes bewiesen. Siewerth hat in seinem Buch «Metaphysik der Kindheit» (1957) zu Recht bemängelt, dass allzu häufig die bestehende nivellierte Verfügung über das Leben der Grund für unsere Vorstellung der Reifeperioden sei. Reifeperioden würden dem Kinde zwangshaft zugemutet und seine Reife an den aufgegebenen Leistungen abgelesen. Das Versagen eines Kindes auf einer willkürlich festgelegten Reifestufe wird als Begabungsmangel registriert und sowohl dem Kinde wie den Eltern schriftlich ausgewiesen. Er bezeichnet es als eine «Monstrosität», dass Zeichnen, Singen, Sprechen und niederschreibendes Erzählen von sieben- bis zehnjährigen Kindern auf Grund einer willkürlichen Zahlenskala und in bezug auf einen Klassendurchschnitt oder ein staatlich verfügtes Leistungsmass beurteilt werden.

Die Zunahme kindlicher und jugendlicher, oft zu spät erkannter psychoreaktiver, psychosomatischer und neurotischer Störungen ist alarmierend. Bedenken wir, dass das Alter der schulischen Oberstufe – wie bereits angetönt – auch das Alter der *Pubertät* und *Akzeleration* ist, so wird uns dies verständlich. Letztere ist vorwiegend quantitativer Natur und äussert sich in einer frühzeitigen körperlichen Reifung. Die Pubertät ist beschleunigt, die primären und sekundären Geschlechtsmerkmale bilden sich früher aus. Hinzu kommt ein vermehrtes Längenwachstum. Sprach man früher bei den Heranwachsenden von einer «Phase der Fülle», die jeweils vor der «Phase der Streckung» eine Sammlung der Kräfte erlaubte, so fällt diese Fülle heute weg. Die Belastungsfähigkeit der Jugendlichen wird dadurch stärker eingeschränkt. Unsere Welt stellt aber mit ihrer Reizüberflutung, ihrem Verlust an Nestwärme und mit der Vorverlegung bestimmter Phasen des Lebenskampfes in die Schulzeit übersteigerte Forderungen an die körperliche und seelische Trag- und Leistungsfähigkeit des Kindes. Die Folge eines solchen Missverständnisses zwischen Anforderungen einerseits und Leistungsvermögen andererseits ist häufig zunächst ein Nachlassen der Leistungsbereitschaft, Enttäuschung und Entmutigung, geistige Konzentrationsschwäche und affektiver Kontaktverlust.

Kindheit und Jugendzeit sind gekennzeichnet durch ein Weltverhältnis, das im Zeichen des Wachsens und Reifens steht. Beides, Wachsen und Reifen, darf nicht lediglich «psychologisch» verstanden werden, sondern als ein Offenwerden für den Entwurf des Daseins als In-der-Welt-Sein. Das Wachsen und Reifen ist als Geschehen von der Biologie her nicht zu verstehen. Denn «Reifen ist wesenhaft ein Akt des zum Sein gewillten, des vernehmend verinnernden Menschen, der im inneren Welt- und Seinstaum der Seele sich sammelt und aus ihm ausgreift» (Siewerth). So eignen sich das Kind und der Jugendliche in der Übernahme der eigenen Leiblichkeit, im Offenwerden für die Welt, im Beherrschen der Sprache, in der Ausformung des Gewissens das eigene Dasein an. Die Reifestufen, der Reiferhythmus, die Reifegestimmtheit, der innere Lebensraum, in den hinein sich kindliches und jugendliches Leben sammelt, sind in jedem Kinde und Jugendlichen von Grund aus verschieden. Erkennt der Pädagoge die Sinnlosigkeit einer schematisierenden und nivellierenden Lebensführung und Bildungsplanung, wird es ihm auch möglich sein, viel kindliches und jugendliches Kranksein zu verhindern oder gegebenenfalls zu heilen. Nicht das Leistungsurteil der Erwachsenen ist für die jugendliche Reifung massgebend, sondern lediglich die jedem Kinde innewohnenden Möglichkeiten und Fähigkeiten, die auch der junge Mensch in der Reifungsperiode als die seinen erkennen und anerkennen muss.

Störungen des geschilderten Reifeprozesses finden wir oft auch bei scheinbar normalen Familien- und Schulverhältnissen, deren «Abnormalität» durch sozial sanktionierte Wertschätzungen verdeckt wird. Schwidder hat die Auswirkungen solcher Feldstrukturen untersucht, die sich vor allem in den erzieherischen Prinzipien der Eltern und Lehrer, unter denen die Kinder aufwachsen, oder in Verhaltensweisen, die im Widerspruch zu den Erziehungs- und Bildungsleitsätzen stehen, vorfinden. Eine Information über die Erziehungsprinzipien, die unsere Gesellschaft offenbar immer noch anwendet, ergab hochinteressante, aber deprimierende Resultate.

Im Wunschkatalog der Eigenschaften standen anlässlich einer Befragung Ordentlichkeit, Brav- und Anständigsein an der Spitze. Es folgten Bescheidenheit, Gewissenhaftigkeit, Sauberkeit, Abgeben, Sparsamkeit, Mehr-erreichen-sollen als die Eltern, Nicht-egoistisch-sein, Anspruchslosigkeit, Friedfertigkeit usw. Auffallend wenig wünschten die Erzieher, dass ihre Kinder ein erfülltes oder selbständiges Leben, Glück, Zufriedenheit oder Liebe haben sollen. Ordnet man diese Wünsche nach Gruppen, so umfasst die grösste die verschiedenen *Leistungsanforderungen.* Als nächste folgt die Gruppe mit Forderungen nach Gehorsam, Unterordnung und Friedfertigkeit. Die beiden weiteren Gruppen sind dann fast gleich gross: In der einen wird Schenken, Abgeben und Aufopferung verlangt, in der anderen Bedürfnislosigkeit, Bescheidenheit, auf keinen Fall Egoistischsein. Attribute sozialer Tüchtigkeit kommen öfters vor, jedoch meist mit Leistungsforderungen kombiniert. Zu ähnlichen Ergebnissen der primären Leistungsbezogenheit unserer gesellschaftlichen Erziehungsprinzipien gelangte Zauner, der fand, dass Leistung, Gehorsam und Sauberkeit in der Werthierarchie sehr hoch stehen, während zum Beispiel emotionale Werte im Gegensatz zu anderen Kulturen nur eine geringe Rolle spielen. Bei der primären Leistungsbezogenheit unserer Gesellschaft steht der Arbeitsplatz (hier also die Schule) als auslösende Versuchungs- und Versagungssituation für neurotische Symptome an erster Stelle. Es handelt sich in der Hauptsache um Rivalitäts- und Ehrgeizkonflikte, Autoritätsprobleme und in besonderem Masse um eine perfektionistische Leistungseinstellung.

Spätestens hier wird klar, dass sowohl unser heutiges Erziehungssystem wie das Schul- und Bildungswesen mit der allgemeinen menschlichen und weltlichen Entwicklung zur Reife hin nicht Schritt gehalten hat. Die Welt ist aufgebrochen zu einem neuen Selbstverständnis. Forderungen nach Eigenständigkeit, Verantwortung und Freiheit sind unüberhörbar. Bildungsziele können nicht mehr ausschliesslich von der Familie oder der Schule festgelegt werden. Der Jugendliche will mitentscheiden. Dies ist ein wesentliches Anliegen der Orientierungsstufe: Die *Entscheidungsfähigkeit des Kindes* in bezug auf seine weitere Ausbildung und Berufswahl kann nur gefördert werden, wenn diese Entscheidung nicht zu früh erfolgen muss und wenn auf individuelle Interessen und Bedürfnisse Rücksicht genommen wird. Eine fortschrittliche Reform der Schule wird ihre Berechtigung weitgehend daran erweisen müssen, ob es ihr gelingt, die Berufswahlentscheidungen der Schüler so lange offenzuhalten, bis sie verantwortet werden können. Diese Entscheidungen dürfen nicht mehr ausschliesslich von den Erwartungshaltungen abhängen, die sowohl von der Schule wie auch von den Eltern an die Kinder gestellt werden. Es ist erstaunlich, wie wenig sich noch heute in unserer emanzipierten Welt, in einer Welt, in der der Mensch gelernt hat, über sich selbst nachzudenken, die Mühe genommen wird, auch die Bedürfnisse der Kinder genügend zu würdigen. Dies aber wird die vordringlichste Aufgabe einer sinnvollen Schulreform sein. Es ist bei den geschilderten Verhältnissen nicht verwunderlich, dass gerade die wichtigste Schulzeit mit ihrer *Entscheidungsforderung* in bezug auf Beruf und Zukunft in zunehmendem Masse versagt und die kindliche Entwicklung zum Jugendlichen in jene Bahnen lenkt, die wir heute als das eigentliche Jugendproblem kennen.

Die Situation der Jugendlichen

Wenn wir den Motiven dieses Jugendproblems nachgehen, so fällt als erstes auf, dass die Widersprüchlichkeit des Verhaltens der Erwachsenen auch bei Kindern und Jugendlichen Unsicherheit und Unausgeglichenheit auslösen. Das Verhalten vieler Jugendlicher, das man neuerdings mit dem Begriff der «Langweiligkeitsneurose» oder «Sinnentleerungsneurose» bezeichnet, ist keine Einzelerscheinung mehr, sondern leider eine Krankheit von fast epidemischem Charakter. Ärger, Unlust, Widerwille, Gleichgültigkeit, Resignation, Apathie, abgelöst vom Drang nach Veränderung, nach ziellosem Wandern, sind nur einige ihrer Anzeichen. In dieser Leere finden die derart in ihrer Weltoffenheit beschränkten Jugendlichen Zuflucht zur Droge, die es ihnen ermöglicht, der Überdrüssigkeit und Lebensunlust wenigstens für kurze Zeit zu entrinnen. Gefühle des Unterdrücktseins durch die wohlangepasste Gesellschaft, diffuse Vorstellungen einer blockierten Zukunft, Mangel an Initiative und Schuldgefühle fördern die Fluchttendenz. Es ist die Selbstentfremdung, welche Langeweile und Sinnentleerung hervorruft und damit auch die Sucht, immer wieder Neues zu erleben und sich von der Stagnation zu befreien. Liebesfähigkeit und Aggressivität sind blockiert. Die Menschen werden passiv, sie können nur noch besitzen und geniessen. Jegliche Fähigkeit, Unangenehmes zu ertragen, Konflikte zu lösen, sich aktiv mit der Welt auseinanderzusetzen, ist ihnen abhanden gekommen. Die Frustrationstoleranz ist auf Null gesunken.

Für die Entwicklung einer derartigen menschlichen Fehlhaltung sind mehrere Faktoren massgebend. Zunächst muss generell gesagt werden, dass die heutige soziologische Situation mit dem Verlust der Geborgenheit in den traditionellen Gesellschaftsinstitutionen (Familie, Kirche, religiöse Gemeinschaften, berufliche Tradition) und der existentiellen Unsicherheit den Boden für solche Entwicklungen vorbereitet. Man spricht denn auch von *Sozioneurosen.*

Das Verhalten dieser jungen Menschen, die ihre Eltern und Behörden ratlos machen, kann unter den Titel «Schicksalskrankheit unserer Zeit» gebracht werden. Das Geschick der Neuzeit will es, dass es ihnen – wie M.Boss in einem Vortrag am V.Forum für Psychoanalyse (1974) in Zürich ausführte – alles Anwesende, alle leblosen Dinge der Erde und des Kosmos, alle pflanzlichen und irdischen Lebewesen, aber auch den Menschen selbst immer ausschliesslicher bloss noch «als leicht auswechselbare Bestandstücke einer Weltmaschinerie wahrzunehmen» erlaubt. Bestandstücke nämlich sind lediglich dazu da, zu Produktionsapparaten zusammengefügt zu werden, die immer mehr Energien und Waren hervorbringen, rein um der Produktionssteigerung willen. Auch den besten unter den Jugendlichen gähnt aus dieser Art des *technischen Weltverhältnisses* je länger je mehr eine glaubhafte Langeweile und Sinnlosigkeit entgegen. Wir befinden uns in einem Zeitalter einer ungeheuren Kollektivierung, begünstigt durch die ständige Vervollkommnung der Kommunikationsmittel, von Radio, Fernsehen, Presse, Propaganda, durch die Menschenanhäufungen in den Städten und in den Fabriken und die Automation der Arbeit (Spanoudis). Eine solche Kollektivierung führt aber notwendigerweise zur Vermassung und Kollektivierung des Menschen.

Die Sorglosigkeit der Erwachsenen hinsichtlich der Umweltproblematik, die Widersprüchlichkeit der Erwachsenenwelt im Umweltverhalten, die Unsicherheit und Bedrohung von Gegenwart und Zukunft durch Kriegsdrohungen und Kriegshandlungen, die Hilflosigkeit der staatlichen Organe gegenüber Erpressung und Terror, die zunehmende persönliche Gefährdung durch die unkontrollierbare Krebswucherung der Verkehrsmittel haben ihren Einfluss auf unsere Jugend nicht verfehlt. Zum Teil äussert sich dieser Einfluss auf die ebenfalls einem Wucherungsprozess gleichende politische, zumeist politisch-aggressive und progressive Aktivität, die vor der Gewalt nicht haltmacht und anstelle eines konstruktiven Zukunftsplanes die Konfliktstrategie sucht. Andernteils findet eine merkliche Abkehr von jeglichem politischen Engagement statt, was zum Phänomen der «schweigenden Mehrheit» führt. Schliesslich kennen wir eine eigentliche Flucht vor der harten und bedrohlichen Wirklichkeit in eine apathische, gelangweilte Haltung, in eine schleichende depressive Verstimmung und schliesslich in die Droge. Der epidemische Drogenkonsum muss in Zusammenhang mit der sogenannten Langweiligkeits- oder Sinnentleerungsneurose unserer Zeit gesehen werden. Wer sich nicht ernsthaft bemüht, das Jugendproblem zu lösen, kann auch eine Verbesserung der Umwelt vergessen. Im Glauben an die natürlichen Heilkräfte der (jugendlichen) Natur begnügen sich Parlamente und Regierungen mit palliativen Massnahmen. Man ist nicht gewillt, das Übel an der Wurzel zu fassen. Dazu nämlich brauchte es eine schmerzhafte Selbsterkenntnis: die nämlich, dass unser Gesellschaftssystem nicht grundlegend als solches verändert, wohl aber verbessert werden müsste. Die Unglaubwürdigkeit bei den Jungen scheint die Politiker wenig zu beunruhigen. Sie werden ja nicht von diesen gewählt, da Junge ohnehin den Urnen fernbleiben. Andererseits kann ein Politiker einer machtvollen Wiederwahl gesichert sein, wenn er die jugendlichen Aufrührer autoritär am Zügel zu halten weiss. «Law and Order» ist mehr als eine parteipolitische Parole; es ist die verständliche Forderung eines Bürgertums, das in jüngster Zeit durch die Zunahme der Terrorakte Jugendlicher erschreckt wurde, aber auch all jener, die in ihrem Schlaf nicht geweckt werden wollen, die in ihrer Ruhe nicht durch Konflikte gestört werden dürfen. Law and Order brauchen keine Psychologie, sondern eine starke Hand. Und die Drogenszene ruft zuletzt die Psychologen und Soziologen auf den Plan, nämlich dort, wo bereits der Polizeiapparat, die Staatsanwaltschaften, die Gerichte und die psychiatrischen Gutachter vorhergehend über den Menschen gewalzt sind.

So geht es auf die Dauer nicht. Freigewordene Kräfte lassen sich nicht manu militari wieder einpferchen. Dem Drogenproblem jedenfalls ist auf diese Weise nicht beizukommen. Hier genügen auch statistische Reihenuntersuchungen und Feldstudien nicht. Was nützt es, zu wissen, dass 25 Prozent der Jugendlichen Drogenerfahrung besitzen, dass viele dieser Jugendlichen (bei weitem nicht alle) aus familiär misslichen Verhältnissen stammen, dass viele (wiederum nicht alle) eine freie (beziehungsweise fehlende) Erziehung genossen? Vordringlich ist doch das Wissen um den Erfahrungs- und Erlebnisgehalt des Drogenkonsumenten – eine Phänomenologie des Drogenerlebnisses. So wie eine verbesserte Abklärung der Generationenkonflikte dringend notwendig wäre. Schwerwiegend ist die ambivalente Haltung gegenüber Technik, Bewunderung für die Leistung und Überfordertsein durch den Leistungszwang.

Die Bewältigung des Alterns

Die Altersvor- und -fürsorge ist zu einem Programm geworden, das sich bekanntlich alle politischen Parteien auf ihre Wahlfahnen geschrieben haben. Der Hilfe an Alternde und Sterbende haftet ein humanitärer Zug an, und es dürfte nur eine Frage der Zeit sein, bis auch dafür spezielle Ligen mit entsprechender Geldsammlungstätigkeit gegründet werden. Inzwischen hat sich jedoch die Wissenschaft der Altersprobleme angenommen. Eine bereits unübersehbar gewordene Literatur zeugt vom Bemühen, das Leben unserer älteren Mitmenschen lebenswerter zu gestalten. Dass dies dringend notwendig ist, zeigt die Bevölkerungsexplosion mit der unverhältnismässig grossen Zunahme des älteren Bevölkerungsanteils.

In Europa sind in den meisten Ländern mehr als 10 Prozent der Bevölkerung über 65 Jahre alt. Eine weitere absolute und relative Zunahme der Betagten ist zu erwarten, doch ist bereits auch eine Abnahme in Sicht. Der kontinuierliche physiologische Rückbildungsprozess wird durch Umwelteinflüsse und Krankheitsprozesse gestört oder beschleunigt, wobei sowohl Rückbildung wie Wachstum individuell verschieden sind. Als biologische Lebensgrenze wird heute eine Zeitspanne von 75 bis über 100 Jahren angegeben, im durchschnittlichen Mittel wird sie bei 80 bis 85 Jahren liegen. Die Gründe für diese Entwicklung dürften im Geburtenrückgang, in der allgemeinen Hebung des Lebensstandards, in der Dezimierung der mittleren Jahrgänge durch den Zweiten Weltkrieg und schliesslich in den Fortschritten der Medizin, welche die Lebenserwartung des Menschen gegenüber seinen Vorfahren verdoppelt hat, zu suchen sein.

Der Sozialmediziner Schaer hat festgestellt, dass die Stellung der Betagten in unserer Gesellschaft keineswegs beneidenswert ist. Die mit der Industrialisierung verbundene Verstädterung, die gesellschaftliche und geographische Mobilität haben unter anderem zu einer Schwächung der traditionellen Gemeinschaften geführt, wobei die Leidtragenden in erster Linie die Betagten sind. Früher nahmen sie einen festen Platz in der Grossfamilie ein. Aus der Kleinfamilie, die nur noch zwei Generationen (Eltern und Kinder) umfasst, sind sie zumeist ausgestossen. Grosseltern werden höchstens noch als Babysitter «gebraucht». Auf dem Lande können sie sich heute allenfalls noch im bürgerlichen Haushalt nützlich machen. Der alte, weniger leistungsfähige Mensch erfährt eine soziale Abwertung, da in unserer Gesellschaft die Leistungsfähigkeit einer Person für die ihr zukommende Stellung massgeblich ist. Selbst voll leistungsfähigen Menschen widerfährt das gleiche Schicksal, wenn sie eine von der Gesellschaft willkürlich festgesetzte kalendarische Altersgrenze erreicht haben. Die Berufswelt wird ihnen genommen; von einem Tag auf den anderen gehören sie zum «alten Eisen». «Der kontinuierliche Prozess des Alterns, den sie bisher vielleicht wegen der erhalten gebliebenen Leistungsfähigkeit noch gar nicht wahrgenommen haben, wird ihnen von der Umwelt zum Bewusstsein gebracht.» So kann es auch nicht mehr verwundern, wenn die von solchem Schicksal betroffenen Menschen vergangenheitsorientiert werden. Ihr Interesse kann nicht auf die Zukunft gerichtet sein. Die zahlreichen Todesfälle nach erzwungener Pensionierung – Jores und Puchta sprechen vom Pensionierungstod – sprechen eine deutliche Sprache, ebenso die Tatsache, dass ein Drittel der Selbstmorde von über sechzigjährigen Menschen begangen werden (Hoff und Ringel).

Das Involutionsalter wird als das Alter der Verluste bezeichnet. Die mitmenschlichen Beziehungen verlieren sich durch den Hinschied von Ehepartnern, Angehörigen, Berufskollegen und Freunden; materielle Einkünfte, Macht und Ansehen, berufliche Leistung, körperliche Fitness, sexuelle Potenz gehen zurück. Resignation und Ängstlichkeit treten an ihre Stelle, wobei sich, wie Kielholz in diesem Zusammenhang schreibt, zu den Verlusten Gewissenskonflikte wegen Unterlassungen und Versäumnissen Mitmenschen gegenüber gesellen. Es ist das «Zeitalter der Bilanz». Gelang dem Menschen im mittleren Lebensabschnitt die Weltbewältigung im äusserlichen Tun und Handeln, so erfährt er im Alter eine Welt, «in der ein Ausweichen in Abhängigkeit, Anpassung, berufliche Leistung und Expansion immer schwieriger wird. Er kann sein Leben nicht mehr ausschliesslich über die äusseren Umstände gestalten, sondern hat es zu verinnerlichen. Das aber gelingt ihm nicht.» Was der alternde Mensch am meisten fürchtet, ist die äussere Ruhe, die ihn zu sich selbst kommen liesse, die Auseinandersetzung mit dem eigenen Selbstsein, mit dem Tode.

Präventivmedizinische Massnahmen im Alter sind nur sinnvoll, wenn sie bereits in jungen Jahren getroffen werden. Die sogenannte primäre Prophylaxe spielt bei den Betagten eine untergeordnete Rolle. Um so wichtiger ist aber die *sekundäre Prophylaxe*, die im Erfassen prämorbider Zustände besteht und das Einleiten einer Frühbehandlung erlaubt. Ebenso wichtig sind aber neben den medizinischen die sozialpsychologischen Massnahmen. Schaer und andere Forscher haben dies mehrfach hervorgehoben. Dazu gehören: ein flexibleres Vorgehen beim Festlegen der Altersgrenze für die Pensionierung, ein allmählicher Abbau der Arbeitszeit anstelle der plötzlichen Arbeitseinstellung. Als Ersatz für den Verlust der Familienzugehörigkeit wird die «Alten-Gruppe» empfohlen. Als solche sind allerdings «weder das Kaffeekränzchen noch der Stammtisch zu betrachten, die niemals einen Familienersatz darstellen können» (Schaer). Bei diesen Gruppen handelt es sich um Gemeinschaften von älteren Personen, die regelmässige Kontakte pflegen und Probleme von gemeinsamem Interesse besprechen. Alten-Gruppen lassen einen ausgesprochen engen Zusammenschluss ihrer Mitglieder und oft eine ausgeprägte Rollendifferenzierung erkennen. Die Mitglieder treffen sich ein- bis zweimal in der Woche. Bei solchen Versuchen mit Alten-Gruppen wurde festgestellt, dass die oft beobachtete Orientierung auf die Vergangenheit kaum mehr in Erscheinung tritt, dass hingegen das Interesse an der Gegenwart und an der Zukunft von neuem geweckt und wachgehalten wird. Auch die Krankheit wird nicht mehr überbewertet, wie dies beim sozial isolierten Menschen der Fall ist, die Todesnähe wird nicht mehr als so bedrohlich empfunden. In diesem Zusammenhang muss ein Versuch erwähnt werden, der im Herbst 1975 in Zürich im Rahmen der Thearena-Veranstaltung gewagt wurde. Unter dem Motto «Das Abenteuer der spontanen Begegnung» trafen sich über dreihundert Menschen aus allen Sozialschichten und Altersklassen «zufälligerweise» in einem Zelt, um sich in Gruppen aufgeteilt gegenseitig kennenzulernen. Es zeigte sich im Verlauf von drei Stunden, dass ein ungeheures Bedürfnis nach mitmenschlicher Kommunikation und Kontaktnahme besteht. Viele, die sich im alltäglichen Leben kaum jemals getrauen würden, einen zufällig begegnenden, ihm bisher unbekannten Menschen anzusprechen, erlebten erstmals eine Befreiung von ihren Hemmungen. Die Gruppen waren in verschiedener Hinsicht gemischt. Fabrikdirektor, Arbeiter, Student – Alte und Junge, Frauen und Männer trugen einen bleibenden Eindruck nach Hause. Insbesondere erwies sich auch das Gespräch gerade für ältere Menschen als fruchtbar. Ich würde meinen, solche Begegnungsstätten sollten institutionalisiert werden. Es wird immer wieder von Jugendzentren gesprochen. Warum nicht auch von Begegnungsstätten für alt und jung?

Unter den sozialen Massnahmen, die für den Betagten zu treffen sind, gehört an erster Stelle die Sicherung des Lebensunterhaltes. Das *Subsidiaritätsprinzip* ist zur Sicherung der materiellen Not nicht besonders gut geeignet, da alte Menschen nicht in ein Abhängigkeitsverhältnis kommen möchten, sondern ihre Eigenständigkeit bewahren wollen. Insbesondere kann die Stadtfamilie kaum als Vorsorgeträger in Frage kommen. Beim *Solidaritätsprinzip* hingegen übernimmt die Öffentlichkeit die Aufgabe, zur Deckung des Lebensunterhaltes der Alten zu sorgen. Schaer hält allerdings zu Recht die Vorsorge der öffentlichen Hand für ungenügend. Die Basisleistungen zumindest liegen unter dem Existenzminimum. Dadurch soll aber die Selbstvorsorge stimuliert werden. Neben Versicherungsschutz und anderen Sicherstellungen gehören aber auch eine optimale Gestaltung der Umgebung und die fürsorgerische Betreuung in den Bereich der sozialen Massnahmen. Wichtig ist ferner die Gestaltung der Wohnmöglichkeiten. Alterswohnungen sollen nicht an ruhigen Waldrändern, sondern mitten im pulsierenden Leben einer Dorfgemeinschaft errichtet werden. Sie sollen leicht zugänglich und sinnvoll eingerichtet sein. Schliesslich muss bedacht werden, dass etwa 5 Prozent aller über 65jährigen in Altersheimen, Spitälern für Chronischkranke oder Pflegeheimen untergebracht werden müssen. Solche Heime sind aber nicht in genügender Zahl vorhanden. Der Bau von Akutspitälern wurde dermassen vorangetrieben, dass ein Teil derselben leere Betten aufweist. Es ist ein dringendes sozialpolitisches Postulat, dass vermehrt Chronischkrankenhäuser gebaut und betrieben werden.

Schliesslich muss aber festgehalten werden, dass die Vorbereitung auf das Alter Aufgabe jedes Einzelnen ist. Wer in jungen Jahren sich nicht um sein zukünftiges Schicksal kümmert, wird ein kümmerliches Schicksal im Alter haben. Auch ein «Hobby», das vielen Pensionierten noch eine sinnvolle Beschäftigung im Alter garantiert, kann nicht erst in späten Jahren erlernt werden. Es kann aber sein, dass viele Möglichkeiten der Persönlichkeit erst im höheren Alter zur vollen Entfaltung gelangen. Vischer hat Beispiele anhaltend guter Leistungen, ja sogar Höchstleistungen im Alter auf künstlerischem Gebiet mitgeteilt. Es soll häufig so sein, dass eine Persönlichkeit erst im Alter jene Übersicht und jenen Mut gewinnt, die nötig sind, «um einer schon lang gehegten kühnen Idee praktischen Ausdruck zu verleihen» (Hoff und Ringel). Philosophen, Dichter, Schriftsteller, selbst jene, auf die sich eine progressiv-revolutionäre Jugend beruft, erreichen ihren Zenit erst im Alter.

Es kann auch im Alter zu einer Vertiefung und Verinnerlichung kommen (denken wir beispielsweise an die beiden Altersopern Verdis, «Othello» und «Falstaff», oder an Michelangelos Pietà in Mailand), die sich sowohl im künstlerischen Schaffen wie auch auf geistigem Gebiet auswirken können. Wichtig aber ist, dass sich der Mensch zeit seines Lebens bewusst bleibt, dass das Dasein sich zu jedem Zeitpunkt in der Vergangenheit, der Gegenwart und Zukunft verwirklicht und erst im Tode seine Vollendung findet.

Kontakt und Beziehung

Es wird heute viel von der *Kontaktarmut* unserer Zeit gesprochen. In Tat und Wahrheit hat es kaum eine Zeitepoche gegeben, in welcher dem Menschen so viele Kontaktmöglichkeiten zur Verfügung standen wie heute und in welcher der Kontakt durch die Bevölkerungszunahme notwendigerweise so dicht war wie im zwanzigsten Jahrhundert. «Kontakt» heisst aber zunächst nur Berührung, nicht Beziehung. Der Mensch hat Kontakt mit vielen Dingen. Dieser braucht nicht emotional zu sein, er muss ihn nicht notwendigerweise engagieren oder gar zu einem bestimmten Verhalten motivieren. Anders verhält es sich mit der Beziehung. Hier findet mehr statt als blosser Kontakt. *Kontakt* hat meine Hand als Vortragender beispielsweise mit dem Manuskript, einem Fetzen Papier, das ich in der Hand halte; mit dem Rednerpult, worauf ich sie lege. Kontakt kann ich auch haben, wenn ich vor oder nach dem Vortrag Hände schüttle. Mit dem Manuskript, mit dem Pult oder der anonymen Hand habe ich zunächst keine Beziehung – es entstand lediglich ein Kontakt. Dadurch aber, dass alle drei – das Manuskript, das Pult und die Hand des Zuhörers – einen gemeinsamen Bedeutungsgehalt haben, das Weltverhältnis eines Vortragsabends austragen, können wir von Berührung und Begegnung sprechen. Die Hand steht dann nicht mehr als isoliertes Kontaktorgan dem Menschen zur Verfügung, sondern erfasst als Gebärde sämtliche Zuhörer und Zuschauer in diesem Raum. Als Hand verbindet sie nicht nur punktuell den Vortragenden mit dem Manuskript und dieses durch das gesprochene Wort mit dem Zuhörer; vielmehr ist sie, die sie umgebende Haut zersprengend, das Leiben einer Beziehung und damit Austragmöglichkeit einer Begegnung, also viel mehr als blosser Kontakt. In der *Beziehung* ist Engagement, Antwort auf Begegnendes, Gefordertsein. Das persönliche Angesprochensein durch die Mitmenschen und Dinge dieser Welt ist heute weitgehend verlorengegangen. Die Verwurzelung des Menschen in patriarchalischen oder matriarchalischen Wertordnungen, in Traditionen familiärer, sozialer und religiöser Gemeinschaften liess Beziehungen zu. Erschwerte Kommunikationsmöglichkeiten förderten – paradoxerweise – die mitmenschlichen Beziehungen. Botschaften, die nur auf umständlichen Wegen ihr Ziel erreichen konnten, wurden nur abgeschickt, wenn Empfänger und Inhalt wichtig waren. Heute werden vermutlich täglich Millionen von Briefen an Leute verschickt, die der Absender weder kennt noch wichtig nehmen muss. Drucksachen, Mitteilungen, Reklame, Offerten und Anfragen fliegen ins Haus, Kontakte überschwemmen uns, ob wir sie suchen oder nicht. In den Zeitungen wurden bis vor kurzem Ehepartner, also Beziehungen, gesucht; heute sind es «Kontaktanzeigen». Man sucht keine Partner mehr fürs Herz, fürs Leben, sondern zur Verbringung der Freizeit, der Ferien, zur Teilung gemeinsamer Hobbies oder des Bettes. Dauerhafte Bindungen sind nicht mehr gefragt, sondern zeitlich begrenzte, vorübergehende gemeinsame Erlebnisse. Woher diese Beziehungsarmut, diese Bindungsangst? Die Menschen sind sich zu nahe, zu sehr «auf den Leib» gerückt. Der hautenge Kontakt beengt, lässt keine tiefere Bindung mehr zu. Denn zur Bindung, zur Beziehung gehört ein gewisses Mass an persönlicher Freiheit, an Eigenständigkeit und Beweglichkeit. Es kann sich nur der Freie engagieren, nicht der Gefangene. Für diesen ist Engagement ein «Müssen», ein Verpflichtetsein. Jener dagegen kann auch nein sagen, kann sich verweigern. Dies ist seine Freiheit. Nur wer sich auch dem Partner verweigern kann, hat die Freiheit, voll zu ihm zu stehen.

Vereinzelung des Individuums, Beziehungs- und Bindungsunfähigkeit, Vereinsamung, bilden den Grundzug moderner Neurosen; sie sind die Neurose unserer Zeit. Bindung wird als ein Aufgeben der freiheitlichen Gestaltung menschlichen Existierens aufgefasst. Das traditionelle Verhaftetsein in familiären, gesellschaftlichen oder weltanschaulichen Strukturen und Institutionen ist mehr denn je in Frage gestellt. Die Verwurzelung des Menschen in Ehe, Familie, Sippe, Kirche, Gesellschaft und Staat macht in zunehmendem Masse einer angsterzeugenden Entwurzelung und Hoffnungslosigkeit Platz. Bereits früher, im bereits erwähnten Buch «Aufbruch in die Freiheit», habe ich darauf hingewiesen, dass der Mensch in die Freiheit entlassen worden ist, aber damit auch die Neurose eingehandelt hat. Denn Freiheit erzeugt Angst- und Schuldgefühle, sofern sie als grenzenlos im Sinne der Libertas indifferentiae aufgefasst wird. Wirkliche, echte Freiheit kann aber nur im Vollzug menschlichen Existierens als Mit-Sein gelebt werden. So muss auch die Bindung keineswegs notwendigerweise eine Beschränkung der Freiheit, eine Einengung des Daseins bedeuten.

Beziehung nämlich ist immer mehr als blosser Kontakt. Sie ist ein Heraustreten aus der Isolierung in ein Offensein für den anderen. Beziehung kann Bestand und Dauer haben, die weit über leibliche Präsenz und Berührung, weit über äussere gesellschaftliche oder weltanschauliche Verpflichtung hinausreicht. Zur Beziehung gehört aber nicht nur Kontakt, sondern auch Distanz. Im blossen Kontakt wird der andere nicht in dem Masse ernst und als eigenständige Person wahr- und angenommen wie in der Beziehung. Wahr- und ernstnehmen heisst aber auch: sich dem anderen nicht aufdrängen, ihm nicht zu nahe treten, ihn «sein zu lassen». So erhalten Nähe und Distanz in der mitmenschlichen Beziehung eine neu zu bedenkende Bedeutung.

Das rechte Mass an Kontakt und Distanz, das Engagement der Beziehung, sind von besonderer Wichtigkeit für die heutige *Ehe-* und *Familiensituation.* Ehe und Familie weisen in der heutigen Form strukturelle und funktionelle Schwächen auf. Viele sprechen bereits vom Zerfall und Untergang der Familie. Extrem progressiven Auffassungen zufolge wäre ein solcher Vorgang zu begrüssen. Die bürgerliche Kleinfamilie wird von ihnen nicht anders als ein inhumanes Machtmittel einer inhumanen, ausbeuterischen, gesellschaftlichen Machtstruktur gesehen, die es zu beseitigen gilt. Andere wiederum halten Ausschau nach der Möglichkeit, durch Stützmassnahmen wirtschaftlicher und rechtlicher Art die Familie in ihrer Struktur und Bedeutung für die Gesellschaft zu erhalten. H. Strang weist darauf hin, dass tatsächlich die industriellen Bedingungen des Produzierens, Konsumierens, Wohnens und Lernens den in der vorindustriellen Gesellschaft dominanten Typus der Grossfamilie weitgehend aufgelöst hat, während die Kernfamilie (Mann, Frau, unverheiratete Kinder) sich verselbständigt hat und sich heute als Kleinfamilie präsentiert. «Durch Ausgliederung der alten Menschen ..., Auflockerung der Verwandtschaftsbeziehungen und Reduktion der Kinderzahl infolge veränderter Werthaltungen und der Möglichkeiten der Geburtenregelung wurde die den Erfordernissen der hochindustrialisierten Gesellschaft genügende lokale, soziale und geistige Mobilität, Wandlungs- und Anpassungsfähigkeit erreicht.» In dieser Kleinfamilie besteht zwar eine noch starke geschlechtsspezifische Rollendifferenzierung, aber doch ein zunehmend partnerschaftlich bestimmendes Autoritätsverhältnis. Nachteilig wirkt sich indessen in ihr das generationsspezifische Machtgefälle durch die zunehmende Dominanz der Eltern bei geringerer Kinderzahl aus. Zudem wird das Kind, wie H. E. Richter nachgewiesen hat, mit neurotisierenden Erwartungen befrachtet. Es kann als Ersatzperson, Eigentum, Verpflichtung, Rivale, Belastung, Medium der Selbstverwirklichung, Entsühnung oder Strafe aufgefasst, überfordert und missbraucht werden. Dazu kommt, dass die Kleinfamilie anfälliger ist für Desorganisationserscheinungen. Zerrüttete und zerstörte Ehen (nach Statistiken bis zu 20 Prozent), Zunahme der Scheidungsraten usw. verursachen Verhaltens- und Wertunsicherheiten.

Hier nun stellt sich die Frage nach einer Reorganisation menschlichen Zusammenlebens, nach Ehe- und Familienhilfe oder nach Alternativen. Letztere wurden in Kollektiven gesucht (Kommunen), die einerseits zweifellos gewisse Vorteile aufweisen können (grössere Personenzahl verschiedengeschlechtlicher Erwachsener und Kinder, umfangreicheres und differenziertes Anregungsmilieu, Gewährleistung sozialer Erfahrungen mit Gleichaltrigengruppen für Kinder, Reduktion des Machtgefälles zwischen den Generationen und Entlastung der Kinder, grössere Wahlfreiheit in Haushalt und Beruf für die Frau, Konflikttoleranz und Gesprächsfähigkeit in der Gruppe, Transparenz der Beziehungen, Freiwilligkeit der Mitgliedschaft), andererseits jedoch versagten (Instabilität, Unzuverlässigkeit kontinuierlicher Fürsorglichkeit, konkurrenzierende Erziehungshaltung, zu hohe Anforderungen in bezug auf Reflexionsniveau und Selbstkontrolle). So muss denn zweifellos die Familie als hilfebedürftig angesehen werden. Familienersatz ist nicht dringlich, wohl aber eine die familiale Sozialisation begleitende, unterstützende, anregende und ergänzende Sozialpädagogik. «Durch verstärktes Zusammenwirken zwischen sozial-, bildungs- und gesellschaftspolitischen Massnahmen und dem sichtbar werdenden Trend zu verschiedenen Formen interfamiliärer Kooperation ... erscheint ... vor allem der helfende Pädagoge gleich welcher Art nicht so sehr als Arzt am Sterbebett der kranken Institution Familie, sondern eher als vorausdenkender Entwicklungshelfer und Berater für zunehmend lernbereite Individuen, die das gesellschaftlich noch relevante ‚Familienspiel' in Bewusstsein, Verantwortlichkeit, gleichberechtigter Solidarität und sozialer Sicherheit versuchen wollen» (Strang).

Jedenfalls befindet sich die Struktur der Ehe und der Familie in einer prägnanten Phase ihrer Entwicklung. Bei vielen Zeitgenossen herrschen die herkömmlichen Vorstellungen über Ehe und Familie vor, bei anderen gelten sie als überholt und unzeitgemäss. Die Ergebnisse der Sozialwissenschaften, die Resultate einer aufgeklärten Geschichtsauffassung sowie die Einsichten des gesunden Menschenverstandes müssen mit den Anforderungen einer dynamischen und emanzipatorischen Politik konfrontiert werden.

Somit enthält die Aufgabe, Sinn und Gehalt von Ehe und Familie neu zu formieren, auch das Ziel, das Zusammenleben der Menschen, deren Beziehungsmöglichkeiten zu verwirklichen. Liebe, Freundschaft, Verwandtschaft in leiblicher und geistiger Weise verwirklicht, machen erst die «Umwelt» zur «Welt» unseres Existierens. Die erleichterten Kontaktmöglichkeiten unseres technischen Zeitalters dürfen der Verwirklichung von Beziehungen nicht mehr hindernd im Wege stehen. Vielmehr sollten sie diese zum Tragen bringen. Denn in der Beziehung zum Mitmenschen, und nur dort, verwirklicht sich menschliches Dasein. In diesem Zusammenhang sei auf ein ausgezeichnetes Referat von Max Hess-Haeberli in der Vierteljahresschrift für Heilpädagogik (1973) «Zur Beeinträchtigung der Bindungsfähigkeit durch soziologische Faktoren» hingewiesen. Auswahlweise werden einige herausgegriffen:

- die Berufsarbeit der Mutter durch Streben nach Wohlstand (und, müsste man hier beifügen, durch emanzipatorische Vorstellungen begünstigt),
- die Infragestellung von dauerhaftem Besitz in unserem Wegwerfzeitalter,
- programmierte Reisen und Freizeit,
- der Ersatz des Berufes durch den unverbindlichen «*Job*», bei welchem nicht die Arbeit und gestellte Aufgabe, sondern nur das Einkommen interessiert,
- die Verarmung des zwischenmenschlichen Kontaktes durch den Verzicht auf den Brief als Kommunikationsmittel (selbst bei Liebenden),
- das Rauschgift der Geschwindigkeit,
- die fluktuierende Sexualität, die ein Eigendasein führt und weder auf eine menschliche Begegnung ausgerichtet noch in eine solche eingebettet ist.

Die Beispiele könnten vermehrt werden. Sie mögen einseitig nur die negativen Seiten aufweisen, sind aber doch weitgehend als signifikant für unsere Welt zu verstehen. Bereits die Besinnung darauf trägt den Keim der Rettung in sich.

Freizeitgestaltung

Wenn bereits darauf hingewiesen wurde, dass der Menschheit die Gefahr droht, von der Technik beherrscht und schliesslich zerstört zu werden, dann gilt dies nicht nur für die Zeit der Arbeit. Auch die Freizeit, des Menschen «freie Zeit», ist von diesem Geist der Technik bedroht. Die Freizeit wird organisiert, Ferien und Urlaubstage werden geplant, der Mensch wird von Reiseunternehmen, Hotelorganisationen übernommen und manipuliert. Nicht einmal in seiner freien Zeit befindet sich der moderne Industriemensch in einem freien Weltverhältnis. Diese Manipulation aufzuhalten, sagt Boss, ist für uns heutige Menschen ebenso wichtig wie der Kampf gegen die Verschmutzung von Luft und Wasser. «Dass sich die Menschen in ihrer Freizeit voll und ganz in ein nicht technisches, in ein freies, phänomenologisches Weltverhältnis einlassen lernen, ist als kompensatorisches Verhalten gegenüber der im Grunde lebensfeindlichen technischen Weltbetrachtung nicht weniger wichtig als unser Bestreben, nicht im eigenen physischen Schmutz und Gestank ersticken zu müssen.» Nur eine solche phänomenologische Weltanschauung ermöglicht den uns begegnenden Menschen, Tiere, Pflanzen und Dingen dieser Welt, sich uns mit der ganzen reichen Fülle der sie ausmachenden Bedeutsamkeiten und Verweisungszusammenhänge zu zeigen. Dies bedeutet keineswegs eine Flucht vor der Technik, sowenig wie die Freizeit eine Flucht vor der Arbeit ist. Beides nämlich wäre eine Flucht vor sich selbst, sind wir doch sowohl im Weltbezug des Technischen wie auch des Arbeitens existent: das heisst ausgespannt (ek-stare), zu Hause, seiend. Eine Flucht vor uns selbst würde bedeuten, dass wir dem Austrag unseres Existierens etwas schuldig bleiben. Wir bleiben ihm aber auch etwas schuldig, wenn wir uns bis zur Selbstvernichtung von *einem* Weltverhältnis überschwemmen und auffressen lassen, besonders von jenem, das eben dinglicher, technischer Natur ist. Dann werden wir zu Computermenschen, zu manipulierten Hampelmännchen; dann eben geht uns die Frei-heit verloren, die eben zum Frei-sein und zur Frei-zeit gehört. Ein freies Verhältnis zur Welt erfasst auch den *spielerischen* Umgang mit derselben. Zum Spiel gehört eine gewisse Lässigkeit, gehört eine heitere, offene Grundstimmung, ein Sich-gehen-lassen-Können. Der homo ludens ist gerade nicht manipulierbar. Er ist das Gegenteil vom zwangsneurotischen Leistungsmenschen. Er treibt nicht Sport gegen die Uhr, er lässt sich nicht vom sportlichen Impetus in eine ungesunde, weil ihn physisch und psychisch aufreibende Konkurrenzhaltung hineintreiben. Für ihn ist Sport immer Spiel, sogar der Wettkampf.

Entwicklungshilfe

Es ist ein offenes Geheimnis, dass die reiche zivilisierte Menschheit immer reicher, die Armen der Entwicklungsländer immer ärmer werden. Daran ändern auch die Verlagerungen in Erdölproduktion und -handel sowie die dadurch heraufbeschworene Energiekrise nichts. Der eine Teil der Menschheit droht an Überernährung und Verfettung unterzugehen, der andere Teil verhungert. Das Wirtschaftswachstum der Industrieländer hat unkontrollierbare und katastrophale Masse angenommen, so dass der *Club of Rome* zur Überzeugung gelangt ist, dass nur noch eine «geistige Umwälzung kopernikanischen Ausmasses» die Welt retten könne. Eine neue Einstellung ist notwendig, um ein stabiles Gleichgewicht herzustellen. Es sollte möglich sein, eine grosse, aber zahlenmässig beschränkte Weltbevölkerung mit einem guten materiellen Lebensstandard zu versorgen, der «eine fast unbegrenzte individuelle und soziale Weiterentwicklung gestattet wird». Das allerdings setzt eine aussergewöhnlich schmerzhafte Übergangsphase mit einem grossen Mass an Scharfsinn und Entschlusskraft voraus. Zum Überleben braucht es somit ein Mass an moralischer, intellektueller und schöpferischer Kraft, das nur jener Mensch frei-setzen kann, der frei ist.

Nun sind aber gerade auch die Menschen der Entwicklungsländer nicht frei. Sie sind es in einem doppelten Sinne nicht. Einmal fehlen ihnen die nötigsten materiellen und sozialen

Grundlagen, frei zu sein, andererseits sind sie auch in ihrem Denken, in ihren Entwicklungszielen, die sie den westlichen Industrienationen anzugleichen suchen, nicht frei. Auch ihnen scheint der Sinn des Lebens, der Sinn dieser Welt lediglich im unbegrenzten materiellen Wohlstand zu liegen.

Aus einer phänomenologischen, dem menschlichen Dasein entsprechenden Sinnerhellung der Existenz, insbesondere deren Mitmenschlichkeit alles menschlichen Existierens, müsste auch die Entwicklungshilfe neue Impulse erhalten. Erstens würde es als «unerträglich unanständig empfunden werden, dass die reichen kapitalistischen Industrieländer – wenn es hoch kommt – 1 Prozent ihres Bruttosozialproduktes und die marxistischen Industrieländer noch weniger für die Entwicklungshilfe opfern» (Boss), obwohl die Massenmedien es uns längst unmöglich gemacht haben, gegenüber Diskrepanzen des Schlemmerlebens hier und des Hungers dort naive Unwissenheit vorzuschützen. Eine Erhöhung der Quantität unserer Hilfe muss jedoch gepaart sein mit einer *qualitativ* verbesserten Entwicklungshilfe. Insbesondere geht es nicht mehr an, den «Unterentwickelten» ein einzelnes Leistungsmotiv einimpfen zu wollen, zum Beispiel den Ehrgeiz, möglichst ausschliesslich Konsumwaren produzieren zu wollen.

Entwicklungshilfe sollte nicht nach einem Entwicklungsprinzip festgelegt werden, das unserem ausschliesslich technischen Weltverhältnis und *unserem* Entwicklungsideal entspringt. Auch hier gelten die zwei Grundprinzipien der Fürsorge, wie sie von Heidegger aufgestellt wurden: nämlich die einspringende Fürsorge und die vorausspringende Fürsorge. Erstere nimmt dem zu Betreuenden die Sorge ab. Der Obdachlose erhält ein Haus, der Hungernde Nahrung, der Nackte Bekleidung. Bei dieser Art von Fürsorge wird nicht nach den Gründen der Fürsorgebedürftigkeit gefragt oder dem Menschen Gelegenheit gegeben, sich selbst zu helfen. Der Be-für-sorgte bleibt vom Fürsorger abhängig. Schliesslich bestimmt letzterer, *was* er und *unter welchen Bedingungen* und *wem* abgibt. Das Machtgefälle zwischen dem Helfenden und dem Hilfesuchenden bleibt erhalten. So kann sich denn auch eine Industrienation kaum eine Entwicklung in einem industrialisierten Lande vorstellen, die nicht auch auf technische Leistung und Konsum ausgerichtet wäre. Anders die vorausspringende Fürsorge. Ihr geht es nicht darum, dem andern die Sorge abzunehmen, sondern vielmehr darum, sie ihm wieder zurückzugeben. Dieses Zurückgeben hat den Sinn, den Hilfebedürftigen selbst entscheiden zu lassen, wie und wohin er sich entwickeln will, was er selbst unternehmen kann, um wirtschaftlich und menschlich zu gesunden. Es wird ihm Entscheidungsrecht eingeräumt und die Freiheit der Selbstbestimmung. Der Entwicklungshelfer ist hier weder Chef noch Schulmeister im alten Sinne, sondern höchstens Helfer beim Prozess der Selbstfindung des ihm anvertrauten Menschen. Er sollte sich so verhalten können wie der Psychotherapeut und Psychologe seinem Klienten gegenüber. Er sollte ihm als erstes Selbstvertrauen aufgrund seiner je eigenen Persönlichkeit einflössen können, die eigenständige, weltanschauliche und soziale Gesinnung seines Partners respektieren und diesem behilflich sein, sein Leben nach seinen eigenen Maximen, die möglicherweise den Anschauungen des Entwicklungshelfers diametral entgegengesetzt sind, selbständig zu gestalten. Vielleicht gelingt es sogar letzterem, Wesentliches für seine Selbstverwirklichung von der Lebensanschauung eines Unterentwickelten zu lernen.

Friedensforschung – Friedenssicherung

Alle unsere Bemühungen um die Ermöglichung und Gestaltung menschenwürdiger Lebensmöglichkeiten in dieser Welt werden trotz wirtschaftlicher, sozialer, medizinischer und psychologischer Anstrengungen zunichte gemacht, wenn es der Menschheit nicht gelingt, des wichtigsten Problems unseres Jahrhunderts Herr zu werden: der Vermeidung von Krieg, der Friedenssicherung. Es sei allerdings vorweggenommen, dass «Friede» nicht lediglich das Ausbleiben von «Krieg» ist. Allzu viele sind jedoch gerade aus ihrem Wohlstandsdenken heraus nicht mehr gewillt, einen Augenblick ihres Lebens innezuhalten und sich der Besinnung über Wert oder Unwert ihres Daseins hinzugeben. Sie flüchten lieber in die Anonymität eines hektischen Genuss- und Leistungsstrebens, in die Sattheit wirtschaftlichen Wohlstandes. Jede Mussestunde ist für sie eine Bedrohung ihres Seins, könnte sie aus ihrer Selbstgenügsamkeit aufschrecken.

Dabei hat unsere Zeit, vermutlich wie nie eine Zeitepoche zuvor, kaum einen Grund, genügsam und selbstzufrieden dahinzudämmern. Genügsamkeit hat nämlich mit «Genughaben» und Zufriedenheit mit «Frieden» etwas zu tun. Haben wir jedoch wirklich genug von dem, was wir brauchen? Und leben wir tatsächlich in Frieden?

Ein Blick in unsere Welt, die sich uns dank der Massenmedien täglich in aller Blösse zeigt und mit einer wahren Flut von Informationen versieht, lässt uns gleich des Gegenteils gewahr werden. Wohl lebt ein Teil der Menschheit im materiellen Wohlstand – daneben lauert der Hungertod auf Millionen Menschen. Wohl leben viele von uns im tiefsten Frieden, daneben kommen Hunderttausende in Kriegen und Rebellionen um. *Der* Mensch müsste von Blindheit geschlagen sein, der angesichts unserer Welt-Unordnung nicht mit Besorgnis in die Zukunft blickte!

Wir haben uns an den Gedanken gewöhnt, dass zwei Riesenmächte eines Tages möglicherweise aufeinanderprallen und in ihrem gemeinsamen Untergang auch uns, die wir ausserhalb oder zwischen diesen Blöcken stehen, mitreissen. Wir sind daran, uns an die Tatsache zu gewöhnen, dass sich Regierungen als korrupt erweisen, dass die Politik nicht mehr das «schmutzige Geschäft» einzelner ehrgeiziger und skrupelloser Politiker, sondern ganzer Parteien wird, dass das Vertrauen in westliche Regierungssysteme durch politische Affären schwindet, dass östliche Systeme aufkeimende Anzeichen von geistiger Opposition unterdrücken, deren Vertreter in Zwangsarbeitslagern und psychiatrischen Anstalten versinken. Wir erleben täglich am Fernsehen Terrorakte politischer oder krimineller Natur, ohne dass wir wirksam etwas dagegen unternehmen können. Zumeist sind wir auch gar nicht gewillt, etwas dagegen zu unternehmen, ja wir verdrängen sie aus unserem Bewusstsein, weil sie unsere innere Ruhe stören. Und dies, meine ich, ist die grosse Gefahr, die uns auch von innen her bedroht. Dass wir nicht mehr bereit sind, uns mit unserer Schwäche auseinanderzusetzen.

Gegen diesen «Vogt in uns selbst» ist viel schwerer anzutreten als gegen jenen, der von aussen kommt. Wir laufen Gefahr, zu Sklaven unserer eigenen Genügsamkeit und Angst zu werden. Wir glauben, alle Probleme wirtschaftlich und technisch lösen zu können, ungeachtet der Tatsache, dass sich dies in vielen Bereichen längst als politische Scheinlösung erwiesen hat. Weder mit Geld allein noch mit der Technik allein ist unsere Welt zu retten. Diese Einsicht ist nicht neu. Sie wurde immer wieder, wenn auch vereinzelt, eindringlich gepredigt. Mit aller Wucht jedoch wurde die Welt erst durch die weltweiten Jugendrevolten daran gemahnt. Nicht von ungefähr hat das Wort «Revolution» heute wieder einen magischen Klang. Die Jungen fühlen sich als Revolutionäre, die Alten, sofern sie etwas auf sich halten und den Trend der Zeit mitmachen wollen, nicht minder. Allen Revolutionären ist aber eines gemeinsam: *der Drang nach Freiheit.*

Hier allerdings scheiden sich die Geister. Allzu viele verstehen unter Freiheit die völlige Loslösung von traditionellen Werten, ein Freisein von Bindungen und Verpflichtungen, die totale Anarchie. Diese Loslösung bedingt dann auch die Auflehnung gegen jegliche staatliche und institutionelle Autorität, das In-Frage-Stellen unserer Gesellschaftsordnung mit dem erklärten Ziel, dieselbe wenn nötig mit Gewalt zu zerstören. Die Hoffnungen, die alle jene auf unsere Jugend setzten, welche von ihr ein wirklich neues freiheitliches Gesellschaftsbewusstsein erwarteten, wurden leider nicht in dem erwarteten Masse erfüllt. In beispielloser Phantasielosigkeit hat sich nämlich gerade die «Contestation» einer Ideologie verschrieben, die den Menschen nicht freier werden lässt, sondern erst recht staatlichem Zwang unterstellt. Das Unbehagen an Staat und Gesellschaft, Revolten gegen das Bestehende und der Wunsch nach

Änderung der Verhältnisse sind einfühlbar. Sie werden jedoch weder durch sinnlose Zerstörung unserer freiheitlichen demokratischen Ordnung noch mittels eines fragwürdigen Ersatzes durch eine Gesellschaftsstruktur, die sich längst wirtschaftlich und sozial als Versager erwiesen hat, legitimiert. Gewiss muss man sich, um weiterzukommen, von liebgewonnenen Standorten trennen, muss man vieles aufgeben, das einem zumindest scheinbar unentbehrlich geworden ist. Man muss sich befreien können aus dem Zwang, der uns innen oder aussen beengt. Dies haben auch die alten Eidgenossen getan. Aber sie haben sich nicht lediglich *von* fremder Macht befreit, sondern *zu* einer neuen Eigenständigkeit hin, die in ihrer eigenen Kraft lag.

Die Geschichte der Menschheit ist – obwohl das Gegenteil richtig scheinen mag – eine Geschichte der Freiheit. Zunächst musste sich der Mensch aus der biologischen Gebundenheit an die Natur befreien – was ihm dank der technischen Revolution gelang. Heute wiederum ist er weitgehend der Leibeigene dieses Bundesgenossen, so sehr sogar, dass er in seiner Existenz genau so bedroht ist wie früher. Bereits spricht man im Computer-Zeitalter davon, dass Menschen zu «Datenschemen» werden, ermöglicht doch die elektrotechnische Datenverarbeitung eine lückenlose Kontrolle aller Bürger. Es lässt sich unschwer voraussagen, dass auch die missbräuchliche Verwendung der gespeicherten Daten von Millionen von Menschen praktisch nicht vermieden werden kann. Abgesehen davon wird heute das menschliche Leben in einem Ausmass organisiert, geplant und kanalisiert, dass für die persönliche Freiheit nur ein kleiner Spielraum verbleibt. Der Computer ist Ausdruck des Fortschritts unserer Menschheit, aber auch des Rückschritts unserer Menschlichkeit. So muss man sich denn zu Recht fragen, was denn eigentlich aus dem Menschen überhaupt werden soll.

Und hier, so meine ich, muss die zweite Revolution einsetzen, eine geistige Revolution, die uns wieder frei werden lässt *für* uns selbst, für uns und den Mitmenschen, für das eigentliche Menschliche in unserer Zeit. Solche Freiheit ist keine Utopie. Sie zeigt sich praktisch aus in der Gestaltung der zwischenmenschlichen Beziehungen, der Erziehung der Kinder, eines sinnvollen Bildungssystems, einer vermehrten Wiedereingliederung der Alten in unsere Gesellschaft, einer integren Politik. Dies bedeutet, dass wir den Blick für Möglichkeiten freihalten müssen, die vielleicht nicht innerhalb unserer eigenen Grenzen entspringen. Dass wir uns der Welt eröffnen und unsere Neutralität nicht als Flucht vor dem geistigen Engagement missbrauchen. Denn Freiheit bedeutet Offenheit und Weltzugewandtheit, nicht Abkapselung und engstirnigen Nationalismus. Wir können unsere Eigenständigkeit gerade in der Auseinandersetzung mit und in der Öffnung zur Welt unter Beweis stellen.

Wir haben uns andererseits so sehr an die angebliche Unvermeidlichkeit kriegerischer Auseinandersetzungen gewöhnt, dass der Gedanke naheliegt, die destruktive Aggressionsbereitschaft sei ein Wesensmerkmal des Menschen. Diese Ansicht wird nicht nur von Verhaltensforschern und Psychoanalytikern mit ihrer Konzeption eines primären Aggressionstriebes vertreten, sondern auch von der anthropologischen Forschungsrichtung (z.B. von Gebsattel) postuliert. Danach soll beim Menschen ein primärer Hang zum Nihilismus, ein Zug zum Bösen nachweisbar sein, der nicht nur für die kriminellen oder perversen Taten Einzelner verantwortlich ist, sondern auch die zerstörerischen Instinkte und Impulse ganzer Kollektive mobilisiert. Eine psychoanalytisch orientierte Soziologie macht das angebliche Vorhandensein eines Todestriebes für sämtliche Aggressions- und Destruktionshandlungen bis zu den Weltkriegen hin verantwortlich. Die Therapie, beziehungsweise die Friedenssicherung, würde demnach in der Bewusstwerdung dieses unterbewussten, eingeborenen Todestriebes und seiner zerstörerischen Energie bestehen; dann erst wäre der Mensch dieser nicht mehr willenlos ausgeliefert; er könnte seine Triebhaftigkeit zu einem sozialen Verhalten «sublimieren». So einfach wäre das. Eine Menschheit auf der Couch des Psychiaters? Gewiss ist das nicht gemeint, wie auch das Ziel der «Sublimation» einer Utopie entspricht. Selbst wenn jedoch mit der eben genannten Formulierung lediglich gemeint ist, dass der Mensch lernen soll, das Böse in ihm als naturgegebenen Trieb (Freud) oder seinen Schatten (C.G.Jung) anzuerkennen, und lernen, dessen zerstörerische Kraft in positive Aktivität umzuwandeln, würde Unmögliches verlangt. Denn weder kann ein Trieb von sich aus oder im Prozess der Bewusstwerdung sein Triebziel ändern, noch der Schatten sich in dessen Gegenteil, das Licht, verwandeln. Bereits A.Plack hat nachgewiesen, dass die Anwendung der Todestrieb-Hypothese auf die Soziologie Unmögliches ermöglichen will. Auch Boss hält es für unverständlich, wie «ein Bewusstmachen irgendwelcher angeblich angeborener Triebe je ein freieres Verhältnis zu ihnen bewirken könnte, weshalb dadurch ein Wille zu einer Trieb-Sublimierung aufzukommen vermöchte, und auf welche Art und Weise überhaupt eine derartige Triebverwandlung im einzelnen vor sich gehen soll». Grundsätzlicher ist noch der Einwand, dass kein menschliches Verhalten überhaupt von einem «Trieb» abgeleitet werden kann. Denn alles menschliche Handeln, auch das aggressive, feindselige, zerstörerische Tun, setzt «immer schon ein Angesprochensein von der Anwesenheit der Gegebenheiten unserer Welt und ein Vernehmenkönnen ihrer Bedeutsamkeiten voraus». Nicht ein Trieb, sondern lediglich der Mensch ist in der Lage zu wissen, dass es etwas Zerstörbares gibt und warum es zerstört werden soll. Ähnliches gilt für die vorhin erwähnte Theorie eines primären Bösen im Menschen, einer ursprünglichen Lust am Zerstören. Darauf bin ich im «Aufbruch in die Freiheit» eingehend eingegangen. Die Behauptung, es gebe im Menschen eine unübersehbare «libidinöse Lust am Zerstören, an der Destruktion als solcher», widerspricht jeglicher Erfahrung, die der unvoreingenommene Beobachter am Menschen feststellt. Insbesondere hat die Beobachtung aller während Monaten und Jahren psychoanalytisch und daseinsanalytisch behandelter Patienten nie einen direkten Zusammenhang zwischen einem natürlichen Hang zum Bösen und dem krankhaftperversen und aggressiven Verhalten erkennen lassen. Zweifellos ist auch das Zerstörenkönnen eine Möglichkeit menschlichen Verhaltens und daher auch eine Möglichkeit menschli-

84

chen Existierens. Im gesunden, normgemässen Verhalten ist solches Zerstören allerdings nur insofern sinnvoll, als Altes Neuem weichen muss. Zerstörung in menschenwürdiger Weise setzt somit das Wissen um die Entstehung von Neuem voraus. Zerstörung um der Zerstörung willen, eine in sich selbst begründete Destruktion dagegen ist nicht nur sinnlos, sondern auch nur psychopathologisch erklärbar. Auch eine solcherart unmotivierte Destruktionstendenz beweist kein Vorliegen eines unkontrollierbaren Aggressions- oder Todestriebes. Vielmehr zeigt sich in allen diesen Fällen, dass sich auf ein Zerstören nur um des Zerstörens oder um der eigenen Machtsteigerung willen, nur Menschen zwangshaft oder lustvoll-willentlich einlassen, «denen alle übrigen Beziehungsmöglichkeiten zu den Gegebenheiten ihrer Welt in schwer pathologischem Ausmass verschlossen sind» (Boss). Solchen Menschen ist oft das Zerstören von anderem noch die einzige Expansionsmöglichkeit ihres eigenen Existierens; ihre eigene Existenz ist so brüchig, dass sie nur in der Vernichtung anderer erhalten und bestätigt werden kann.

Eine solche brüchige Existenzgrundlage finden wir dort vor, wo Repression und Angst den Menschen an den Rand des Abgrunds treiben. Der Begriff der Repression ist zwar heute vielfach verfälscht, aufgebläht und als politisches Schlagwort missbraucht worden. Insbesondere in der demokratischen Staatsform wird vieles, was an Konflikten naturgemäss zum Wesen der Demokratie gehört, als Repression qualifiziert. Machtgefälle, Konflikte zwischen Mehrheiten und Minderheiten, Auseinandersetzungen, Diskussionen gehören zum Bild einer dynamischen Demokratie und erhalten diese lebendig. Die demokratische Auseinandersetzung und Konfliktlösung beginnt allerdings nicht auf höchster politischer Ebene, etwa auf jener der interstaatlichen oder innerstaatlichen. Sie muss, um auch politisch wirksam zu werden, in der kleinsten Gruppe, der Zweierbeziehung, beginnen und sich in immer grössere soziale Felder weiterentwickeln. Die gruppendynamischen Erfahrungen einer neuen, auf psychotherapeutischen Prinzipien aufgebauten Menschenkunde sollten letztlich ihren Niederschlag in der politischen Entscheidungsschlacht finden. Dies würde allerdings auch in der Praxis zu weitreichenden Konsequenzen, zum Beispiel in der parlamentarischen Kommissionsarbeit, führen. Man stelle sich einmal vor, dass sich eine politische Kommission vor entscheidenden Sitzungen zu einem Gruppen-Marathon zusammenfinden müsste! Der Gedanke soll hier nicht weitergesponnen werden. Die sozialpolitische Bedeutung der Gruppenbildungen werden unter anderen von H. E. Richter in exzellenter Weise dargestellt. Was fehlt, ist die Weiterverbreitung der psychotherapeutischen Einsichten in das politische Leben.

Auseinandersetzung ist Beziehung. Letztere gründet in der ontologischen Einsicht, dass Mensch-Sein immer Mit-Sein ist. Mit-Sein ist aber nicht lediglich Nebeneinander-Sein, sondern immer ein Aufeinander-bezogen-Sein. Das heisst, dass ich den anderen wahrnehme, von ihm angesprochen werde und ihm antworten kann. Im alltäglichen Verhalten habe ich jedoch die Möglichkeit, mich diesem Zu- und Anspruch zu verweigern. So kann der Mensch – und dies gehört zu seiner Freiheit – sich vom Mitmenschen abwenden, ihn aus seiner faktischen Existenz ausschliessen, jegliche Begegnung mit ihm unterbinden. Menschen können sich im kleinsten Raum aus dem Wege gehen; die Existenz des Mitmenschen wird nicht wahrgenommen.

Im Leben des Einzelnen kann solches Verhalten der Konfliktvermeidung dienen. Nicht so im politischen Bereich. Es ist nicht denkbar, dass Weltmächte die Existenz anderer Weltmächte nicht zur Kenntnis nehmen. Das politische Leben fordert bis in die kleinste Begebenheit die Wahrnehmung des anderen. Auch keine politische Ideologie, keine politische Bewegung kommt um die Auseinandersetzung mit andern Ideologien oder Bewegungen herum. Politik *ist* Begegnung und Auseinandersetzung. Allerdings sind auch hier Nuancierungen möglich, Abstufungen des politischen Verhaltens, die letztlich auch über Krieg und Frieden entscheiden. Hier seien drei Möglichkeiten erwähnt, die ich hinsichtlich der Friedenssicherung für ausserordentlich wichtig halte.

Die erste und für mich unterste Stufe menschlichen und politischen Zusammenlebens ist jene der sogenannten «*friedlichen Koexistenz*». Diese besagt, dass trotz Verschiedenartigkeit der gesellschaftspolitischen Auffassung, trotz ideologischen Unterschieden eine kriegerische Auseinandersetzung unterbleiben soll. «Friede» bedeutet im Begriff der «friedlichen» Koexistenz lediglich den Verzicht auf Krieg, auf *militärische* Machtauseinandersetzung. Koexistenz verlangt keinerlei geistige Auseinandersetzung mit dem anderen. Die eigene Position wird unverändert beibehalten, eine In-Frage-Stellung erfolgt nicht. Die friedliche Koexistenz lässt den Machtkampf auf politisch-ideologischer Ebene unvermindert weitergehen. Nicht einmal das Ziel einer letztlichen Unterwerfung des Gegners muss aufgegeben werden. Koexistenz ist naturgemäss zeitlich begrenzt. Koexistenz meint in der Praxis, trotz des «ko-», kein Miteinander, sondern ein Nebeneinander. Gegensätzlichkeiten können aber auf die Dauer nicht nebeneinander existieren. «Gegen» und «Neben» sind an sich unvereinbare Begriffe. So hat denn auch die Menschheit heute, trotz der vielgepriesenen «friedlichen Koexistenz» der Weltmächte, nicht jenes Gefühl der Sicherheit gewonnen, die einer politisch produktiven Beruhigung entspricht. Die friedliche Koexistenz ist ein brüchiges Gebilde.

Eine zweite Stufe würde ich in der *Toleranz* sehen, die über eine blosse Koexistenz hinausgeht. Toleranz kommt von tolerare und meint tragen, ertragen, erdulden, schliesslich einfach dulden, gewähren lassen. Tolerant ist ein duldsamer, nachsichtiger, grosszügiger und weitherziger Mensch. Der Intolerante dagegen ist unduldsam. Er lässt keine andere Meinung als die eigene gelten. In der Psychologie wird der Begriff der Toleranz als Beschreibung sozialer Einstellungen und Verhaltensweisen von Individuen beschrieben, an Meinungen und Einstellungen anderer Individuen, zum Beispiel Angehörigen von Minderheiten, die in Inhalt und Zielsetzung von den eigenen oder denen der Mehrheit divergieren, keinen Anstoss zu nehmen und darüber hinaus aktiv die Ablehnung oder Bekämpfung von Anders- und Fremdartigkeit zu verhindern suchen (Herder-Lexikon). Toleranz ist somit eine Haltung, die in der eigenen Persönlichkeit oder Weltanschauung begründet ist. Sie stellt, im Gegensatz zur «Koexistenz», nicht nur die Forderung dar, den anderen nicht zu zerstören, sondern ihn in seiner Andersartigkeit zu *akzeptieren*. Toleranz ist somit eine *Eigenleistung der Weltanschauung* und *prägt diese mit*. Sie ist Bestandteil derselben, während die Koexistenz einem ausschliesslich pragmatischen Zweck dient und keine Anforderung in bezug auf eigenes Denken und Fühlen stellt. In einer toleranten Gesellschaft erhält auch der Begriff des Friedens eine fundierte Bedeutung. Toleranz ist an und für sich, als Ausdruck einer Geisteshaltung, nicht zeitlich begrenzt. Der durch sie gewährte Friede ist nicht lediglich Verzicht auf Krieg. In einer toleranten Gesellschaft kann es auch nicht zu einem «Kalten Krieg» kommen, was bei der «friedlichen» Koexistenz durchaus der Fall ist. Allerdings verhindert auch die Toleranz nicht die Auseinandersetzung. Aber: im Gegensatz wiederum zur Koexistenz ist diese Auseinandersetzung *sachbezogen*. Eine tolerante Konfrontation vergiftet die Atmosphäre nicht. Der Übergang vom Koexistenzdenken in die ideologische und praktische Übung der Toleranz würde mit Sicherheit die Gefahr kriegerischer Auseinandersetzungen ganz wesentlich einschränken. Die Koexistenz nämlich lässt das Feindbild bestehen, die Toleranz baut es ab.

Nun bin ich aber der Meinung, dass Toleranz nur ein Weg ist zu einer noch besseren Verständigung unter Menschen, Gruppen und Völkern. Verständigung hat letztlich etwas mit *Verstehen* zu tun. Dies würde ich als die dritte und auch höchste Stufe der Friedenssicherung bezeichnen. Sie bedeutet, dass ich den andern in seiner Eigenheit und Meinung nicht nur *neben* mir bestehen lasse, sondern dass ich versuche, eben seine Eigenheit und Andersartigkeit zu *verstehen*. Verstehen heisst: sich ansprechen lassen, offen sein für anderes, die Bedeutsamkeit des Begegnenden aufgehen lassen. Ein solches Offensein für den anderen – natürlich von beiden Seiten gefordert – lässt Vorurteile verschwinden. Damit komme ich zum wohl wesentlichsten Problem unserer Friedensgefährdung. Die Welt ist voller Vorurteile. Vorurteile schaffen Misstrauen, Misstrauen erzeugt Angst, Angst führt zu Aggression, diese zum Krieg. Die Daseinsanalyse, so wurde mehrfach hervorgehoben, fordert als angewandte Phänomenologie, sich von den Dingen her auf-klären zu lassen. Diese sollen uns von ihnen selbst her Kenntnis geben, sie sollen ihr Wesen offenbaren. Offensein schliesst aber zweifellos aus: das Überflutetwerden durch das Begegnende und die Abwehr des Begegnenden. Wer von einer Idee überrannt wird, wird deren Gefangener. Er kann ihr nicht mehr in Freiheit begegnen. Die Distanz, welche ein Verstehen erst ermöglicht, ist aufgehoben. Im *Verfallensein* trägt sich die Unfreiheit in besonders eindrücklicher Weise aus. Der Verfallene sieht die Welt nur noch durch eine Brille, die die ganze Vielfalt der begegnenden Welt abschirmt. Die Welt wird, nicht nur beim Psychotiker, zur Wahnwelt. In einer solchen Welt ist das *Verstehen* und Sich-ansprechen-Lassen von Bedeutsamkeiten ausgeschlossen. Gleiches gilt von der *Abwehr*. Auch hier wird Begegnendes nicht zugelassen, auch hier verschliesst sich der Mensch dem Zuspruch und entzieht sich gleichzeitig der Verpflichtung zur Antwort. In der Neurosenlehre und Schizophrenieforschung sind derartige Verhaltensweisen theoretisch ergründet worden. In der praktischen Psychotherapie spielt die Erarbeitung und Bearbeitung dieser Phänomene menschlichen Verhaltens eine Hauptrolle beim Heilungsprozess. Aber nicht nur der Neurotiker und Psychotiker, auch der «gesunde» Alltagsmensch und der Politiker stehen allzuoft im Weltverhältnis der Abwehr oder Überflutung. Wer nicht bereit ist, seine eigene Ansicht in Frage zu stellen, seine Faszination eigener politischer Ideologie oder seine Abwehr fremder politischer, religiöser oder gesellschaftlicher Weltanschauung zu hinterfragen, kann zur Friedenssicherung, wie ich sie hier skizziert habe, weder im kleinsten sozialen Spannungsfeld noch in der grossen Auseinandersetzung etwas beitragen.

Gewiss sind die hier angeführten Bemerkungen unvollständig. Es müsste, wenn von Friedensforschung und Friedenssicherung die Rede ist, noch vieles berücksichtigt werden. So insbesondere das Verhältnis des Menschen zur Technik, die Faszination, welche von den technischen Möglichkeiten ausgeht.

Die Gefahr, dass sich eines Tages die destruktive Macht der Technik verselbständigt und alles Menschliche aus dieser Welt und damit auch die Welt selbst eliminiert, ist allzu gross. Dieser Gefahr kann aber nur durch eine gemeinsame Anstrengung aller Menschen, aller Völker und Staaten begegnet werden. Eine solche gemeinsame Front setzt aber voraus, dass die Menschheit den Weg von der «*friedlichen Koexistenz*» über die *Toleranz* bis zum eigentlichen *Verstehen* in kürzester Zeit zurücklegt.

Der Rechts- und Sozialstaat

Die Problematik unserer Umwelt spielt auch im Hinblick auf die rechtliche und sozialethische Gestaltung unserer Staatswesen eine hochwichtige Rolle. Die Beziehungen des Menschen zum Mitmenschen, zu der Tier- und Pflanzenwelt sowie zu den leblosen Dingen, den Gegenständen – mit anderen Worten: zur lebendigen und leblosen Natur – sind in unseren gesellschaftlichen Systemen durch Rechtsnormen staatsrechtlicher, zivilrechtlicher und strafrechtlicher Relevanz geregelt. Vielfach sind jedoch diese «Regeln» überholt und revisionsbedürftig. Gesetzesänderungen bedürfen in unserer «direkten» Demokratie der Zustimmung des Volkes. Demzufolge ist der Vorgang eines solchen Verfahrens zumeist langwierig und schwerfällig. Man denke an die Schwierigkeiten bei der Einführung des Frauenstimm- und -wahlrechts in der Schweiz, an die längst fällige und noch nicht vollzogene Revision der Eheschutzartikel, an die Neuordnung des Adoptivrechtes, die Verbesserung der Stellung lediger Mütter und unehelicher Kinder, die unzeitgemässen Scheidungsgesetze, die Diskussionen um eine Neufassung des legalen Schwangerschaftsabbruches, der Euthanasie usw. – um nur einige Probleme zu erwähnen.

Die Schwierigkeit des Rechtsstaates liegt darin, dem Individuum einen möglichst grossen Spielraum an persönlicher Freiheit zu gewähren, ohne dass der Mitmensch – die Gesellschaft – darunter leidet. Freiheit des einen darf nicht Unfreiheit des anderen bedeuten. Dies kann am Beispiel der Arbeits- und Eigentumsverhältnisse am besten illustriert werden.

Man braucht nicht Linksextremist oder Marxist zu sein, um zu sehen, dass Arbeitseinkommen und Besitzverhältnisse auf dieser Welt ungleich und ungerecht verteilt sind. Einkommen und Besitz bedeuten sicher eine Zunahme von Freiheit für denjenigen, der sie hat. Sie schaffen aber auch ungleiche Machtverhältnisse und leisten dem Machtmissbrauch Vorschub. Der durch Einkommen und Besitz erworbenen Macht und Selbständigkeit stehen Ohnmacht und Abhängigkeit gegenüber. Den zweifellos nachweisbaren ökonomischen und auch persönlichen Vorteilen der freien Marktwirtschaft stehen nicht nur soziale Nachteile gegenüber, sondern auch solche gesellschaftspolitischer Natur. Die Leistungs- und Konsumsucht unserer Zeit ist unter anderem auch die Folge ungehemmten persönlichen Strebens nach höherem Einkommen und damit verbundenem Ansehen. Man spricht denn auch von «höheren» und «niederen» Sozialschichten, wobei nicht nur der *Sozial*status gemeint ist, sondern auch die gesellschaftliche Einstufung. Das Wirtschaftswachstum hat demzufolge einen nicht zu unterschätzenden Einfluss auf die Persönlichkeitsentwicklung, wie wir andernorts aufgezeigt haben. Inwiefern aber die Einkommensverhältnisse gesteuert (nicht nur be-steuert) werden können, ist eine vorläufig noch offene Frage. «Gleiche Einkommen für alle» ist eine Utopie, jedenfalls ein Postulat, das bisher noch in keiner Gesellschaftsform verwirklicht werden konnte. Vermutlich wäre dies auch nicht sinnvoll, da es Auswirkungen auf die Initiative und Arbeitsfreudigkeit des Einzelnen haben dürfte, die den (gesunden) Wettbewerb und damit auch den Fortschritt zum Erlahmen bringen könnten. Immerhin stellt sich die Frage nach möglichen Begrenzungen, die sowohl extrem hohe wie extrem niedrige Einkommen gesetzlich verhindern würden.

Etwas einfacher, aber auch noch schwierig genug sind die Verhältnisse bei der Regelung der Eigentumsverhältnisse. Das «Recht auf Eigentum» galt seit Hunderten von Jahren als unantastbar. Demgegenüber wird heute vielfach dieses «Recht» in Frage gestellt und von gewissen politischen Systemen total abgelehnt. Auch hier zeigt sich, dass man mit extrem formulierten Forderungen nicht weiterkommt. Das Recht auf Eigentum ist so wenig von unserem Weltbild wegzudenken wie das Recht auf Erwerb und Einkommen. Aber das Recht auf Eigentum ist kein absolutes Recht. Vom Menschen sagten wir bereits, dass er als Dasein immer auch Mit-Dasein ist. Er hat seine Beziehungen zu den anderen Menschen, aber auch zu anderen Lebewesen und Dingen seiner Umwelt. In der faktischen Verwirklichung dieser Beziehungen verwirklicht er auch sich selbst. Störungen dieser Beziehungsfähigkeit beeinträchtigen die Selbstverwirklichung. Letztere ist aber nur möglich, wenn der Mensch seine Beziehungen möglichst frei leben und gestalten kann.

Daraus folgert, dass auch die Rechtsordnung diese möglichst freie Gestaltung der Beziehungen gewährleisten muss. Eigentumsrecht, Bodenrecht und Raumplanung müssen darauf Bedacht nehmen. Andererseits beinhaltet diese Freiheit der Beziehungen auch eine gewisse Distanz. Wer von seinen Mitmenschen oder von den Dingen dieser Welt «aufgefressen» wird, ihnen verfallen ist, besitzt keine Freiheit der Beziehungen mehr. Wer des andern Freiheit einschränkt, beschränkt seine eigene Freiheit. Die Freiheit verwehrt sich in kritischer Distanz «jede Form von Absolutsetzung bestimmter gängiger Ordnungen oder Worte, heissen sie nun Marktwirtschaft oder Planwirtschaft, Privateigentum oder Kollektiveigentum, Föderalismus oder Zentralismus usw. Vielmehr werden sie entschieden relativiert. Und das begründet ein weiteres Kriterium des Menschlichen, die Relativität. Nur solche Ordnungen oder Werte können im Grunde menschlich sein, die sich nicht zu Letztheiten überhöhen, was sie tyrannisch machen müsste, sondern die vielmehr zu ihrer Relativität und damit Vorläufigkeit stehen» (Rich).

Solche Relativität darf aber nicht als ethischer Relativismus und dessen nihilistische Konsequenzen missverstanden werden. Ordnungen und Werthaltungen sind unerlässlich, nicht im absoluten Sinne, sondern als relative Grössen, «bei denen immer auch das Recht des Gegenteils bedacht werden will». Gesellschaftliche Rechts- und Eigentumsstrukturen haben deshalb der Bildung einseitiger Privilegien entgegenzuwirken und auf die Teilhabe aller Beteiligten an Rechten und Befugnissen ausgerichtet zu sein.

Diese Forderungen, die auch in gesellschaftspolitischen Parteiprogrammen zu finden sind, können entsprechend auf die Gestaltung der *Strafrechtsnormen* übertragen werden. Strafrechtliche Massnahmen sind nur dort und nur insofern sinnvoll, wo des Menschen Freiheit und Mündigsein, der eigene Gewissensentscheid für die Aufrechterhaltung von Beziehungen nicht mehr ausreicht. Das Recht kann weder in Zivil- noch in Strafrechtsachen ethische Normen festlegen oder ersetzen. Es kann und soll nur dort eingreifen, wo die mitmenschliche Freiheit und die damit verbundene Verantwortlichkeit nicht gewährleistet ist. Aus diesem und keinem anderen Grunde ist es so zweifelhaft, das Zusammenleben von Menschen durch teilweise unsinnige Gesetze regeln zu wollen, die dann beispielsweise komplizierte Scheidungsverfahren notwendig machen. Oder der Versuch, Schwangerschaftsabbruch und Sterbehilfe, Pornographie und politische Beeinflussung strafrechtlich zu ordnen.

Eine moderne Sozialethik hat vom Prinzip grösstmöglicher Freiheit des Menschen auszugehen, einer Freiheit allerdings, die immer den Mitmenschen einschliesst, also *sozial* ist. Die soziale Freiheit bedeutet keineswegs Gleichheit der Einkommens- und Vermögensverhältnisse. Sie beinhaltet jedoch das Recht des Einzelnen, sich nach seinen ihm gegebenen oder erwerbbaren Möglichkeiten zu entfalten. Es gibt heute kein politisches System, das diese Freiheit gewährleistet. Freie Marktkonkurrenz schaltet den Schwachen aus, das Machtgefälle führt zu einer Geld-Selektion, die wiederum andere soziokulturelle Bereiche beeinflusst. Versagt der Kapitalismus diesbezüglich, so hat der Marxismus ebenfalls keine tragfähige Lösung anzubieten. Die Planwirtschaft behindert ein *gesundes* Konkurrenzdenken, beeinträchtigt die persönliche Initiative und damit das Streben des Einzelnen nach wirtschaftlichem Wohlstand. Die strukturelle Organisation der Gesellschaft muss eben beides, nämlich soziales Verhalten wie persönliche Initiative, gewährleisten. Das allein garantiert ein umweltgerechtes Verhalten von Individuen und Gruppen. Sozialethik schliesst die personale Ethik, mit anderen Worten die persönliche Verantwortung in sich ein. Hier muss an den von Rich geprägten Begriff der Relationalität gedacht werden. Dieser besagt, dass Wert und Gegenwert (etwa Aufforderung zur Arbeit – Arbeitsruhe) sich gegenseitig bedingen und nicht voneinander isoliert werden dürfen. Der Mensch ist gleichzeitig zum homo faber und zum homo conservator bestimmt. Bei Aufhebung der Relationalität wird der homo faber zum «titanischen Zerstörer der Natur», der entfesselten Technik verfallen, der homo conservator zum Hinderer eines bessere Lebensqualität erstrebenden Fortschrittes, zum Naturromantiker. Ähnliches, meint Rich, liesse sich von der Polarität Freiheit und Bindung, Freude und Leid, Natalität und Mortalität sagen. «Wird hier die Relationalität missachtet, die Freiheit zur libertären Emanzipation verkürzt, die Freude zur frustrationslosen Lust, die medizinische Humanität zur Minimierung der Mortalität um jeden Preis, dann fallen gerade Freiheit, Freude und Humanität der äusseren Gefährdung anheim.»

Neben der Relationalität gehören auch Mitmenschlichkeit und Partizipation in eine menschenwürdige Sozialethik. Rich warnt in diesem Zusammenhang zu Recht «vor dem herkömmlichen technokratischen Wachstumskult», aber auch «vor dem romantisierenden Antiwachstumszauber» und der Diskriminierung des homo faber. Wenn schon Wachstumsveränderung, dann muss diese differenziert geschehen. Weltweiter Ausgleich im Verbrauch der Ressourcen, Vielseitigkeit in deren Nutzung, auf soziale Gerechtigkeit zielende Strukturänderungen in Wirtschaft *und* Gesellschaft, Sozialpflichtigkeit des potenten Privateigentums sind Forderungen, die unsere volle Unterstützung verdienen. Gefährlich und verderbend ist jede Form von «Maximierung», ob es dabei um die Wertverabsolutierung des Profits im Kapitalismus, des Wohlstands im Sozialismus, der Macht im Imperialismus, der Lust im Hedonismus oder der

«Selbsterfahrung» bei vielen Drogensüchtigen geht. Hierher gehört auch die Warnung vor einem egoistischen, nationalistischen und rassistischen Wertabsolutismus, der zur katastrophalen Xenophobie ausarten kann.

Wirtschaftswachstum
als Motiv und Symptom ökonomischer und menschlicher Inflation

Das Wachstum der Wirtschaft in den letzten dreissig Jahren konnte mit einem Prozess verglichen werden, der nicht mehr organisch verlief und steuerbar war, sondern vielmehr Aspekte eines ziellosen Wucherns aufwies. Es war der Kontrolle des Menschen weitgehend entglitten, jedoch nicht ohne Rückwirkungseffekt auf die leibseelische Verfassung menschlicher Existenz. Wirtschaftswachstum und Veränderung gesellschaftlicher Strukturen sind untrennbar miteinander verbunden: man spricht denn auch von einer Industrie- und Konsumgesellschaft, im politisch gefärbten Jargon von einer «Wegwerf- und Leistungs-Gesellschaft», wobei typischerweise lediglich an das Wegwerfen und Reproduzieren von Waren und nicht an den Verlust menschlicher Werte gedacht wird. In dieser Gesellschaft entwickelt der Mensch einen wirtschaftskonformen Lebensstil. Er wird zum wohlfunktionierenden Rädchen einer riesigen, unüberblickbaren Maschinerie, auf die er wiederum angewiesen ist, um überleben zu können. An die Stelle traditioneller Werte tritt ein *Leistungs-* und *Genussbewusstsein*, das nicht ohne schwerwiegenden Einfluss auf die psychophysische Entwicklung der Persönlichkeit bleiben kann.

Das Leistungsprinzip

Leistung erfordert äusserste Disziplin, Aufgabe individueller Wünsche und Zielsetzungen, Verzicht auf menschliche Freiheit, grösstmögliche Anpassung und Unterordnung. Nur so ist es verständlich, dass zahlreiche massgebliche Magnaten unserer modernen Industriegesellschaft von einer psychotherapeutischen Befreiung ihrer von Ängsten und Zwängen geplagten Arbeitnehmer nichts wissen wollen, sondern vom Arzte lediglich die Wiederherstellung der Arbeits- und Leistungsfähigkeit erwarten. Ein Arzt, der seine Patienten zu einem eigenständigen und freien Selbstsein führe, so meinen sie, verhindere lediglich die Anpassung und Einordnung in das Wirtschaftsleben. So verlangt denn die Hybris moderner Wirtschaft eine maximale Anpassung des Menschen, nicht dessen Individualität. Ärztli-

99

che Aufgabe ist es, den Kranken wieder «einzugliedern», das heisst: als unselbständiges «Glied» eines ihm fremden Ganzen wieder funktionsfähig zu machen, wobei zumeist vergessen wird, dass des Menschen Krankheit allzuoft gerade durch dieses «Glied-Sein» und den damit verbundenen Verzicht auf den Vollzug ganzheitlicher Existenz motiviert ist. Von diesem Sachverhalt zeugen alle jene als Zivilisationskrankheiten oder psychosomatische Störungen bezeichneten Einbussen menschlicher Gesundheit, Krankheiten zumeist, die im Tierreich unter naturgegebenen Bedingungen nicht anzutreffen sind, sondern als «spezifisch menschlich» (Jores) qualifiziert werden. Darunter fallen im besonderen die jedem Arzt und Psychosomatiker bekannten *Überforderungssyndrome*, als «vegetative Dystonien» oder «funktionelle Erkrankungen» bezeichnet, mit Kopfschmerzen, Migräneanfällen, Schwindelgefühlen, sodann Herz- und Kreislaufstörungen bis zum Myokardinfarkt und essentielle Hypertonie, Magendarmerkrankungen vom Magengeschwür bis zur Colitis ulcerosa, im Bereich der Lunge das Effort-Syndrom und das Asthma bronchiale.

Abgesehen von diesen «psychosomatischen» Syndromen beeinflusst das Leistungsdenken jedoch im höchsten Masse auch die *Persönlichkeitsentwicklung* des Menschen. Anpassung geht bekanntlich mit einer erheblichen Einbusse an menschlicher Freiheit einher, wodurch die Entwicklung eines anankastisch, zwangsneurotisch gestimmten Weltverhältnisses gefördert wird. Dort wo Arbeit, Produktion, Leistung und Erfolg an der Spitze der menschlichen Wertskala stehen, werden auch Fleiss, Unterordnung, Angepasstheit am höchsten bewertet. Dies findet seinen Niederschlag in den von der Gesellschaft aufgestellten *Erziehungsprinzipien*, unter denen Leistung, Gehorsam, Sauberkeit und Friedfertigkeit die Werthierarchie anführen, während emotionale Werte im Gegensatz zu anderen Kulturen eine nur geringe Rolle spielen. Es konnte nachgewiesen werden, dass bei der primären Leistungsbezogenheit unserer Gesellschaft der Arbeitsplatz als auslösende Versuchungs- und Versagungssituation für neurotische Symptome bei Männern an erster Stelle steht, wobei es sich in der Hauptsache um Rivalitäts- und Ehrgeizkonflikte, Autoritätsprobleme und perfektionistische Leistungseinstellung handelt (Zauner). Die Entwicklung zwangshafter Persönlichkeitsprofile beginnt bereits im Kindesalter, gefördert durch die auf das Kind gerichtete Erwartungshaltung der Eltern (Erziehung zu Ordnung, Pünktlichkeit, Sauberkeit usw.), sie setzt sich fort in der Schule mit ihrer Disziplinierung, die häufig einer Vergewaltigung der kindlichen Seele gleichkommt, in der Lehrzeit, die oft mehr Ausbeutung denn Lernen beinhaltet, und macht schliesslich auch den Arbeitsplatz des erwachsenen Werktätigen zum inhaltsleeren Zwangsaufenthalt. Nicht von ungefähr kommt es, dass die Häufigkeit der psychosomatischen Krankheiten im Alter zwischen 20 und 40 Jahren – also im «vitalsten» Lebensalter – grösser ist als in allen anderen Lebensabschnitten (De Boor und Künzler). Das Versagen im Leistungs- und Ehrgeizbereich wiederum führt zur Entwicklung von Gefühlen der Insuffizienz und Minderwertigkeit, mangelnder Aktivität und Initiative, unzureichender Arbeitstechnik, zu neurotischen Ersatzbefriedigungen, Einbusse mitmenschlicher Kommunikation und schwersten Depressionen. Selbst in höherem Alter sind solche Entwicklungen als Involutions- oder Pensionierungsdepressionen bekannt. Dass Wirtschaftswachstum und damit verbundenes Leistungsdenken schliesslich unsere Familienstrukturen ganz wesentlich verändern, indem beispielsweise heute nicht nur der Vater, sondern auch die Mutter, oft sogar recht früh auch die Kinder berufs- und erwerbstätig und zumeist in verschiedenen Branchen und Betrieben engagiert sind, sei nur am Rande erwähnt. Dass zudem die so bedingte berufliche Überbeanspruchung zu einer Entfremdung zwischen Ehepartnern und zum Verlust gefühlshafter Beziehungen führen kann, ist den Eheberatern und Scheidungsrichtern allzu bekannt.

Das Konsumdenken

Das Wirtschaftswachstum beinhaltet jedoch, wie bereits angedeutet, nicht nur Leistung, sondern auch *Konsum*. Hier liegt eine womöglich noch grössere Gefahr für die Entwicklung des Menschen in unserer Gesellschaft. Die Wirtschaft stellt Konsumgüter zur Verfügung, ja sie ist darauf angewiesen, nicht nur bestehende Bedürfnisse zu befriedigen, sondern sogar Bedürfnisse zu schaffen. Dies führt zu einer ausgeprägten und für unsere Zivilisation typischen Frustrationsintoleranz, zum Prinzip der sofortigen Wunscherfüllung, des Sofortkonsums, beispielsweise im Bereich der täglichen «infrastrukturellen» Bedürfnisse. Autos werden gekauft, oft bevor das dazu notwendige Geld erworben wurde, wobei solche Abzahlungsgeschäfte diese Entwicklung auch auf anderen Gebieten fördern. Schlechte Zahlungsmoral und fehlender Sparwille sind Beispiele solcher Entwicklung. Die Frustrationsintoleranz zeigt sich jedoch nicht nur auf dem Gebiet der materiellen Güter. Auch im spezifisch menschlichen Bereich, beispielsweise in der Sexualität, gilt das Prinzip des uneingeschränkten Sofortkonsums. Folgen davon sind wiederum innere Leere, Unausgefülltsein, Verlust zwischenmenschlicher Beziehungen und Bindungen. Auch die Bildung wird zu einem Konsumgut. Bei Berufsberatungen wird oft nicht so sehr die Frage nach Neigung und Begabung aufgeworfen als vielmehr jene nach den wirtschaftlichen Aufstiegsmöglichkeiten. Die Menschen fragen nicht mehr nach der Möglichkeit des «Dienens», sondern nach jener des «Ver-dienens». Ähnliches zeichnet sich im kulturellen Bereich ab. Kunstwerke werden nach ihrem finanziellen Wert eingestuft: sie bilden Statussymbole mit gesellschaftlicher Relevanz. Das selbständige Musizieren wird durch die käufliche, technisch einwandfrei funktionierende Stereoanlage ersetzt. Die Erforschung der kleinen und grossen Welt geschieht nicht mehr durch eigene Aktivität und Spontaneität; die Massenmedien bringen sie ins Haus. Die Welt verliert ihre Geheimnisse sowohl im Intimbereich wie in der äusseren Realität, das Entdecken, Entzaubern ist vorbei. Doktorarbeiten werden pro forma gemacht, möglichst schnell und ohne grossen Aufwand, auch ohne inneres Engagement. Das Studium soll «elternunabhängig» werden, vom Staate bezahlt, jedermann zugänglich. Neue Lernmethoden, womöglich mit Hilfe von Computern, sollen eigene Lernaktivität ersetzen. Man lernt fremde Sprachen «spielend», ohne Zeitaufwand, neuerdings im Schlaf! Dafür stellt der Staat modernste Schulhäuser, aufwendige Paläste, zur Verfügung. Die finanzielle Masslosigkeit moderner Schulen und Krankenhäuser steht in keinem Verhältnis zum immer kläglicher werdenden Angebot an menschlicher Zuwendung von seiten der Lehrer und Ärzte.

Gegen diese Entwicklung lehnt sich heute wenigstens ein Teil der Menschheit auf. Und zu Recht. Soll das Wirtschaftswachstum den Menschen zu einem leistungs- und ehrgeizgetriebenen Roboter, zu einem genuss- und konsumsüchtigen Spielball der Wirtschaft und Werbung werden lassen? *Ist nicht vielmehr des Menschen Grundverfassung auf ein viel reicheres Existieren hin angelegt?* So kann denn eine wirtschaftliche Repression auf die Dauer die Entwicklung der menschlichen Persönlichkeit zwar hemmen, niemals jedoch aufhalten. Des Menschen In-der-Welt-Sein ist als offenständiges Wahrnehmen der begegnenden Welt und ihrer Bedeutungsfülle immer auch ein Verwirklichen von Freiheit und Verantwortung. Solche Freiheit, die den Menschen wieder zum *Herrn* und nicht zum Sklaven des Wirtschaftswachstums macht, dient nicht nur dem Individuum, sondern letztlich der Gesellschaft. Im Wirtschaftswachstum liegt ja nicht nur die Möglichkeit der Leistung, des Zwanges, des Konsums, sondern auch jene der Verwirklichung grösstmöglicher Freiheit des Menschen – einer Freiheit, die nicht mehr durch den Kampf gegen Hunger und Not in ihrem Austrag beengt ist. Ob allerdings die heute weltweit das unkontrollierte Wirtschaftswachstum korrigierende Rezession der Menschheit auch die notwendige und dauerhafte Einsicht bringen wird, bleibt nach wie vor fraglich.

Als Beispiel: Management und Marketing

Management und Marketing spielen in unserem Wirtschaftssystem eine gesellschaftsbestimmende Rolle. Ein «Manager» ist nicht nur eine Funktion der Wirtschaft, sondern auch eine Persönlichkeitsstruktur. Man sagt dem einen oder anderen, «das hast du gut gemanagt», was soviel heissen soll wie «das hast du gut gemeistert». Es bedeutet auch, dass unter Umständen manipuliert wurde, dass die zu lösende Aufgabe jedoch mit Schwierigkeiten verbunden war, die an Entschlussfähigkeit, Initiative und Schlauheit appellierten. Man spricht im Volksmund von einem «gerissenen Manager». Kowalski hat in einer wohl ernst gemeinten Satire die Qualitäten aufgezählt, die ein Top-Manager haben müsste: Dazu gehören Optimismus, Begeisterungsfähigkeit, persönlicher Charme. Ein Manager muss zudem viel Glück haben (glücklose Menschen eignen sich nicht für diesen Beruf) und die Diskussionstechnik beherrschen. Die Intelligenz dagegen rangiere auf der Liste der erforderlichen Eigenschaften weit hinten. Parkinson hob vor allem drei Eigenschaften hervor: emotionelle Kälte (etwa einem langjährigen Mitarbeiter künden und diesen peinlichen Vorgang kurz darauf aus dem Gedächtnis verdrängen); die Bereitschaft, scheinbar unwichtige und nebensächliche Arbeiten, «die jeder Mitarbeiter als unter seiner Würde stehend betrachtet», selbst zu erledigen (Fenster schliessen, aufräumen usw.); schliesslich, wenn überhaupt, nur am Wochenende krank zu sein. Tatsache scheint zu sein, dass der Manager «nur sehr wenig krankheitsanfällig ist». Zu den Prärogativen des höheren Managements gehört dann allerdings nach Kowalski «die von den unteren Management-Ebenen mit mildem Lächeln bedachte Notwendigkeit der Top-Manager, regelmässig Psychiater aufzusuchen». Die Begründung dazu ist einfach: jeder Mitarbeiter hat das Bedürfnis der Aussprache über seine Probleme. «Diesem Akt der seelischen Hygiene nachzuhelfen, ist eine der wichtigsten Aufgaben des vorgesetzten Managers. An der Spitze der Management-Hierarchie fehlt die Möglichkeit der Aussprache mit der übergeordneten Stelle, so dass der Top-Manager nach einem Ersatz-Objekt sucht. Aussprachen mit der Sekretärin helfen zum Teil, sind aber irgendwie unstatthaft und werden gemieden. Es bleibt allein der Weg zum Psychiater.» Allerdings impliziere der Besuch beim Psychiater nicht, dass das Top-Management psychisch krank sei. Er diene lediglich der Entspannung und der Ordnung eigener Gedanken. Ein Kamin mit flakkerndem Feuer, eine Katze, die man auf den Schoss nimmt, aber auch eine «ausgiebige abendliche Zigarre» erfüllten denselben Zweck.

Diese sicher überspitzt formulierte und ironische Aussage hat in Tat und Wahrheit einen anderen Hintergrund. Die Erfahrung der Psychiater zeigt, dass Manager keineswegs psychiatrische Hilfe benötigen, weil sie sich dabei lediglich entspannen wollen. Vielmehr ist der Weg zum Psychiater durch zwei Motivationen gekennzeichnet. Erstens kann das völlige Aufgehen des Menschen in das vom Top-Management geforderte Leistungsdenken die mitmenschlichen Beziehungsmöglichkeiten zerstören und dadurch Ehe- und Familienprobleme heraufbeschwören. Der Manager – besonders wenn er noch emotionell kaltherzig sein soll, oder an Wochenenden jeweils krank und unzufrieden ist – lässt offensichtlich seine gemüthaften Entfaltungsmöglichkeiten im Stich. Auch aufgestaute Aggressionen, die in der beruflichen Tätigkeit keine Abfuhr finden, werden dann allzuoft in der privaten Sphäre abgeladen. Zweitens aber kann das völlige Ausgeliefertsein an den beruflichen Stress den Manager krank werden lassen, dies besonders dort, wo eine Diskrepanz zwischen Wollen und Können, oder Können und Müssen vorliegt. Diese Krankheit kann einmal als psychische Depression, ein anderes Mal als psychosomatische Krankheit (Magenbeschwerden, Blutdruckerhöhung o.a.) in Erscheinung treten.

Ein Vergleich zwischen den *Persönlichkeitsprofilen* von Hypertonikern und Managern mag aufschlussreich sein. Der *Hochdruckkranke* gilt als vital, tatkräftig, verantwortungsbewusst und lebensfroh, als leistungsfähig, unermüdlich in der Berufsarbeit und im Temperament, zu einer kräftigen Einwirkung auf seine Umgebung fähig, auf Energieentladung in

Richtung zur Umwelt eingestellt (Hoff). In seiner Grundstimmung ist er zwar auf Hochdruckspannung eingeengt, aber ohne Verlust des «inneren Selbstvertrauens» (Staehelin). Wir sehen, dass für den Manager praktisch die gleiche *Persönlichkeitsstruktur* gilt. Um also als Manager oder Marketingverantwortlicher erfolgreich zu sein oder um einen erhöhten Blutdruck zu bekommen, braucht es die gleichen persönlichen Voraussetzungen. Würde dies aber nicht bedeuten, dass jeder erfolgreiche Manager Hypertoniker sein oder werden müsste? Oder umgekehrt: dass Hypertoniker besonders gute Manager wären?

Gewiss nicht. Ich meine, das Gegenteil sei der Fall. Die Persönlichkeitsmerkmale, die wir eben aufzählten, werden nur dann eine neurotische oder psychosomatische Fehlentwicklung begünstigen, wenn sie nicht in ihrer positiven Fülle zur Entfaltung gelangen und gefördert werden. Die Klagen von Nervosität, Schlaflosigkeit, Anspannung, Unruhe, Kummer, Sorgen, Angst und Depression deuten gerade darauf hin, dass der Mensch nicht mehr *frei* über Initiative, Entschlussfreudigkeit und Verantwortungsbewusstsein verfügt, dass ihm das gute Verhältnis zur Umwelt abhanden gekommen ist, dass er in eine Diskrepanz zwischen Leistung und Leistungsfähigkeit geraten ist. Mit anderen Worten: er hat die freie Verfügungsgewalt über sich selbst verloren. Es entsteht ein circulus vitiosus. Leistung kann von aussen gefordert oder von innen durch eigene Zielsetzungen bestimmt werden. In der Leistung geht die individuelle Eigenart der Person insofern ein, als intendierte Ziele von der Leistungserwartung und der Selbsteinschätzung, dem Selbstvertrauen und dem Vertrauen auf die Leistung bestimmt werden. Je höher dieses Niveau (übertrieben ehrgeiziges und sich selbst überschätzendes Ziel), desto stärker das Engagement und die Intensität der Beteiligung. Je intensiver diese Beteiligung und damit die Kraft der Identifizierung mit dem Vorhaben, desto intensiver reagiert die Person auch emotional auf Erfolg und Misserfolg – sie gerät in einen Selbstwertkonflikt (Christian). Auf den Stress bezogen heisst dies, dass nicht die Energiegrösse der Belastung das Anstrengungssyndrom definiert, sondern das Missverhältnis von Intention und Anspannung einerseits sowie der Verwirklichungsgrad andererseits.

Die bisherigen Ausführungen könnten dahingehend ausgelegt werden, Stresswirkungen und Managerkrankheit kämen nur oder doch zur Hauptsache bei Top-Führungskräften vor. Dem ist nicht so. Es hat sich in den letzten Jahren immer mehr gezeigt, dass Anstrengungssyndrome mit ihren krankhaften Begleit- und Folgeerscheinungen bis hin zum Herzinfarkt in zunehmendem Masse die mittleren und unteren Kader der Betriebe erfassen. Dies steht in Einklang mit der Feststellung, dass das Prävalenzalter für psychosomatische Krankheiten zwischen zwanzig und vierzig Jahren liegt. Es ist auch verständlich, wenn man den besonderen Weltbezug dieser Altersepoche und dieser sozialen Stellung in Betracht zieht. Es ist das Alter der Konsolidierung der individuellen Lebensgestaltung, Verwurzelung und des Aufstiegs im Beruf sowie der Familiengründung. Das Scheitern, oder schon die Angst vor dem Scheitern, die Konkurrenzsituation mit anderen Mitarbeitern, Autoritätsprobleme mit den Vorgesetzten führen oft zur «Flucht in die Krankheit». Diese Flucht wird jedoch nicht wissentlich und willentlich angetreten; vielmehr ereignet sie sich, ohne dass der Betroffene davon weiss und etwas dagegen unternehmen kann.

Die Tatsache, dass die «Managerkrankheit» sich ausnahmslos in allen Bevölkerungsschichten (wenn auch in erhöhtem Masse bei «Managerpersönlichkeiten») findet, überraschte zunächst sowohl Ärzte wie Laien. De Boor und Künzler meinen denn auch nicht zu Unrecht, man stosse hier auf eine grosse Lücke in unseren Kenntnissen, die bisher offensichtlich mit gruppenspezifischen Vorurteilen ausgefüllt worden sei. Wir wissen wenig über typische Persönlichkeitsstrukturen in den verschiedenen Bevölkerungsgruppen und -schichten, noch weniger über schichtspezifische Konflikt- und Belastungssituationen, denen die Angehörigen der einzelnen Gruppen ausgesetzt sind, wie über die Versuche zu deren Bewältigung und darüber, an welchen Schwierigkeiten adäquate Konfliktlösungen scheiterten.

Die bemerkenswerte Feststellung, dass eine hohe Erkrankungshäufigkeit bei den Zwanzig- bis Vierzigjährigen, den Ledigen und bei Angehörigen der unteren und mittleren Sozialschichten gefunden wird, lässt darauf schliessen, dass wichtige Entscheidungen im beruflichen und individuell-familiären Bereich, einschneidende Veränderungen der Persönlichkeitsbeziehungen oder die Konfrontation mit der Tatsache, dass weitere Aufstiegsmöglichkeiten, die Chance eines Prestigegewinnes usw., nicht mehr offenstehen, krankmachend wirken. Eine grössere Anzahl von Menschen kann offensichtlich den Strukturwandel der Persönlichkeit nicht komplikationslos vollziehen, der mit dem Eintritt in eine neue Beziehung (Ehe, Wechsel der Funktionen und Positionen innerhalb der Familie bei der Geburt von Kindern, beruflicher Wechsel von einer untergeordneten zu einer leitenden Position) zu leisten ist. Andere wieder dekompensieren, weil sie sich nicht damit abfinden können, keine Möglichkeiten zur beruflichen Weiterentwicklung mehr zu haben. Letzteres soll besonders bei Angehörigen der unteren Sozialschichten der Fall sein, die unter dem Druck der allgemeinen Haltung ihrer Schicht die Möglichkeiten zum sozialen Aufstieg nicht genutzt haben.

Der Mensch in der wirtschaftlichen Rezession

In scheinbar schroffem Gegensatz zur bisher besprochenen Entwicklung ist nun eine Zeit angebrochen, die nicht nur einen totalen Stillstand, sondern einen eigentlichen Rückgang anzeigt. Es ist, als ob das von uns skizzierte Wirtschaftswachstum mit all seinen Auswirkungen auf die Persönlichkeitsentwicklung des Menschen eine spontane Korrektur erlitten hätte. Wie aber wirkt sich die wirtschaftliche Rezession auf den Menschen aus? Bringt sie ihn zur Besinnung auf sein eigentliches Mensch-Sein? Lässt sie ihn erkennen, dass seine bisherige Entwicklung ihn in eine Sackgasse geführt hat? Dass diese Entwicklung möglicherweise endgültig zum Stillstand gekommen ist?

Vorläufig scheint dies nicht der Fall zu sein. Anstelle von Besinnung trifft man Angst, anstelle von Gelassenheit Hektik und Panik an. Gewiss, diese unerwartete Situation wirkt als Stress.

Beim Stress aber, so hat es Selye schon 1936 beschrieben, tritt zunächst eine *Alarmreaktion* auf. Diese Phase ist durch eine Reihe von ziellosen und unspezifischen Körperfunktionen gekennzeichnet, die das Nachgeben und Sich-Aufgeben des Organismus andeuten. Auf dieser Stufe wird aber auch alarmiert: das heisst, es wird die Information des Angriffs dem «Hauptquartier» (im menschlichen Körper Hypothalamus und Hypophyse) weitergegeben und die Abwehr mobilisiert. Dies leitet die zweite Phase des sogenannten generellen *Adaptationssyndroms* ein: die Widerstandsbewegung oder das Stadium der *Resistenz*. Die Abwehrkräfte versuchen, die Schäden im Organismus auszubessern, die in der Alarmphase entstanden sind. Im Körper sind es vor allem die Hormone der Nebennierenrinde, die den Abwehrkampf führen. Dadurch erfolgt zunächst eine Anpassung an den Stress. Im dritten und letzten Stadium tritt dann die *Erschöpfung* ein. Die Abwehrkräfte schwinden, die Stressfaktoren (Stressoren genannt) verursachen erneut die gleichen Schäden wie während der Alarmreaktion – der Organismus geht zugrunde. Auf dieser Basis entstehen die sogenannten Adaptationskrankheiten.

Übertragen auf unsere heutige wirtschaftliche Situation kann man sagen, dass wir uns immer noch im Anfangsstadium der Alarmreaktion befinden. Was wir heute an Vorschlägen und Versuchen zur Verbesserung der Lage zu hören und zu sehen bekommen, ist mehr verwirrend als klärend. Zumeist wird ein Hilfegesuch an den Staat gestartet. Es wird wieder einmal gefordert: das Recht auf Arbeit, das Recht auf den gesicherten Arbeitsplatz, das Verbot der individuellen Arbeitszeitverkürzung, der Entlassung aus dem Arbeitsprozess.

Zweifellos, die neue Situation bringt viel persönliches Elend mit sich. Und es sind vermutlich wieder einmal mehr die Falschen, die leiden müssen. Einschneidende Veränderungen führen zur Zunahme von Krankheiten aller Art. In einer amerikanischen Untersuchung wurden Männer ausgelesen, die im Zusammenhang mit einer Fabrikschliessung wussten, dass sie ihre Stelle verlieren würden. Der Harnsäuregehalt des Blutserums (der in direktem Zusammenhang mit der Bildung von Gicht steht) erhöhte sich rasch, normalisierte sich jedoch bald, wenn eine neue Stelle in Aussicht stand. Ebenfalls wurde ein Ansteigen (Herzinfarktrisiko!) und späteres Absinken des Cholesterinspiegels beobachtet. Aber auch hier erwies sich, dass der Stress nicht jeden in gleichem Masse in Mitleidenschaft zieht. Resultate von Persönlichkeitstests wurden mit jenen von chemischen Blutuntersuchungen verglichen. Es stellte sich heraus, dass Personen mit starkem Leistungsdrang auf Stress auch besonders deutlich mit einer Erhöhung des Cholesterin- und Harnsäurespiegels im Blut reagierten (Abelin). Für den Menschen in der Rezessionssituation und für den Politiker, der Verantwortung zu übernehmen gewillt ist, gilt es also zunächst, aus der Alarmphase herauszukommen. Zielloses Handeln ist heute weniger denn je am Platze. Zunächst, so scheint es mir, sollte bedacht werden, dass die Wirtschaftsrezession nicht nur unter dem negativen Aspekt der «Verarmung» gesehen werden darf.

Wir haben fünfundzwanzig Jahre lang im Überfluss gelebt, wir werden uns daran gewöhnen müssen, Leistung und Konsum in bescheidenerem Masse als bisher zu schätzen. Vielleicht führt dies auch zur Entwicklung eines neuen Wertbewusstseins in bezug auf die menschliche Persönlichkeit. Sind wir nicht bereit, uns umzustellen und eine echte Adaptation vorzunehmen, dann wird auch der Kampf für uns negativ enden. Heute noch sehen wir allerdings wenig von einer neuen Einstellung. Jedermann hofft, die guten alten Zeiten würden wiederkehren. Das Bewusstsein, den Wohlstand permanent reduzieren zu müssen, ist noch nicht in unsere Welt gedrungen. Die Wirtschaftsmanager und Politiker prophezeien wieder den wirtschaftlichen Aufschwung. Möge er kommen, aber nicht das Ausmass erreichen, das er hatte. Vielleicht pendelt sich die wirtschaftliche Weltsituation auf ein Mittelmass ein, das dem Menschen erlaubt, *menschenwürdig* zu leben.

Die Verflachung des Wirtschaftswachstums verlangt zweifellos vom Staat konzeptionelle Massnahmen. Die Bereitstellung von Arbeitsplätzen für alle Arbeitnehmer, beziehungsweise eine aktive, geordnete Marktpolitik, erhält erste Priorität. Eingliederung der Arbeitslosen sowie die qualifizierte Eingliederung der Schulentlassenen in den Arbeitsprozess ist notwendig. Auch muss der Kompromiss als politisches Instrument akzeptiert werden (Einbezug der Randgruppen). Die Befriedigung individueller Bedürfnisse bei der Arbeit, im Beruf wird jedoch kaum mehr im bisherigen Rahmen tolerierbar sein. Arbeit konnte bisher, sofern man sie selbst wählen konnte, Spass machen. Man konnte vielfach unbesehen Stelle und Job wechseln; man konnte auch illimitiert Lohnforderungen erheben, oder weiter oben im Wirtschaftsgeschehen: Aufträge und Investitionen waren unbeschränkt möglich. Heute unterhält die Rezession die Angst vor der Investition. Ersparnisse werden angelegt, die wirtschaftliche Dynamik ist gebrochen. Die Arbeitsplatzsicherung verlangt eine fundierte Realpolitik, keine Schlagworte. In ländlichen Gegenden können die Auswirkungen der Rezession besser verkraftet werden als in den Agglomerationen, wo neben wirtschaftlichen auch persönliche Probleme wirksam werden. Dadurch, dass beispielsweise im gleichen Haus vollbeschäftigte Arbeitnehmer neben Kurzarbeitern und Arbeitslosen leben, kommt es zu soziologischen Umschichtungen. Der Staat wird hier mit Einzelschicksalen konfrontiert werden. Er muss in der Lage sein, punktual einzugreifen. Aber auch hier wiederum geht es ohne Forderungen an den Einzelnen nicht ab.

Dass der Staat die Probleme nicht allein bewältigen kann, hat er zur Genüge bewiesen. Steuererhöhungen wurden nicht für Rückstellungen benutzt, sondern zur Anheizung der Wirtschaftskonjunktur. Der Staat ist ohne Reserve in die Rezession hineingerutscht. Der Bürger hat davon profitiert und ist somit mitverantwortlich. In der Konkordanzdemokratie, in der alle an der Regierung beteiligt sind, gewährt die Anonymität das Fehlen des Verantwortungsbewusstseins. Die *Verantwortung* muss aber wieder *vom Einzelnen getragen* werden. Hier muss ein neues Konsumdenken einsetzen – im Sinne etwa, dass sich der Mensch aus seiner passiven Rolle der Wunscherfüllung auf allen Lebensgebieten befreit und weitgehend seinen persönlichen Wohlstand selbst erarbeiten muss.

Stress – Bedrohung oder Alibi?

Will man unsere Zeit mit einem einzigen Wort charakterisieren, dann bietet sich ein Begriff an, der aus der medizinischen Forschung stammt und ebenso vielfältig verwendet wird, wie er an und für sich unklar ist, der *Stress*. Darunter wird im populären Wortgebrauch ein Zustand andauernder oder akuter Überbeanspruchung verstanden, der die normalerweise zur Verfügung stehenden Kräfte übersteigt und schliesslich entweder zur Krankheit oder zu andersweitiger Dekompensation führt.

Mit solchen Stressituationen ist unser gegenwärtiges Zeitalter wie vermutlich kein anderes vor ihm reichlich gesegnet. Man spricht vom beruflichen Stress unserer auf Leistung ausgerichteten Industriegesellschaft, vom Konsumstress einer auf die unmittelbare Befriedigung aller Bedürfnisse süchtigen Menschheit, vom sozialen Stress einer von der Überbevölkerung bedrohten Welt, vom politischen Stress, der uns täglich durch die Weltsituation mit ihren kalten oder heissen Kriegen bedroht und verunsichert, vom wirtschaftlichen Stress, der nicht nur zu Währungskrisen, sondern auch zum finanzpolitischen Zusammenbruch ganzer Staaten, einzelner Firmen und schliesslich des Individuums (des Kleinsparers) führen kann und die Verwirklichung notwendigster infrastruktureller Probleme des zivilen Lebens in Frage stellt.

Schliesslich gibt es – obwohl davon nur selten gesprochen wird – einen Freizeitstress, der sich unter anderem in der Sporteuphorie, im Massentourismus, in der organisierten Gestaltung der Freizeit äussert. Dass es eine Stressituation im Erziehungs- und Bildungswesen gibt, beweisen nicht nur die entsprechenden Erziehungs- und Bildungsprogramme, die Zunahme von erschwerten Aufnahmebedingungen in höhere Lehranstalten, die Einführung des Numerus clausus, die Forderung nach immer neuen Bildungsmöglichkeiten, der Bildungshunger unserer Bevölkerung, sondern auch die Zahl der Schulversager, die zunehmende Zahl derjenigen jungen Menschen, die solchen Anforderungen nicht mehr gewachsen sind.

Der Stress unserer Zeit macht sich jedoch sogar bis in die Intimsphäre des Menschen bemerkbar, wenn wir beispielsweise an die Kommerzialisierung der Liebe und der Sexualität denken. An die Stelle spontaner mitmenschlicher Begegnung hat sich eine eigenständige Industrie gesetzt, die mittels elektronischer Datenverarbeitung Liebesverbindungen vermittelt; an die Stelle personaler sexueller Liebesfähigkeit ist eine Industrie getreten, die lediglich Potenz und Orgasmusfähigkeit verspricht; beide gehören zum Image eines leistungsbewussten Menschen, ob männlichen oder weiblichen Geschlechts. Dass diese Stresssituationen letztlich eine ihrer Wurzeln darin haben, dass wir alle unter einem Informationsstress stehen, sei zum Schluss noch erwähnt. Ohne die massive Information, der wir täglich, gewollt oder ungewollt, ausgesetzt sind, könnten wir weder von der Werbung noch vom Geschehen in der Welt derart angegangen werden, dass sie uns in so hohem Masse bedroht.

Wie aber kann es ein Mensch in dieser Welt aushalten? Wie kann er mit ihr fertig werden? Wie kann er mit sich selbst fertig werden? Liegt nicht bereits der Untergang nicht nur des Abendlandes, sondern der ganzen Welt vor uns? Gibt es für die Welt noch eine Zukunft, und wenn ja, wird diese so wirtlich sein, dass wir in ihr leben können?

Die Beantwortung dieser Fragen hängt weitgehend davon ab, *wie* wir den Begriff *Stress* verstehen und auslegen, mit anderen Worten: vom Menschenverständnis und Weltverständnis, die diesem zugrunde gelegt werden. Je nachdem, ob man den Stress, beziehungsweise die Stressfaktoren als unabänderliche, die Menschheit bedrohende Fakten und den Menschen selbst als ein determiniertes, im Sinne einer sogenannten Reiz-Reaktion funktionierendes, in seinem Wesen naturwissenschaftlich erfassbares, dem Kausalitätsprinzip zugeordnetes Informationsbündel versteht, oder von einem weltoffenen, freien und die Welt selbst erhellenden Menschenverständnis ausgeht, wird man in Kulturpessimismus versinken oder eine sachlich fundierte, hoffnungsvollere Zukunftsperspektive erhalten.

Was kränkt, macht krank

Im Jahr 1936 wies der in Kanada tätige Forscher H. Selye bei Experimenten mit Tieren nach, dass der Organismus auf verschiedenartige Reize (Infektionen, Vergiftungen, Verletzungen, nervöse Beanspruchungen, Hitze, Kälte, Muskelanstrengungen, Röntgenbestrahlungen) mit einer einzigen, gleichartigen Reaktion antwortet, obwohl die spezifischen Wirkungen jener Reize grundverschieden sind, Ihre gemeinsame Eigenart sollte jedoch darin bestehen, dass sie den Körper in einen generellen oder systematischen Zustand von Stress versetzten. Die gleichartige Reaktion sollte demnach nichts anderes sein als die körperliche Manifestation einer unspezifischen Stressreaktion (letzterer Begriff stammt aus der Physik und bezeichnet die Beziehung zwischen einer Kraft und dem ihr entgegengesetzten Widerstand). Zu den *Stressfaktoren* oder *Stressoren* gehören somit sowohl physische wie psychische Gefahren und Belastungen, die danach streben, das Gleichgewicht des Organismus zu stören. Sie können entweder einen Überschuss an Einwirkungen darstellen, denen der Organismus schon normalerweise ausgesetzt ist, oder solche, die für ihn fremd und neuartig sind. Der Mensch reagiert jedoch nicht nur auf die tatsächliche Gefahr und Bedrohung, sondern bereits auf die Vorstellung oder Befürchtung einer solchen. Stress im Sinne von Selye sind neben Ermüdung, Unterernährung, Temperatureinflüssen, Giftschädigungen im Bereiche des Seelischen vor allem Angst und Wut. Letztere führen mitten in die menschliche Krankheitsproblematik hinein, insbesondere in jenes Gebiet, das man heutzutage die Psychosomatische Medizin nennt.

Die Menschen erleben bekanntlich eine gleiche Situation ungleich verschieden. Ein nächtliches Geräusch besagt für den einen, dass Mäuse, für den anderen, dass Einbrecher am Werk sind. Es gibt Menschen, die überall Gefahren wittern, deren Leben von sogenannten Stressfaktoren besonders beherrscht wird. «Was kränkt, macht krank» – besagt ein Sprichwort. Interessanterweise scheint jedoch der Organismus angesichts aller dieser Möglichkeiten, angegriffen zu werden, nach einem einzigen Verteidigungsplan zu reagieren, wobei die wichtigsten *Waffengattungen* (Levi) die *endokrinen Drüsen* (Drüsen, die ihre Sekrete, Hormone, unmittelbar in die Blutbahn abgeben) und das *autonome vegetative Nervensystem* sind. Der *Verteidigungsplan* besteht aus drei Hauptmomenten, die den Namen *Generelles Adaptationssyndrom* erhielten. Adaptation bedeutet eigentlich Anpassung, Syndrom spielt darauf an, dass die verschiedenen Wehrkräfte in ihrer Bestrebung nach Anpassung an die Stressituation gegenseitig koordiniert sind, und der Ausdruck «generell» bezeichnet den umfangreichen Charakter dieser Verteidigungsreaktionen.

Letztere bestehen aus drei Phasen: die Alarmreaktion, gekennzeichnet durch ein Nachgeben des Organismus während eines Angriffs und der Mobilisierung körperlicher Verteidigungskräfte, dann die Resistenzphase, in welcher die Abwehrkräfte des Körpers versuchen, die Schäden auszubessern, und schliesslich die Erschöpfungsphase, in welcher der Kampf aufgegeben wird.

Bei den unspezifischen Adaptationsreaktionen sind die hypothalamischen vegetativen Zentren und die Hypophyse (Hirnanhangdrüse – unter dem Thalamus liegender Teil des Zwischenhirns) sozusagen Repräsentanten der Abwehrreaktion des Organismus, weshalb zwischen einem neurovegetativen und einem hormonalen Abwehrmechanismus unterschieden werden kann. Neurovegetativ findet die Steuerung von den hypothalamischen Zentren aus über die vegetativen Nerven zu den peripheren Organen statt; es wird eine Reizung des Nebennierenrindenmarks und die Adrenalinausschüttung in das Blut bewirkt. Die hormonale Abwehr besteht vorwiegend in einer Ausschüttung von Hypophysenvorderlappenhormonen und in der Mobilisierung des adrenokortikotropen Hormons ACTH.

Kummer, Sorge, Angst, Bedrücktheit, Schrecken, mit anderen Worten alle Erlebnisse, denen Angst zugrunde liegt, können zu Krankheitsbildern führen, die man als psychosomatisch bezeichnet. Nun kann menschliches Kranksein sowohl im leiblichen (somatischen) wie im seelischen (psychischen) Bereich zum Austrag kommen. Im zweiten Falle sprechen wir von psychischen, zumeist neurotischen oder funktionellen, im ersten von somatischen, organischen Erkrankungen. Immer mehr hat sich aber gezeigt, dass diese Unterscheidung nicht nur willkürlich ist, sondern auch dem Wesen des Menschen ganz und gar widerspricht.

Nie nämlich empfindet sich der Mensch als ein Sein, das *entweder* seelisch-geistig *oder* körperlich ist, auch wenn zuzeiten das Seelische oder Körperliche im Vordergrund des Erlebens steht. Bei genauer Beobachtung sind wir nämlich immer mit Leib und Seele in unserem Wahrnehmen und Verhalten mitbestimmt, ob in der Gesundheit oder in der Krankheit. Menschliches Sein kann nur ganzheitlich verstanden werden. Jegliche Aufsplitterung des Daseins in verschiedene Bereiche, Schichten oder Wirklichkeiten verfehlt eine echte Wesensschau des Menschen und seiner Krankheit schon im Ansatz.

Von dieser dem Arzt wie dem Kranken wohlbekannten Feststellung abgesehen, gibt es nun zweifellos Krankheiten, die in ganz eindrücklicher Weise die Ganzheit menschlicher Existenz demonstrieren, während dieselbe bei anderen Leiden (etwa bei den schweren malignen Erkrankungen) vollständig verdeckt sein kann. So fällt es beispielsweise auch einem Laien nicht schwer, bei Erkrankungen des Magendarmtraktes, des Kreislaufsystems usw. einen Zusammenhang mit der Lebensweise und der Persönlichkeit des Kranken herzustellen. Man hat wissenschaftliche Untersuchungen über die Persönlichkeitsstruktur von Migränekranken, Hypertonikern, an Magengeschwüren Leidenden und anderen durchgeführt. Spezifische Konfliktsituationen, insbesondere eine verfehlte Angstverarbeitung, wurden für Menschen festgestellt, die an Asthma bronchiale leiden. Vielen «funktionellen Beschwerden», die auch zu den psychosomatischen Störungen zu zählen sind, soll eine «larvierte Depression» zugrunde liegen. Grossangelegte statistische Untersuchungen haben den Beweis erbracht, dass zumindest ein Drittel, wenn nicht mehr, aller Kranken, die einen Arzt aufsuchen, im Grunde «psychosomatisch» krank sind. Mit anderen Worten: wir stellen eine Zunahme jener Krankheitszustände fest, die in irgendeiner Weise, obwohl scheinbar nur körperlicher Natur, von Faktoren mitbestimmt werden, die mit der Lebensweise, mit inneren oder äusseren Konflikten, mit der Persönlichkeitsstruktur, mit den zwischenmenschlichen Beziehungen, mit der Kindheitsentwicklung und der jetzigen Lebenssituation, mit Problemen der Berufs- oder Intimsphäre in Zusammenhang stehen, mit anderen Worten: mit allen «Stress»-Situationen, denen der Mensch unserer Tage ausgesetzt ist.

So wird denn auch der Begriff «Stress» von den Wissenschaftlern und den praktizierenden Ärzten zunehmend gern verwendet, offenkundig jedoch, wie eine Umfrage ergab, in unterschiedlicher Bedeutung. Es wurde experimentell untersucht, ob allgemein erregender psychischer Stress (z. B. ängstigende Schallreize oder sogenannte «Stress-Interviews») beim neurotisch Kranken heftigere Reaktionen auslösen als beim «Normalen», das heisst, ob die Stresswirkung unabhängig von der Persönlichkeit des Menschen sei oder nicht. Ferner wurde beobachtet, inwiefern sich chronische, ja lebenslang andauernde Stressituationen im mikrosozialen Spannungsfeld der Familie und im makrosozialen Feld der Gesellschaft ungünstig auf die psychophysische Entwicklung des Menschen auswirkten. Die diesbezügliche Kasuistik im psychiatrischen und psychosomatischen Schrifttum ist reichhaltig und aufschlussreich. So verlangt denn auch die Abklärung eines «psychosomatischen» Krankheitsfalles die Aufnahme einer genauen Anamnese, die sich nicht nur auf die Feststellung durchgemachter Krankheiten beschränken darf, sondern darüber hinaus die gesamte Entwicklung des Individuums berücksichtigen muss. Die frühkindliche Beziehung zu den Eltern und Geschwistern, die familiäre Atmosphäre, angewandte Erziehungsnormen, Schulschwierigkeiten, Pubertätsprobleme, Berufswahl, Sozialverhalten und Sexualität – all dies und noch vieles mehr gehören in den Bereich ärztlicher Diagnosestellung. Dabei hat sich erwiesen, dass alle von aussen kommenden Einflüsse im Verlaufe des kindlichen Lebens von weittragender Bedeutung für die spätere Gesundheit oder Krankheitsanfälligkeit des Menschen sind.

Bedrohung oder Alibi?

Aufgrund der gemachten Feststellungen wäre man geneigt, die Schuld für die Zunahme der menschlichen Misere in unserer Welt einzig und allein einer wie auch immer definierten Stress-situation in die Schuhe zu schieben. Dies wird denn auch häufig genug getan. Man macht unsere Leistungs-, Konsum- und Industriegesellschaft im makrosozialen Raum für die Zunahme der «Wohlstandskrankheiten» und «Zivilisationskrankheiten» verantwortlich und glaubt, durch eine Veränderung der Gesellschaft letztere präventiv verhindern zu können. Oder es muss die Kleinfamilie als Ursprung allen Übels herhalten, die unsere Kinder als Ware betrachtet und behandelt und durch ihre autoritären Erziehungsmethoden zu willenlosen Anpassern und damit krankheitsanfällig gemacht habe.

Alle diese Thesen halten jedoch weder einer empirisch durchgeführten Analyse noch einer phänomenologischen Kritik stand. Gewiss spielen hochgradige Torturen, jahrelange Verwahrlosung und Misshandlung während der Kindheit, lange Isolierung (beispielsweise bei Gefangenen), gravierende Ausnahmesituationen und anderes mehr eine schwerwiegende Rolle als Stressoren. Andererseits jedoch darf der Mensch nicht einfach als ein Reaktionssystem auf verschiedene Reize betrachtet werden, denen er hilflos ausgeliefert ist.

Zweifellos gibt es ein soziales Beziehungsgefüge, gibt es gesellschaftliche Faktoren, die mit Stress und Krankheitserscheinungen in Beziehung stehen. So hat eine sozialmedizinische Untersuchung bei Schülern in der Schweiz ergeben, dass Benachteiligte unter dem Stress mehr leiden als ihre begabten Mitschüler. Sozial bevorzugte Kinder erfahren in unserer Umwelt – so ergab die Studie – eine zusätzliche Förderung, sozial benachteiligte Kinder dagegen eine zusätzliche Belastung. Soziale und wirtschaftliche Veränderungen erfordern Anpassungsleistungen, was zu Konfliktsituationen und Gefährdung der Gesundheit führen kann. Übelkeit, Kopfschmerzen, Bettnässen bedeuten einen hohen Stressindex bei Kindern, die in irgendeiner Weise benachteiligt sind: Mädchen leiden mehr als

121

Knaben, Ausländerkinder, Kinder mit fremder Muttersprache, Kinder berufstätiger Mütter, Kinder aus der sozialen Unterschicht sowie Kinder, die weniger als ein Jahr am gleichen Ort wohnen. Kinder in unvollständigen Familien sind eher gefährdet, ebenso Kinder, die ihre Freizeit auswärts statt zu Hause verbringen. Dazu kommt die unterschiedliche Einstellung der Lehrer und der Leistungsdruck der Schule, die auch zu den gesellschaftlichen Stressfaktoren zu rechnen sind. In der erwachsenen Arbeitswelt verhält es sich nicht wesentlich anders. Es ist eine erwiesene Tatsache, dass Magengeschwüre – besonders symptomatisch für erhöhten Stress – in Arbeiterwohnbezirken häufiger sind als in den sozial höheren Wohnquartieren. Auch die Managerkrankheit trifft immer mehr Menschen in sozialen Stressituationen.

Andererseits wiederum fällt auf, dass gerade leistungsbezogene, dynamische Menschen weniger vom Herzinfarkt gefährdet sind als Angestellte im selben Betrieb (Pell, D'Alonzo), so dass angenommen werden darf, Stress sei nicht nur krankheitsfördernd, sondern auch gesundheitserhaltend. Bleibt körperlicher Stress aus, so kann dies auch zu Organentartungen führen. Mit anderen Worten: Stressentzug macht krank, oder: Stress ist auch sinnvoll. Selbst der geistige Stress ist unentbehrlich. Schauspieler, Musiker, Vortragende, Sportler, Prüflinge brauchen den Stress, das «Lampenfieber», um Spitzenresultate zu erreichen. Es kommt somit auf die Dosis an, ob Stress sinnvoll oder krankmachend ist (Wunderli).

Eindrücklich schildert beispielsweise Abelin die vielfachen Aspekte des Stresses. Stress bedeutet Anspannung. Damit Stress auf jemanden einwirken kann, braucht es eine stressverursachende Umweltsituation und eine persönliche Veranlagung, sich in solchen Situationen in geistige und körperliche Alarmbereitschaft drängen zu lassen. Beispiel: eine tägliche Stressituation. Wir fahren zu einer Verabredung, geraten unvermutet in eine Verkehrsstockung. Der eine reagiert mit Herzklopfen, erhöhtem Blutdruck und einem schwer kontrollierbaren Drang, aus der Autokolonne auszubrechen. Ein anderer wird äusserlich ruhig bleiben, aber als Zeichen des Stresses

Magenbrennen verspüren, während ein Dritter sich auch mit dieser Stressituation abfindet und gelassen bleibt.

An einer Ringvorlesung über Stress an der Universität und ETH Zürich wurde denn auch festgehalten, dass nicht Stress an sich zu Zivilisationskrankheiten führe, sondern das Fehlen der Bereitschaft und Fähigkeit, Stress ertragen zu können. Glaubt der Mensch, einen uneingeschränkten Anspruch auf ungetrübten Genuss der Lebensfreude zu haben unter Ausschaltung allen Leidens, wird er tatsächlich unter Stress zusammenbrechen. Dies ist auch jenen Kritikern unseres gesellschaftlichen Systems entgegenzuhalten, die glauben, der Mensch und seine Gesellschaftsform seien nichts anderes als komplizierte Regelsysteme, die naturwissenschaftlichen Gesetzen gehorchten. Der Mensch wird dann zu einem Rad in einem mechanistischen Getriebe, zu einem physikalischen Objekt degradiert, über das nach kybernetischen oder verhaltenstheoretischen Modellen verfügt werden kann. Im Vordergrund eines solchen sozialen Systems – so Hicklin – stehen dann aber nicht in erster Linie ökonomische, sondern technische Zwänge, an denen gerade diejenigen am meisten festzuhalten scheinen, die den Menschen aus den ökonomischen befreien wollen. Da wird wohl der Teufel mit dem Beelzebub ausgetrieben. In einem solchen System gibt es tatsächlich für jedes Verhalten und jedes Geschehen immer nur Sündenböcke. Zumeist sind es die «böse» Gesellschaft, die gesellschaftlichen Zwänge, denen wir wehrlos ausgeliefert sind. Die Vielfalt menschlicher Motivationen wird dann auf ein einziges Gegensatzpaar eingeschränkt. Darüber hinaus wird angenommen, dass seelische und psychosomatische Krankheiten, Stresswirkungen, nur einen kausalen, krankheitsverursachenden Faktor hätten: die Zwänge der Gesellschaft, und dass es sich bei diesen Zwängen um irgendwelche objektivierbaren Grössen handle, die abgestellt werden könnten, wie man etwa einen Radio abstellt, woraus dann eo ipso die Gesundheit der einzelnen Mitglieder dieser Gesellschaft resultierte. Man müsste also nur die rechte Gesellschaft haben, dann gäbe es keine Kranken und keine Krankheiten mehr!

Einverstanden, gesellschaftliche Zustände sind nicht unverrückbar, Mängel eines politischen und gesellschaftlichen Systems sind nicht tabu. Wir haben uns darum zu kümmern, wo und wie Änderungen vorgenommen werden können. Hicklin sagt in diesem Zusammenhang zu Recht: Der Arzt sitzt nicht in einem Glashaus und darf sich nicht um die Politik drücken. Wenn er aber politisiert, dann ist zu wünschen, dass er es in einer differenzierten Weise tut.

Wenn wir somit von der Alibifunktion des Stresses sprechen, dann ist keineswegs gemeint, dass gesellschaftliche und soziale Faktoren, die zu vermehrter Belastung führen, als sakrosankt und unantastbar zu betrachten sind. Ein freier Mensch aber, der in irgendeiner Situation gefangen und äusseren Zwängen unterworfen ist, so lesen wir weiter bei Hicklin in seiner ausgezeichneten Antwort an einen Kritiker unseres Stressbegriffes, wird zwar alles versuchen, sich aus dieser Situation zu befreien, und diese so zu verändern versuchen, dass sie weniger beengend wirkt. Andererseits kann ein unfreier Mensch aus einer noch so bedrückenden Situation «befreit» werden, ohne dass er dadurch freier würde. Dies deshalb, weil Freiheit gerade darin besteht, dass der Mensch nicht nur das Produkt seiner Umgebung ist, sondern dass Freiheit immer auch eigene Anstrengung und eigenes Bemühen erfordert. Freiheit nämlich beinhaltet ein bestimmtes Verhältnis zum Begegnenden, das keineswegs nur von der Beschaffenheit desselben abhängig ist. Um ein extremes Beispiel anzuführen: Ein Zwangsneurotiker wird auch in der freiesten Umgebung nicht zwangsläufig freier, sondern aus Angst vor der Freiheit eher zwangsläufig unfreier, also zwangshafter. Auch kann man dieses Problem nicht dadurch umgehen, dass man etwa behauptet, die Befreiung aus gesellschaftlichen Zwängen sei nur deshalb unmöglich, weil die Betroffenen schon von Kindesbeinen an unter diesen Zwängen aufgewachsen sind. Eine solche Behauptung mag einen wahren Kern haben. Sie verkennt jedoch auf der anderen Seite, dass es weder ein völlig repressionsfreies Elternhaus noch eine Gesellschaft ohne Zwänge gibt. Derartige Vorstellungen sind demzufolge Utopien. Selbst eine Gesellschaft, die einen Menschen auch nicht in der leisesten Weise mit irgendwelchen Forderungen berühren würde, wäre in keiner Weise unbelastend. Sie könnte im Gegenteil für viele vitale junge Menschen gerade dadurch zur Belastung werden, dass sie deren Bedürfnis nach Durchsetzung und Selbstbehauptung nirgends entgegenkommt, da sie ihnen ausweicht und nirgends die Stirn bietet. Die vaterlose, autoritätsfreie Gesellschaft im Sinne Mitscherlichs ist nicht die in sich freie Gesellschaft. «Wie man die Sache auch dreht, wenn man nicht von vornherein ideologisch auf eine vereinfachende Utopie eingeschworen ist, kommt man nicht darum herum, im Zusammenhang mit Freiheit auch von Selbstverantwortung zu sprechen. Wenn man das nicht sehen will, wird allerdings Stress zum reinen Alibi. Alibi oder Projektion eines Problems waren aber noch nie ein Weg für eine gesunde Konfliktlösung.»

Freiheit und Unfreiheit in unserem Zeitalter

So hat uns denn die Frage nach dem Stress zu einer ganz anderen Frage geführt, nämlich zu jener nach dem Wesen des Menschen, nach seiner Freiheit und Unfreiheit. Denn, was wir eingangs alles an Stressituationen aufgezeigt haben, entpuppt sich bei näherem Zusehen als ein Zustand von *Freiheitsbeschränkung*, von zwangsneurotischen Strukturen, die unsere Welt beherrschen. Gewiss, die Fortschritte der Naturwissenschaften und der Technik haben dem Menschen ein Mass an Freiheit gebracht, das frühere Jahrhunderte nicht kannten. Vermehrte soziale Sicherheit, materieller Wohlstand, Information, Beweglichkeit, Relativierung von Raum und Zeit, zunehmende Rationalisierung und Automatisierung im Arbeitsprozess und Wirtschaftsbereich ermöglichen mehr Freiheit und Freizeit. Die Erfolge der naturwissenschaftlichen Medizin sind unbestritten. Trotzdem hat diese Entwicklung auch zur Unfreiheit des Menschen geführt. Wir leben in einer Zeit, da die Manipulation durch die Technik uns bedroht. Wie lange noch gehört dem Menschen selbst die Herrschaft über die Technik? Wo sind die Grenzen des wirtschaftlichen Wachstums? der nuklearen Aufrüstung? der Leistungsfähigkeit? der Genussfähigkeit? der Liebesfähigkeit? des Menschseins? Revolte gegen die Leistungs-, Wohlstands- und Wegwerfgesellschaft, Ablehnung der Autorität, Generationenkonflikte mögen ihre Berechtigung haben. Sie allein machen jedoch die Therapie für unsere Zeit nicht aus. Wolfgang Kraus schrieb zu Recht, wer jetzt wirksam sein wolle, habe es schwerer als noch vor einigen Jahrzehnten. Die grosse Weigerung, von der Herbert Marcuse sprach, das emotionale Nein gegen die Hochzivilisation und manchen Missbrauch ihrer Kräfte «erhöhten die Gefahr, gerade den Missbrauchenden das willkommene Stichwort zu noch härterem, angeblich notwendigem Vorgehen zu liefern». Mit Emotionen allein, und seien sie durch aufrichtig empfundenen Ekel vor zivilisatorischen Übersteigerungen noch so sehr begründet, sei in der technologischen Gesellschaft wenig auszurichten. Auch dann führten sie eher zum Gegenteil des gewünschten Erfolges, wenn sie in intellektueller Verkleidung aufschienen. Die «grosse Weigerung» lässt tatsächlich die Zivilisation im Stich. Die Bedrohung unserer Zivilisation ist nicht der Stress, den sie mit sich bringt, sondern die Unfreiheit, in die wir uns treiben lassen. Was wir als Stress bezeichnen, ist nichts anderes als die Gefangenschaft eines zwangsneurotischen Zeitalters, in die wir uns begeben haben. Die Versuche, aus solcher Unfreiheit auszubrechen, sind mannigfaltig. Die Flucht in den Drogenrausch, in die sexuelle Orgie, der hysterische Ausbruch in Gewaltakte, Terror, Massenmord, Krieg, der Ausweg in die Krankheit, in Resignation, Depression, Selbstmord, in die Verwahrlosung, Apathie und Leere, in das «existentielle Vakuum» (Frankl), in einen weltfremden Mystizismus, in eine «zweite Wirklichkeit» sind keine echten Alternativen. Sie bilden nichts anderes als zu Misserfolg verurteilte Ausbruchsversuche aus einer Gefangenschaft, die nicht zur Freiheit, sondern in eine andere Form von Knechtschaft führen. Die Befreiung der Menschheit kommt aber auch nicht von jenen Kreisen her, die glauben, unsere heutige liberale Gesellschaftsordnung über den Haufen rennen zu müssen und durch eine andere zu ersetzen, deren Versagen wir zur Genüge kennengelernt haben. Ebenso verfehlt ist die Reaktion jener Vertreter eines wohl endgültig vergangenen Zeitalters, in dem das patriarchalisch-autoritäre Prinzip galt, «Law and Order» mit Hilfe eines massiven Polizeieinsatzes gewährleistet wurde und die tradierten Wertvorstellungen als unumstösslich galten. Das Rad der Weltgeschichte lässt sich nicht zurückdrehen. *Die Welt ist in die Freiheit aufgebrochen*, ob man dies nun wahrhaben will oder nicht.

Widerspricht diese Feststellung nicht der bisher verfochtenen These, dass der Stress unserer Tage in der Unfreiheit unseres technischen Zeitalters liege? Keineswegs. Denn Unfreiheit gibt es nur als Privation von Freiheit. Unfreiheit ohne Freiheit ist nicht denkbar. Was uns im Grunde beunruhigt, ist nicht so sehr die Unfreiheit als vielmehr die *Freiheit*, die unser Zeitalter uns schenkt. Wer weiss denn schon, was mit diesem Geschenk anzufangen ist?

Wie viele unserer Zeitgenossen sind auf die neue Freiheit vorbereitet, wie viele vermögen es, sie zu verkraften, ja wer kann sie ihrem Sinn und ihrer Bedeutung gemäss überhaupt verstehen?

Gemeinhin meint man ja, Freiheit sei lediglich ein Frei-Sein *von* Verpflichtungen, *von* Bindungen, *von* Verantwortung. Um die Freiheit des Menschen haben sich schon unzählige Philosophen, Theologen, Soziologen und Politologen bemüht. Das Christentum spricht von der menschlichen Freiheit, aber auch der Marxismus, die Psychoanalyse und die Daseinsanalyse beschäftigen sich mit ihr. Nichts scheint so schwer definierbar zu sein wie der Begriff der Freiheit. Wohl gerade deshalb, weil er sich naturwissenschaftlichen Kriterien entzieht? Oder schlicht und einfach deshalb, weil es das Natürlichste am Menschen, das ihn erst als Menschen Konstituierende, ist?

So wie es schwerfällt, die Gesundheit als Begriff festzulegen, ohne deren Privation, die Krankheit, zu Hilfe zu rufen, scheint auch die Freiheit nur vom Gefangenen erahnt zu werden. Immerhin haben uns die Philosophen mit diesem Problem nicht einfach im Stiche gelassen. Ausgehend von einem jedem gesunden Menschen erfahrbaren Sachverhalt, sollte auch das Wesen der Freiheit in einem anderen Lichte gesehen werden als nur in einem *Freisein von etwas*. Letzteres wäre nämlich eine rein negative Definition. Freiheit ist nicht identisch mit Libertinage, Egoismus und Narzissmus. Freiheit in einem menschenwürdigen Sinne meint immer eine *Freiheit für und zu etwas*. Der Mensch besitzt die Entscheidungsfreiheit, sich für oder gegen die gegebenen Möglichkeiten einzusetzen. Derartige Entscheidungs- und Willensfreiheit beruht auf der notwendigen Voraussetzung, dass es überhaupt Freies und Offenes gibt, in das hinein die Welt anwesend sein und wahrnehmbar werden kann. Daraus wird ersichtlich, dass die menschliche Freiheit in ihrem Kern, im Grundcharakter des Daseins selbst gründet, als welchen der deutsche Philosoph Martin Heidegger die Existenz als Ek-stare gekennzeichnet hat. Da jedoch der Mensch als Ek-sistenter in einem weltweit ausgespannten Offenheitsbereich für alle von ihm wahrgenommenen Bedeutungsgehalte immer auch in einem *ursprünglichen Mit-Sein* mit den anderen da-ist, kann Freiheit immer nur auch die Freiheit des anderen mitbedeuten. Frei-sein heisst: Antwort geben; antworten kann der Mensch nur dem Anderen, dem Fragenden. Menschliche Freiheit ohne Verantwortung gibt es demnach nicht.

Solcherart verstandene Freiheit verlangt von uns ein Umdenken, eine Veränderung in unserem Weltbild, eine neue Einstellung den Gegebenheiten unserer Zeit gegenüber. Die Probleme unserer Industriegesellschaft können nicht durch eine einseitige Diskriminierung und Verteufelung der Leistung, des Wohlstandes, der Wirtschaft, der Technik oder gar unserer freiheitlichen Gesellschaftsstruktur gelöst werden. Hingegen dürfen wir uns nicht länger von ihnen selbst knechten lassen. Die Technik ist auf den Menschen angewiesen. Von ihm her bezieht sie ihren Wert und ihren Sinn. Sie wird dann zum Stress, wenn sie diesen Sinn verliert und autonom ein Eigendasein fristet. Ein freier Mensch gewinnt auch zur Welt der Technik, zur Welt der Dinge eine freie Beziehung. Dies allerdings verlangt eine Rückkehr vom Stressdenken zur Besinnung auf sich selbst.

Der französische Philosoph Gabriel Marcel hat diesen Gedanken Ausdruck verliehen, indem er sagte, unsere Zeitgenossen kümmerten sich recht wenig um die Zukunft, weil sie der Umwandlung bewusst seien, von der sie mitgerissen würden. Das Erlebnis der Umwandlung ist an sich etwas Unerträgliches – eine Feststellung, die nicht nur der Philosoph macht, sondern von jedem Psychotherapeuten bestätigt werden kann. Nichts scheint dem Menschen schwerer zu fallen, als seine bisherige Existenz in Frage zu stellen. Daraus, so Marcel, leitet sich für den Menschen die sozusagen biologische Notwendigkeit ab, sich gegen eine Erfahrung, die seine Integrität bedroht, in Abwehrstellung zu begeben. So hat es der Mensch denn auch verlernt, in seiner Welt zu wohnen, sich heimisch zu fühlen, sich mit der Welt anzufreunden. Marcel verweist auf die «tiefsinnigen Gedankengänge Heideggers», der die zunächst verwirrende Aussage machte: «Die Sterblichen wohnen, insofern sie die Erde retten». Dieses Retten meint nicht ein Erobern oder Ausbeuten, vielmehr hat die Wohnstätte hier einen anthropokosmischen Wert, der «im heute sich aufdrängenden Typus von Zivilisation völlig verlorengegangen ist».

Für den, der versucht, die Zukunft zu bedenken, bedeutet das Wort Freiheit den Schlüssel. Auch der französische Denker verteidigt die Ansicht, wonach Freiheit nicht lediglich ein Attribut darstellt, das man der menschlichen Natur zu- oder aberkennen kann. Sie kann im Gegenteil nur eine stets unvollkommene und wahrscheinlich gefährdete Eroberung sein. So wirken sich denn auch alle Kräfte, die zur Entpersönlichung des Menschen führen, gegen die Freiheit aus.

Haben wir uns vom Stress entfernt? Ich hoffe ja. Denn das Stressdenken verführt uns allzuleicht, ein Alibi zu schaffen für die Abschiebung von Verantwortlichkeiten auf Bereiche, die wir möglicherweise zu ändern vermögen, deren Veränderung uns jedoch nicht aus der Unfreiheit herausbringt. Um dem Stress unserer Zeit endgültig zu entgehen, braucht es eine Besinnung auf das mit diesem Wort Gemeinte und die entsprechenden Konsequenzen.

Die Emanzipation der Frau
aus psychoanalytischer
und daseinsanalytischer Sicht

Das Jahr 1975 – als Jahr der Frau deklariert – hat die Welt auf ein Phänomen aufmerksam gemacht, das ihr zuvor kaum in dem Ausmasse bekannt war: auf die zumindest fragwürdige, von vielen als diskriminierend erfahrene Rollenzuweisung an die Frau, sowie auf die Notwendigkeit, der Frau die Befreiung aus der kulturanthropologischen Geschlechterstereotypie zu ermöglichen. Die Auffassung, wonach das weibliche Geschlecht dem männlichen naturgemäss unterlegen sei, ist in unserer Gesellschaft beinahe ubiquitär. Aber nicht nur bei uns, sondern in allen patriarchalischen Gesellschaften findet sich diese Rollendiskriminierung. Von den Griechen (Aristoteles, Sophokles) über das römische Recht, das Urchristentum (Paulus) bis in die Neuzeit hinein wurde der Mann als Beherrscher der Frau betrachtet, die Frau der Geringschätzung preisgegeben. Allerdings sind hier Unterschiede zu beachten. Während das Weib bei den Kirchenvätern als «Mutter der Sünde», als das «Tor zur Hölle und Mutter aller menschlichen Übel» galt, und eine Synode darüber beriet, ob die Frau überhaupt eine Seele habe und demzufolge ein Mensch sei, genoss sie in manchen Kulturen ein hohes Ansehen. Dies allerdings nicht aus dem Grunde, weil sie dem Manne hinsichtlich Leistungsfähigkeit und Vernunft gleichgesetzt wurde, sondern auch wiederum aus der geschlechtsspezifischen Situation heraus. So wurden von manchen Völkern des Altertums die hetärischen Frauen verehrt. Verehrung und Ablehnung des Weibes ging und geht somit weitgehend auch mit der Annahme oder Abwehr des Geschlechtlichen einher.

Durch die Industrialisierung und den damit verbundenen kulturellen Wandel wurde die Emanzipation der Frau eingeleitet. Wesentliches hat sich aber bis zum heutigen Tage nicht ereignet. Die Befreiung der Frau, sagt Bönner, ist noch kaum angebrochen. «Wir müssen uns die Frage stellen, ob sie in dieser Gesellschaft überhaupt möglich ist. Das soziale und kulturelle Leben aller Gesellschaften baut auf dem Geschlechtsunterschied auf. Die Unterschiede zwischen den Geschlechtern werden daher über die biologische Festgelegtheit hinaus fixiert.»

Der psychoanalytische Weg zur Befreiung des Einzelnen

Als Sigmund Freud um die Jahrhundertwende die Psychoanalyse als Wissenschaft vom Menschen und als therapeutische Methode zur Heilung neurotisch kranker Menschen begründete, war sein erklärtes Ziel die Befreiung des Individuums aus gesellschaftlich bedingten Zwängen. Nicht Gesellschaftskritik als solche schwebte ihm vor, sondern die möglichst freie Entfaltung des Einzelnen innerhalb gegebenen und scheinbar unveränderlichen Gesellschaftsstrukturen. Er sah die Not des Neurotikers vornehmlich in einer Fehlverarbeitung des Anpassungsprozesses an die gesellschaftlichen Gegebenheiten, wobei er den Einfluss der Erziehung, des Milieus, der mikro- und makrosozialen Umwelt, der Kultur und Religion keineswegs übersah. Freud selbst vertrat allerdings eine pessimistische Kulturtheorie. Er vermeinte noch, dass die libidinösen Triebansprüche des Individuums unterdrückt, beziehungsweise sublimiert werden müssten, um der Kulturforderung zu genügen. Die Realitätsforderung verlange Anpassung. Im Konflikt zwischen Triebwunsch und Triebunterdrückung entschied er sich für die Repression. 1932 – also in seiner Spätzeit – schrieb er noch: «Die psychoanalytische Erziehung nimmt eine ungebetene Verantwortung auf sich, wenn sie sich vorsetzt, ihren Zögling zum Aufrührer zu modeln. Sie hat das Ihrige getan, wenn sie ihn möglichst gesund und leistungsfähig entlässt.» Anpassung wird in diesem Zusammenhang als «Unterwerfung unter die Kulturforderung, als ein Prozess, in dessen Verlauf der Einzelne diszipliniert wird für den Lebenskampf in der Konkurrenzgesellschaft» (Ammon) verstanden. Im therapeutischen Prozess soll an die Stelle der Verdrängung von Triebwünschen «ihre bewusste Verneinung treten». Daraus folgerte Herbert Marcuse wohl nicht zu Unrecht, der Unterschied zwischen geistiger Gesundheit und Neurose liege nur im Grad der Wirksamkeit der Resignation. «Während die psychoanalytische Theorie erkennt, dass die Krankheit des Einzelnen letzten Endes durch die Krankheit seiner Zivilisation verursacht ist und durch sie fortdauert, bemüht sich die psychoanalytische Therapie darum, den Einzelnen zu funktionieren» (1967). Marcuse selbst vermochte allerdings keinen Weg aus diesem Dilemma aufzuzeigen. Solange nämlich an der Hypothese des «unausweichlichen Konfliktes von Lustprinzip und Realitätsprinzip», von «Triebanspruch und notwendiger Triebunterdrückung» und an der Hypothese eines primären Todestriebs festgehalten wird, bringt auch der Hinweis auf die Geschichtlichkeit des gesellschaftlichen Leistungsprinzips und dessen Veränderbarkeit keine Klärung. Durch die Umdrehung des spekulativen Zirkels der Freudschen Kulturtheorie mag ein neues emanzipatorisches Konzept entwickelt werden und der psychoanalytischen Kulturtheorie eine neue Zukunftsperspektive eröffnet werden; die pessimistische Spekulation wird durch eine Utopie ersetzt, «doch den Bereich der Spekulation überschreitet er (Marcuse) nicht» (Ammon). Auch die später von Marcuse postulierte «bewusste Verweigerung» der Anpassung an die Gesellschaft gegenüber der psychoanalytischen Resignation hat, ausser ihrem Einfluss auf die studentische Diskussion um die psychoanalytische Theorie und Praxis, keine greifbaren Erfolge erzielt.

Inzwischen ist von vielen Seiten und in der Folge der Entwicklung innerhalb der psychoanalytischen Wissenschaft selbst Kritik am (naturwissenschaftlich geprägten) Menschen- und Gesellschaftsbild Freuds geübt worden. Zwar stellen die Triebsuppositionen «eine so ausgeprägte theoretische Reduktion und Simplifikation des gesellschaftlichen Verhaltens der Menschen in der Welt dar, dass sie auch breiten Massen sehr eingängig sind und sich deshalb stets einer beachtlichen Popularität werden erfreuen dürfen» (Boss), doch haben Plack, Heitler, Boss und die Zürcher daseinsanalytische Richtung unter anderem mehrfach betont, dass das gesamte Triebgebäude der psychoanalytischen Theorie ein abstraktes Theoretikum darstelle, das weder philosophischem Denken standhält noch empirisch (wie immer wieder behauptet wird) nachweisbar ist. Selbst wenn eine Triebstruktur des Menschen nachweisbar wäre, bliebe unerfindlich, wie eine Triebverdrängung stattfinden sollte. Kein wie immer geartetes menschliches Verhalten kann von reinem «Triebgeschehen» abgeleitet werden. Weder die «Triebe» noch «psychische Energiequanten» vermögen je etwas als solches zu erkennen und dementsprechend Verhaltensweisen zu bestimmen. Menschliches Dasein und menschliches Verhalten ist überhaupt nicht aus dem Vorhandensein von Trieben und Triebgemischen verstehbar. Das, was möglicherweise als «triebhaftes Verhalten» bezeichnet werden kann, lässt das spezifisch Menschliche gerade ausser acht. Hingegen erfahren wir uns täglich im Angesprochenwerden durch das Begegnende, dessen Bedeutungsgehalte wir wahrnehmen, sofern wir dafür *offen* sind. Selbst die Tatsache, dass wir uns dem Zuspruch des Begegnenden, mit dem wir in einer gemeinsamen Welt ek-sistieren, verweigern können, weist auf diesen Offenheitscharakter unserer Existenz hin. Denn nur dem Offenen kann etwas verborgen bleiben. Das Verborgene verweist auf ein mögliches Offensein. Dieses Verborgene ist aber nicht identisch mit «unbewussten Triebansprüchen», Konflikten und «psychischer Abwehr». Es handelt sich dabei vielmehr um menschliche Verhaltensmöglichkeiten, die als solche noch nicht zur freien Verfügung angeeignet wurden. Diese freie Verfügung, die Freiheit des Menschen schlechthin, ist somit Ziel und Zweck einer analytischen Therapie – und sicher nicht die bedingungslose Anpassung an bestehende Gesellschaftsstrukturen. Andererseits ist auch nicht die undifferenzierte Auflehnung gegen die Gesellschaft als Schritt in die Freiheit zu betrachten. Auflehnung ist ja immer noch ein Symptom der Abhängigkeit. Ich kann mich nur gegen etwas wehren, das mich angeht, von dem ich be- und gefangen bin. Nun gibt es zweifellos Sachzwänge, Sozialzwänge, denen der Mensch nicht ohne Gewaltanwendung entrinnen kann. Am Ende dieser Gewalt muss aber die Alternative stehen. Gewalt um einer Utopie willen ist sinnlos. Die Destruktion wird damit zum Selbstzweck und birgt den Keim des Untergangs in sich. Endsituation einer wie immer methodisch durchgeführten Therapie kann somit weder die Anpassung an gegebene gesellschaftliche Strukturen noch die unbedachte Zerstörung derselben sein, sondern nur die Entfaltung des Individuums zu einer grösseren Freiheit, zu einer Freiheit, die nicht egoistischer Natur als Selbstbefriedigung individueller Bedürfnisse missverstanden werden darf. Denn menschliches In-der-Welt-Sein ist immer gleichursprünglich Mit-Dasein. Als solches kann sich Dasein faktisch nur als Mit-Sein mit den anderen in einer gemeinsamen Welt verwirklichen. Selbstverwirklichung setzt aber die Frage voraus: Wer bin ich – der ich werden soll? Und so setzt auch die Frage nach der Selbstverwirklichung der Frau als Frau die Frage nach eben dem Wesenszug voraus, welcher möglicherweise weibliches Dasein vom männlichen Dasein unterscheidet.

Die Wesensbestimmung der Frau in psychoanalytischer Sicht

Einen eigenen Zugang zur Wesensbestimmung der Frau versucht die *Psychoanalyse*, auch wenn uns ihre Vorstellungen und Theorien, vor allem aber die stark von der triebmechanistischen Grundkonzeption geprägten Formulierungen, heute eigenartig konstruiert und wirklichkeitsfremd anmuten. Trotzdem haben psychoanalytisch gewonnene Beobachtungen gewichtige neue Perspektiven über die Entwicklung des Mädchens zur Frau eröffnet. Es war in erster Linie Helene Deutsch (1925, 1948), die sich eingehend mit der Psychologie der Frau befasste. In ihren Schriften wies sie immer wieder auf die zentrale Bedeutung der *Mutterschaft* für das weibliche Wesen hin. Bereits Kindheit und Pubertät stellten Vorphasen der Mutterschaft dar, und die Ereignisse der Fortpflanzung würden vom Kind phantasiemässig vorweggenommen. Die später so wichtigen Organe Vagina und Uterus nehmen in der Entwicklung des Mädchens einen einzigartigen Platz ein. Obwohl ihnen grosse Aufgaben bevorstehen, bleiben sie bis zum Beginn ihrer Fortpflanzungsfunktion der Trägerin vollkommen unbekannt. Die psychoanalytische Erfahrung zeigte, dass die Phantasien und Ängste des kleinen Mädchens an das Innere des Körpers gebunden sind. Insbesondere werden unzählige Geburtstheorien in seiner Phantasiewelt geschmiedet: so die Meinung, die Konzeption erfolge durch den Mund, die Geburt durch Anus, Nabel oder Brust.

Die Bezugnahme allerdings auf das Problem der Mutterschaft ist im Bereich der uns bekannten psychoanalytischen Literatur recht selten. Für Freud selbst und für die meisten seiner Nachfolger, auch jene weiblichen Geschlechts, liegen die Verhältnisse wesentlich einfacher. Zwei «Wesensbestimmungen» stehen zumeist im Vordergrund: einmal die Verschiedenheit der äusseren Genitalien, sodann die psychologische Differenz von Aktivität und Passivität. Beide gehören insofern zusammen, als aktiv mit «phallisch» und passiv mit «weiblich», trotz eindringlicher Warnung Freuds (1933), immer wieder verwechselt (beziehungsweise: ausgewechselt) werden. Sogar Deutsch spricht von der männlichen Frau, die so lange gesund bleibe, als sie frauliche Passivität und männliche Aktivität in Übereinklang zu bringen verstehe. Freud selbst meinte noch, das kleine Mädchen sei in der Regel weniger aggressiv, trotzig und selbstgenügsam, es scheine mehr Bedürfnis nach Zärtlichkeit zu haben und darum abhängiger und gefügiger zu sein als der Knabe. Dass es sich leichter und schneller zur Beherrschung der Exkretionen erziehen lasse, sei wahrscheinlich nur die Folge seiner Gefügigkeit. Aber auch im «Sprachgebrauch heute lebender Analytiker wird nicht selten ein aktives Verhalten der Frau als ‚phallisch‘ bezeichnet und als unweiblich bewertet, während im passiv-fügsamen, sich anpassenden Verhalten eine lobenswerte ‚echte Weiblichkeit‘ entdeckt wird» – so Margarete Mitscherlich-Nielsen in einem 1971 in der «Psyche» veröffentlichten Aufsatz über «Entwicklungsbedingte und gesellschaftsspezifische Verhaltensweisen der Frau».

Für Freud stand jedenfalls fest, dass der Penismangel für die spätere Entwicklung des Mädchens ausschlaggebend sei. In der Schrift «Einige psychische Folgen des anatomischen Geschlechtsunterschiedes» (1925) stellte er fest, dass das Mädchen zunächst seinen Penismangel als persönliche Strafe zu erklären versuche. Erst nachdem es die Allgemeinheit seines Geschlechtscharakters erfasst habe, beginne es, die Geringschät-

zung des Mannes «für das in einem entscheidenden Punkt ver-
kürzte Geschlecht zu teilen» und wenigstens in diesem Urteil
an der eigenen Gleichstellung mit dem Mann festzuhalten. Die
Frau sei auch weniger als der Mann in der Lage, ein verinner-
lichtes und gefestigtes Über-Ich zu entwickeln, kulturelle Leistungen zu vollbringen, sachliche Urteile zu fällen und innere
Selbständigkeit zu erlangen – dies alles als Folge der psychischen Verarbeitung des anatomischen Geschlechtsunterschiedes. Während die frühen Phasen der Libidoentwicklung von
beiden Geschlechtern in gleicher Weise erlebt würden, sollte
der Geschlechtsunterschied erst mit dem Eintritt in die phalli-
sche Phase vollends hervortreten. Während der Knabe dann-
zumal unter den Einfluss der Kastrationsangst, «den mächtig-
sten Motor seiner Weiterentwicklung» gerate, verfalle das
Mädchen dem Penisneid, der deutliche Spuren in seiner Entwicklung und Charakterbildung hinterlasse und auch im gün-
stigsten Falle nicht ohne grossen psychischen Aufwand über-
wunden werden könne. Die Feststellung des Penismangels werde aber vom Mädchen nicht ohne weiteres akzeptiert. Es halte
noch lange am Wunsche fest, auch so etwas zu bekommen, und
glaube an diese Möglichkeit bis in unwahrscheinlich weite Jahre und noch zu Zeiten, wenn das Wissen um die Realität die
Erfüllung dieses Wunsches lange als unerreichbar beiseitege-
worfen habe. Die *Entdeckung seiner Kastration* sei ein *Wende-
punkt in der Entwicklung des Mädchens; drei Entwicklungsrich-
tungen* würden von ihm ausgehen. Die eine führe zur *Sexual-
hemmung* oder zur *Neurose*, die andere zur *Charakterverände-
rung* im Sinne eines Männlichkeitskomplexes, die dritte endlich
zur *normalen Weiblichkeit*.

Im Schlussabschnitt des Kapitels über die Weiblichkeit wies
Freud jedoch selbst auf die Unvollständigkeit seiner Theorie
hin, indem er schrieb: «Das ist alles, was ich Ihnen über die
Weiblichkeit zu sagen hatte. Es ist gewiss unvollständig und
fragmentarisch, klingt auch nicht immer freundlich. Vergessen
Sie aber nicht, dass wir das Weib nur insofern beschrieben ha-
ben, als sein Wesen durch seine Sexualfunktion bestimmt wird.
Dieser Einfluss geht freilich sehr weit, aber wir behalten im Au-

ge, dass die einzelne Frau auch sonst ein menschliches Wesen sein mag. Wollen Sie mehr über die Weiblichkeit wissen, so befragen Sie Ihre eigenen Lebenserfahrungen, oder Sie wenden sich an die Dichter, oder Sie warten, bis die Wissenschaft Ihnen tiefere und besser zusammenhängende Auskünfte geben kann.»

Kritik an der psychoanalytischen Theorie

Die Psychoanalyse unternimmt das Wagnis, hinter den sich unmittelbar zeigenden Phänomenen nach verborgenen, dynamischen Strebungen zu suchen. Diese glaubt sie in den unbewusst wirkenden Triebmechanismen gefunden zu haben. Der besondere Vorwurf, den wir jedoch der psychoanalytischen Deutungsarbeit machen, ist jener, den Freud selbst vorwegzunehmen suchte, indem er schrieb, die einzelne Frau möge «auch sonst», das heisst also nicht nur hinsichtlich ihrer Sexualfunktion, ein menschliches Wesen sein; es ist dies der Vorwurf einer einseitig sexuell ausgerichteten Wesensbestimmung des Menschen, wie sie am deutlichsten in den «Drei Abhandlungen zur Sexualtheorie» zum Ausdruck kommt. Wenn Freud dort beispielsweise in der oralen Phase die Rolle der Mutter lediglich auf jene der reizspendenden Mutterbrust reduziert, so vernachlässigt er der Klarheit seiner Denkmethode zuliebe damit die ganze Fülle der Erlebnisse, welche bereits in der ersten Stunde die mütterliche Welt bestimmen. Die Mutter-Kind-Beziehung wird dann lediglich unter dem Gesichtspunkt der von den Eltern ausgehenden Reize gesehen. Die Liebeswahl könne vom Kind nur auf Grund des erotischen Lustgewinnes vollzogen werden. Hierin zeigt sich einmal mehr die Tendenz, alle Phänomene nach dem Prinzip einfachster biologischer Prozesse zu erklären, Prozesse, die nach damaliger Auffassung auf dem Prinzip von Reiz und Reflex beruhten. Der Mensch wird in solcher Sicht nicht als soziales Wesen von den mit- und umweltlichen Bezügen her verstanden, sondern individualistisch aufgefasst als ein aus supponierten Elementarvorgängen resultierter leib-seelischer Apparat, der in bestimmter Weise auf Aussenweltreize reagiert.

Ebenso fragwürdig wie die biologische Auffassung menschlichen Daseins ist die angeblich auf Beobachtung beruhende Entwicklungstheorie der klassischen Psychoanalyse. Die Entstehung eines Kastrationskomplexes, beim Knaben als Kastrationsangst, beim Mädchen als Penisneid erklärt, gehört wohl eher zum metapsychologischen Aufbau der Psychoanalyse als Wissenschaft vom Menschen, als in den Bereich der psychoanalytischen Erfahrung und Beobachtung. Selbst wenn er einmal faktisch nachweisbar ist, berechtigt dies keineswegs zu einer allgemeingültigen Aussage über die Entwicklung des Menschen.

Nun wird der daseinsanalytischen Kritik an der klassischen Psychoanalyse immer wieder der Vorwurf gemacht, sie berücksichtige deren neuere Entwicklung nicht und renne somit offene Türen ein. Aus diesem Grunde haben wir uns auch bemüht, die zur Zeit erschienenen Arbeiten zur Psychologie der Frau eingehend zu prüfen. Dabei zeigte sich aber mit aller Deutlichkeit, dass sich am grundlegenden Konzept der Psychoanalyse kaum etwas geändert hat. Von Erik H. Erikson über Käthe Draeger zu Margarete Mitscherlich-Nielsen wird an der «Tatsache» des Penisneides festgehalten. Als Antwort auf die massiven Angriffe der Feministen Kate Millet, Betty Friedan, Germaine Greer auf die Psychoanalyse wird lediglich die Hypothese über die *Genese* des Penisneides «ergänzt». So schreibt Margarete Mitscherlich, die *biologische Grundlage* des Penisneides müsse in Frage gestellt werden. Es müsse dem Einfluss der Erziehung mehr Bedeutung beigemessen werden, insbesondere der unterschiedlichen Erziehung von Mädchen und Knaben sowie «der unserer Gesellschaft entsprechenden geringeren Einschätzung der Frau». Auch hierin kann auf Freud zurückgegriffen werden, der ausser dem «anatomischen Schicksal» das Denkverbot in bezug auf die Sexualität und das elterliche Onanieverbot für die weibliche Entwicklung verantwortlich machte. Nach wie vor wird aber an der «Penissehnsucht» des Mädchens festgehalten. «Denn erst die psychoanalytischen Erfahrungen haben uns klargemacht, dass sowohl die Kastrationsangst des Mannes wie der Penisneid der Frau, solange sie unbewusst bleiben, wesentlich zur Verachtung der Frau, zu ihrer sozialen Benachteiligung und zur Entwicklung ihrer Minderwertigkeitsgefühle beitragen» (M. Mitscherlich-Nielsen, 1971).

Zweifellos hat eine Wandlung innerhalb der Psychoanalyse stattgefunden. Es wird nicht mehr ausschliesslich auf die psychosexuelle Entwicklung der Frau abgestellt; immer mehr werden rollenfixierende Abwehrmechanismen und Kollusionen, von Partnern gemeinsam inszenierte psychosoziale Abwehrmanöver (Anneliese Heigl-Evers) auch vom biologischen und soziokulturellen Aspekt her gesehen. Die von Freud beschriebenen psychosexuellen Determinanten für die Entwicklung der Frau werden insbesondere von den Kulturalisten (Karen Horney, Melanie Klein, Ernest Jones) als einseitig und überbewertet betrachtet. Die psychoanalytische Geschichtsschreibung weist hinsichtlich des Themas der weiblichen Psychologie eine Lücke auf, wie Zena Odes Fliegel nachweist. Die Auseinandersetzung zwischen der Horney-Jones-Gruppe und Freud fand in den zwanziger Jahren statt, wurde aber durch Freuds Arbeit von 1931 im wesentlichen beendet. Freud fühlte sich durch die Debatte in seiner Existenz bedroht, in seinem Vertrauen zu seinen engsten Mitarbeitern erschüttert und über den Zusammenhalt der psychoanalytischen Bewegung beunruhigt. Er reagierte auf die fremden Gedanken, die von Horney und Jones ausgingen, «wie auf eine Bedrohung der Reinheit seiner Theorie» mit dem vielleicht dogmatischsten Widerstand während seiner Laufbahn, obwohl er oft wiederholte, «dass er sich der Grenzen seiner Einsicht und seines Verständnisses auf diesem Gebiet bewusst war» (Fliegel). Gillespie (1974) meint, dass Freud trotz Anerkennung der Bedeutung gesellschaftlicher Determinanten für die Entwicklung der weiblichen Sexualität «die traumatische Wirkung, die vom visuellen Eindruck des ungewohnten andersgeschlechtlichen Genitales resultiert, doch überschätzt» habe. Auch der Versuch Kempers (1964), das Wesen der weiblichen Sexualität phylogenetisch und biopsychologisch zu erklären, brachte, obwohl als interessanter Versuch zu werten, keine nennenswerte Neusicht des Problems. Denn auch eine umfassende Deutung des weiblichen Penisneides führt zu keiner Klärung. Dieser, so meint Kemper, sei als Ausdruck irreführend, denn es handle sich nicht primär um die Missgunst des Weibes wegen eines Organs, das allein dem Manne zusteht. Vielmehr liege ihm ein Impuls aus einer in der Phylogenese vom Weibe durchlaufenen Entwicklungsphase zugrunde, in der noch beide Geschlechter ihre Geschlechtsprodukte mit lustvoller Erregung nach aussen entleerten – «eine Lustmöglichkeit, die das weibliche Geschlecht dann mit dem Aufkommen der innerlichen Befruchtung hat aufgeben müssen». Heute noch strebe das Mädchen in der ontogenetischen Wiederholung dieser Frühphase nach dieser Lust; die schmerzliche Notwendigkeit des Verzichts hinterlasse dann ein begreifliches Ressentiment, «das sich dann sekundär zu einem Neid auf das durch seinen Phallus symbolisch charakterisierte männliche Wesen» verdichte.

Der in der Phylogenese angeblich erfolgte grundlegende Orgasmuswandel beim weiblichen Geschlecht soll demzufolge letztlich auch für die Verschiedenartigkeit der sexuellen Bedürfnisbefriedigung von Mann und Frau verantwortlich sein. Alle bisherigen phylogenetischen, biologischen und psychologischen Erklärungen erwiesen sich jedoch als völlig unzulänglich für das Verständnis der männlichen und weiblichen Erlebnismöglichkeit. Schon der früher postulierte (und auch von uns 1965 noch akzeptierte) Unterschied zwischen klitoridalem und vaginalem Orgasmus ist mehr als fragwürdig. Immerhin wiesen wir bereits früher darauf hin, dass es für den männlichen Forscher ausserordentlich schwierig ist, sich vom geschlechtsspezifischen Gesichtspunkt sexuellen Erlebens freizumachen und das Wesen der weiblichen Geschlechtsempfindung zu verstehen. Leider helfen uns auch die Forscher weiblichen Geschlechts, wie etwa die Psychoanalytikerinnen Therese Benedek, Helene Deutsch, Marie Bonaparte, Helene Stourzh, Helene Michel-Welfromm, Doris Menzer-Benaron, Margarete Mitscherlich u. a., von denen wir ursprünglicheres Verständnis der femininen Erlebnisfähigkeit erwarten dürften, nicht weiter, da sie sich selbst auf die von Männern entwickelten psychoanalytischen und biologisch-mechanistischen Vorstellungen stützen. Selbst bei Janine Chasseguet-Smirgel (1974) spielt der Penisneid im Konflikt der Weiblichkeit noch eine eminente Rolle. Immer mehr aber, das muss zugegeben werden, wird die Bedeutung gesellschaftlicher Faktoren für die Entwicklung der Frau als massgebend anerkannt. Reale und symbolische Funktionen werden dem Mann und der Frau in den verschiedenen Zivilisationen zugewiesen, wobei die soziokulturelle Bedeutung des Weiblichseins nach den Rollenerwartungen variiert, welche die Eltern an das Mädchen richten (H. E. Richter). Wie sehr sich der Einfluss der Erziehung auf die weibliche Entwicklung bemerkbar macht, wurde auch von M. Boss am Beispiel der Anorexia nervosa aufgezeigt. Die Tatsache, dass dieses Krankheitsbild fast ausschliesslich beim weiblichen Geschlecht auftritt, soll damit in Zusammenhang stehen, dass die Mädchen eine rigorosere und sexualfeindlichere Erziehung genössen als die Knaben.

Wenn heute auch kaum ein Zweifel darüber besteht, dass gesellschaftliche Einflüsse ein Zerrbild des Weiblichseins geschaffen haben, gegen das sich die moderne Frau zu Recht wehrt, so lassen die soziokulturellen Determinanten uns andererseits völlig im dunkeln darüber, was eigentlich geschlechtsspezifisch weiblich sei. Kann diese Frage von der Medizin beantwortet werden, nachdem die Psychologie offenbar versagt hat? Oder gehört sie in den Bereich des philosophischen Fragens?

Die Medizin als Naturwissenschaft ist in der Lage, über die anatomische und physiologische Beschaffenheit der Frau Auskunft zu geben. Aufgrund ihres besonderen methodischen Zugangs vermag sie Bau und Funktion des weiblichen «Organismus» zu entdecken und zu erklären. Aber über das, was das *Wesen* des Menschen und damit auch das Wesen der Frau ausmacht, gibt sie uns keine Auskunft. Sie kann darüber nichts aussagen, weil das spezifisch Menschliche sich dem naturwissenschaftlichen Zugang entzieht. Menschliches ist hingegen einem anderen *Verstehen* zugänglich, jenem, das die Daseinsanalytik Martin Heideggers (1927) den phänomenologischen Aufweis nennt. Diesem methodischen Zugang hat sich auch die *Daseinsanalyse* verschrieben.

Die daseinsanalytische Auffassung vom Wesen der Frau

Es kann im Rahmen dieser Ausführungen nicht unsere Aufgabe sein, das daseinsanalytische Menschenverständnis umfassend darzustellen. So wie wir auf eine vollständige Beschreibung des der Psychoanalyse zugrunde liegenden naturwissenschaftlichen Weltbildes verzichten mussten, müssen wir uns auch hier auf einige wenige Aussagen beschränken. Die Daseinsanalyse als Wissenschaft vom Menschen und therapeutische Methode beruft sich darauf, dass die menschliche Existenz in ihren Grundzügen nicht aus berechenbaren Quantitäten aufgebaut ist, wie sie den Naturwissenschaften allein zugänglich sind. Sie lässt sich vielmehr nur durch die Einsicht in die unermesslichen Qualitäten des je in besonderer Weise gestimmten, offenen und freien Verhältnisses des Menschen zu den Gegebenheiten seiner Welt verstehen. Der Mensch, als weltoffenes Wesen, ist ausgezeichnet durch die ontologisch bestimmbaren Grundzüge, als welche Martin Heidegger unter anderem den Offenheitscharakter des Daseins, dessen In-der-Welt-Sein, dessen Befindlichkeit und Gestimmtsein, dessen ursprüngliches Räumlichsein und Zeitigen, das Sterblichsein und schliesslich dessen Leiblich-Sein bezeichnet. Diese Grundzüge menschlichen Daseins sind jedoch nicht als blosse Merkmale des Menschen zu betrachten, die einmal da sein können, ein anderes Mal nicht. Vielmehr machen sie dergestalt das Dasein aus, dass es Offenständigkeit, Verstehen, Gestimmtheit und Leiblichkeit *ist.* Aus diesem Grunde werden sie Existenzialien genannt. Für das Verständnis menschlichen Krankseins hat sich nun gerade eine Besinnung auf diese Existenzialien als fruchtbar erwiesen. Eine Phänomenologie des Krankseins hat davon auszugehen, dass bei verschiedenen Arten des Krankseins verschiedene Vollzugsweisen der existenzialen Grundzüge des Daseins in besonderem Masse beeinträchtigt sind. M. Boss (1973) hat dies ausführlich in seinem «Grundriss der Medizin» dargestellt.

Geben uns aber die Existenzialien auch Aufschluss über das Wesen der Frau und deren Verschiedenheit vom Manne? Sicher nicht, solange wir uns um ein ontologisches Verständnis des Menschen bemühen. Offenständigkeit, Befindlichkeit, Freiheit, ja alle Grundzüge des Daseins, selbst das Leiblich-Sein, sind nicht geschlechtsspezifisch. Mann und Frau sind als Dasein in gleichursprünglicher Weise In-der-Welt. Es verbleibt aber, die Frage zu prüfen, ob sich Mann und Frau, analog unserer Betrachtungsweise über das Kranksein, in faktischen Vollzugsweisen ihrer existenzialen Grundzüge voneinander unterscheiden.

Wir meinen nun, dass ein Unterschied der Geschlechter nicht im Bereich des Offenen, Freien, des Räumlichseins und Sich-Zeitigens, ja nicht einmal in jenem des ursprünglichen Gestimmtseins zu finden ist, obwohl letzteres immer wieder behauptet wird. Hingegen glauben wir eine Differenzierung von männlich und weiblich in der *verschiedenen Ausgestaltung* des *Leiblich-Seins* sehen zu können. Dabei ist aber festzuhalten, dass des Menschen Leib nicht lediglich Organismus von der Beschaffenheit eines messbaren Körpers ist, sondern etwas wesentlich anderes. Heidegger hat denn auch, um dem Missverständnis zu begegnen, der Leib könne als wissenschaftlich erfassbarer Gegenstand begriffen werden, vom «Leiben» gesprochen (1961). Der Mensch *leibt* die Verhaltensweisen zum Begegnenden, in denen er sich gerade aufhält. Das Leiben gehört somit in die Reichweite des jeweiligen Weltverhältnisses, beziehungsweise der Weltoffenheit. Ein Verstehen des unterschiedlichen Leibens menschlicher Vollzugsweisen des Daseins kann somit nicht von der Verschiedenheit der Anatomie und Physiologie des «Organs» ausgehen, sondern nur vom je verschiedenen Offenheitsbereich, auch Weltbezug genannt, in den hinein dieses gehört. So darf denn auch die leibliche Gestalt oder die psychosexuelle Eigenart der Frau nicht als Ursache oder der Grund für ein vom Manne verschiedenes Wesen gesehen werden, sondern umgekehrt als Möglichkeit des Leibens von Weltbezügen, die primär dem Manne fremd sind. Die Leiblichkeit des Menschen muss, wie gesagt, stets auf dem Hintergrund des Existierens gesehen werden. Wir haben nicht Organe, damit wir existieren können; vielmehr haben wir – um die Sinnesorgane als Beispiel zu nehmen – Ohren, «weil» wir hören, wir haben Augen, «weil» wir als Menschen sehend sind. Die Frau kann nicht schwanger werden und gebären, weil sie dazu besonders disponierende Organe hat, sondern sie hat einen eigenen Körperbau, angefangen beim endokrinen System bis zu der anatomischen Spezifität der Ovarien, des Uterus, der Vagina usw., weil sie im besonderen Weltverhältnis der Fortpflanzung steht. Schon allein dieses Weltverhältnis lässt mit aller Klarheit erkennen, dass die Frau nicht ein männliches Mangelwesen ist, das sich lediglich durch den fehlenden Phallus vom Manne unterscheidet.

Somit ist die Voraussetzung für die Psychologie der Frau nicht nur das Wissen um die psychosexuelle Entwicklung, sondern auch jenes über die biologischen und endokrinologischen Faktoren, die das Frausein in seiner Ganzheit ausmachen. Dazu gehört aber mehr als eine Betrachtungsweise, die sich auf die Feststellung der Penislosigkeit der Frau beschränkt. Im oben beschriebenen Aufsatz Margarete Mitscherlichs kommt beispielsweise kein einziges Mal die Erwähnung der «inneren» Geschlechtsorgane vor. Ob sich, wie Ziegler in Anlehnung an Buytendijk, Lersch und Kreutz meint, bereits in der «äusseren» Leiberscheinung geschlechtsspezifische Differenzen zeigen, indem der eher «zentripetal» angelegte Leib der Frau auf eine Aufgabe innerhalb dieses Leibes, nämlich auf die Mutterschaft, hinweise, während der «zentrifugale» Leib des Mannes nach aussen gerichtet sei, ist mehr als fraglich. Das Verschiedenartige in der Leiberscheinung lässt auf mögliche Unterschiede in der Lebensaufgabe und Weltbewältigung schliessen. Von ihr her geht uns auch das je verschiedene In-der-Welt-sein-*Können* von Mann und Frau auf, wobei die ursprüngliche psychologische Formulierung der Psychoanalyse mit ihrer auf das Triebhafte eingeengten Deutung von Aktivität und Passivität oder die modernere Formulierung von «Produktivität» und «Rezeptivität» zur Erklärung weiblichen Wesens nicht genügt. Vielmehr zeichnet sich die Frau dem Manne gegenüber durch ihr anders gestimmtes Weltverhältnis aus. Ihr Leben ist in *anderer Weise* als beim Mann auf den Weltbezug der Fortpflanzung, damit also auf die spezifische Geschlechtsfunktion und Mutterschaft ausgerichtet. Aus diesem Grunde ist sie viel stärker leibbezogen als der Mann, und nirgends kommt diese unmittelbare Einheit von Leib und Seele derart offenkundig zum Austrag wie bei den psychosomatischen Erkrankungen (Condrau, 1970).

Das spezifische Weltverhältnis der Frau, wie wir es aus ihren besonderen Vollzugsmöglichkeiten des Leibens erfahren, sagt nun nichts darüber aus, wie sie sich selbst dazu verhält. Es wäre vor allem ein Irrtum, zu glauben, eine Frau, die auf Mutterschaft verzichtet, würde ihrem «Wesen» untreu. Als Frau ist sie immer «wesenhaft» weiblich, auch wenn sie den weiblichen Vollzug der Mutterschaft ablehnt. Es gehört zu des Menschen Freiheit, Möglichkeiten seiner Selbstverwirklichung auszusuchen, anzunehmen oder abzulehnen. Die Freiheit der Frau, beispielsweise ihre Fortpflanzungsfähigkeit nicht zu verwirklichen, ist eben nur möglich aus der Tatsache, dass ihr diese Fähigkeit gegeben ist. Mit anderen Worten: gerade der Verzicht auf eine Vollzugsmöglichkeit des Daseins weist auf deren Vorhandensein hin.

Wenn heute die Frauen, im Zuge der Emanzipation, ihre Gleichberechtigung mit den Männern geltend machen, so tun sie dies mit vollem Recht. Wenn sie jedoch auf die Barrikaden steigen, weil sie nicht ihr eigentliches Frei-Sein suchen, sondern im Grunde sich selber, ihre eigenen Weltverhältnisse ablehnen, befinden sie sich auf der Flucht. Flucht und Freiheit sind aber nicht dasselbe. Die viel benützte Formulierung der Diskriminierung der Frau durch den Mann hat zweifellos soziokulturell ihre Berechtigung. Man müsste sich aber neuerdings fragen, ob nicht auch eine Diskriminierung jener Frauen, die bereit und willens sind, den Weltbezug der Mutterschaft leiblich zu vollziehen, durch die Frauen selbst stattfindet, die ihnen die Erfüllung dieser von ihnen freiwillig übernommenen Lebensaufgabe absprechen wollen.

Die soziologische Veränderung unserer Zeit ruft immer gebieterischer nach einer Beendigung des «unguten Krieges» (De Beauvoir) der Geschlechter und nach deren Gleichberechtigung. Widerstände gegen diese Entwicklung ergeben sich häufig aus der Befürchtung, dass durch eigenständige Existenzbewältigung, durch Übernahme von Verantwortung und Freiheit die Frau im wesensmässigen Austrag ihrer Existenz behindert werde. Gleichberechtigung bedeutet aber keineswegs Gleichheit der Geschlechter. Gerade und ausschliesslich in der vollen Entfaltung ihrer eigenen und ursprünglichen Möglichkeiten wird die Frau zur selbständigen und vollwertigen Partnerin. Die Emanzipation der Frau kann nur in einem Freiwerden *zum* je eigenen Weiblichsein bestehen, das aus ihrer Eigenart heraus geleibt wird, nicht aber in einem Freiwerden *vom* Frau-Sein. Der analytische Prozess nämlich führt zur freien Entfaltung jenes Daseins, das der Mensch im Grunde seines Wesens ja schon ist.

Aus diesem Grund kann die Emanzipation der Frau auch nicht *gegen* den Mann erfolgen, da dies einer Umkehrung ins Matriarchat gleichkäme (Eck), beziehungsweise zu einem Machtkampf würde. Eine echte Emanzipation wird immer *Mann und Frau* umfassen müssen. Der Mensch wird sich vom «Männlichkeits- und Weiblichkeitsschema» lösen, auch wenn erhebliche affektive und soziale Widerstände zu überwinden sind. Denn eine solche Loslösung beinhaltet eine Auseinandersetzung mit der Bisexualität des Menschen und deren psychische Implikationen.

Vom Sinn der Emanzipation

Im römischen Recht bedeutete Emanzipation die Freilassung der Sklaven, später die Entlassung der erwachsenen Söhne aus der väterlichen Gewalt. Emancipare meint: aus dem Mancipium geben (manus = Hand, capere = ergreifen; man-capium

= Eigentumserwerb durch Handauflegen). Heute geht es um die Entlassung gesellschaftlicher Gruppen aus geistiger, rechtlicher, sozialer oder politischer Bevormundung, Benachteiligung oder als Unrecht empfundener Herrschaft. Die soziokulturelle Entwicklung der menschlichen Gesellschaft ist tatsächlich mit einer Benachteiligung der Frau verbunden. Heute versucht sie sich daraus zu befreien, Gleichberechtigung mit dem Mann zu erlangen, wobei vor allem drei Motive massgebend sind:

1. Teilhabe an den zur Verfügung stehenden Gütern, mit anderen Worten: gleicher Lohn, gleiche Chancen im Beruf, kulturellen Leben und Studium.
2. Wunsch nach Einflussnahme: Wahlrecht, politische Betätigung, Abbau der Vorherrschaft des Mannes.
3. Neues Selbstverständnis der Frau, Würde und Selbstwertgefühl.

Diese drei Motive, von Molinski in bezug auf «Kontrazeption und Gleichberechtigung der Frau» eingehend beschrieben, stehen durchaus in Einklang mit der analytischen Zielsetzung einer *Befreiung des Menschen*.

Die Befreiung des Menschen führt zur Forderung der Gleichberechtigung, soweit es sich dabei nicht um die Ebene des Machtkampfes, der Konkurrenz und des Antagonismus handelt. Dies nämlich würde eine aussichtslose Lage schaffen. «Gleichberechtigung» führt aber zur Frage: Worauf hat der Mensch überhaupt ein Anrecht?

Entfaltung, Selbstverwirklichung ist nur möglich auf Grund der Tatsache, dass menschliches Sein primär und immer Mit-Dasein ist. Entfaltung darf nicht auf Kosten anderer geschehen. Selbstverwirklichung gibt es nicht ohne den anderen; Rechte werden nicht lediglich an eigenen Bedürfnissen orientiert, sondern immer auch am Partner. Psychoanalyse und Daseinsanalyse sehen in der grundsätzlichen *Befreiung des Menschen* die Grundlage der Befreiung der Frau. Die Probleme der Frau sind die Probleme aller menschlichen Wesen; sie verschärfen sich, wo sie die Folgen einer Vergangenheit sind, welche sie zu minderwertigen Wesen machte.

Wenn wir sagten, dass das spezifisch weibliche Leiblich-Sein uns Aufschluss über die mögliche Selbstverwirklichung der Frau gebe, so heisst dies, dass ihre Verschiedenartigkeit vom Manne auch in einer emanzipierten Zeitepoche letztlich immer durch die Möglichkeit der Empfängnis, Schwangerschaft und Geburt bestimmt wird. Das Verhältnis der Frau zur Welt wird sich immer durch diesen Unterschied von dem des Mannes abheben. Ja, *nur* in diesem Unterschied im Weltverhältnis unterscheidet sich die Frau wesenhaft vom Manne, denn als Mensch sind Mann und Frau *wesensgleich* und nicht gegensätzlich. Die Frau ist niemals nur ein «unvollständiger» Mann. Sie hat – ganz im Gegenteil – genau dieselben Erfahrens-, Erlebens- und Bewältigungsmöglichkeiten wie der Mann, darüber hinaus aber zusätzlich die Möglichkeit der Mutterschaft. Die Emanzipation der Frau besteht somit auch darin, sich dieser zusätzlichen Möglichkeit als einer Entscheidungsfreiheit bewusst zu werden. Wenn nämlich daraus die Folgerung erhoben würde, die Frau müsse zu ihrem Glück Kinder gebären, so wäre dies ein totales Missverständnis. Gerade das Gegenteil ist der Fall. Die Frau, und nur sie, hat die Freiheit, dies zu wollen oder nicht. Niemand verlangt vom Manne, dass er zeuge, weil er zeugungsfähig ist. So hat auch niemand das Recht, von einer Frau zu verlangen, dass sie Kinder zur Welt bringe, bloss weil sie leiblich draufhin angelegt ist.

Die praktische Erfahrung psychoanalytischer Behandlungen lässt immer wieder offenbar werden, dass die soziokulturelle Rollenzuteilung der Frau nicht nur vom Manne her diktiert, sondern von ihr selbst auch übernommen wird. Die Vorurteile dem weiblichen Wesen gegenüber sind gleichermassen auf Mann und Frau verteilt. Es hält oft ausserordentlich schwer, solche Vorurteile abzubauen. Eine grosse Anzahl psychosomatischer Frauenleiden, wie etwa die Menstruationsstörungen, Schwangerschaftsbeschwerden usw., lassen sich auf Identitätskrisen zurückführen, die mit der Rollenerwartung zusammenhängen. Die Frau kann sich möglicherweise noch nicht mit dem Gedanken abfinden, dass sie ihre Erfüllung nicht ausschliesslich als liebende Mutter, als «ausgeglichene Gefährtin und umsichtige Hausfrau» finden könnte. Darauf nämlich ist bereits die Erziehung des jungen Mädchens ausgerichtet.

Die Auflösung der Grossfamilie, die Industrialisierung des Lebens, die gesellschaftlichen Umwälzungen unserer Zeit haben die Frau härter und unvorbereiteter getroffen als den Mann. Sie konnte und durfte ihre bisherige Rolle als Hausfrau und Mutter nicht aufgeben, wurde aber andererseits mit Technik und Wirtschaft konfrontiert, mit der Notwendigkeit des Berufslebens. Sie wurde somit stärker als der Mann aus den mitmenschlichen Bezügen herausgerissen, die sie an sich traditionsgemäss besass. Die Frau befindet sich daher, genährt durch eigene und fremde Vorurteile, in einer Rollenambivalenz. Ein solches Vorurteil ist beispielsweise die Annahme, die Erziehung des Kleinkindes sei ausschliesslich Angelegenheit der Mutter. Dabei hat sich längst gezeigt, dass die Berufstätigkeit der Mutter für das Kind nicht schädlich zu sein braucht, ja vielen Kindern gerade die Chance eröffnet, frühzeitig zu sozialer Integration unter Gleichaltrigen zu gelangen. «Sachlich bieten Kinder keine hinreichende Rechtfertigung, Müttern unausgesetzte berufliche Arbeit und Weiterbildung zu verbieten» (Bönner). Allerdings setzt dies einen Rollenwandel in der Gesellschaft voraus, eine vermehrte Partizipation des Mannes am häuslichen Leben. Letztlich geht es nicht mehr lediglich um eine Befreiung der Frau, sondern um eine *Befreiung des Menschen* schlechthin. So hoffen wir, auf ein Jahr der Frau werde – in nicht zu ferner Zukunft – ein Jahr des Menschen folgen.

Der Beitrag der Psychoanalyse zur Befreiung der Frau

Wenn es stimmt, dass die unterschiedliche Wertung von Frau und Mann, insbesondere die Geringschätzung des Weibes, einen Beziehungszusammenhang mit der Bewertung der Sexualität hat, dann müsste an sich der Psychoanalyse eine wesentliche Aufgabe im Hinblick auf die Befreiung der Frau zukommen. Freuds Verdienst war es zunächst, die Diskriminierung der Sexualität in der abendländischen, christlichen und jüdischen Gesellschaft aufgezeigt zu haben. Ausgehend von der Annahme, ein Grossteil – wenn nicht alle – der neurotischen Fehlentwicklungen beruhten auf der gesellschaftlich bedingten Abwehr sexueller Wünsche und Triebkräfte, sah er als Ziel der individuellen psychoanalytischen Heilbehandlung die Bewusstmachung dieser widersprüchlichen Lebenshaltung. Man mag sich zur psychoanalytischen Theorie stellen wie man will. Eines hat die Psychoanalyse bei Anhängern und Gegnern jedenfalls erreicht: Das Tabu, über die Sexualität zu sprechen, wurde gebrochen. Damit war ein erster Schritt auch in Richtung Emanzipation der Frau vollzogen.

Die Psychoanalyse hat aber ein Zweites aufgezeigt, nämlich, dass eine Befreiung, solange sie nur intellektuell vollzogen wird, unvollständig und damit unecht ist. Erst der faktische Vollzug bringt die Freiheit. So hat auch die Psychoanalyse selbst hinsichtlich der Befreiung der Frau von gesellschaftlichen Zwängen nicht jene Wirkung gehabt, die man sich von ihr erhoffte. Die Tatsache, dass man über Sexualität spricht, dass man vernunftmässig sich selber und dem Mitmenschen sexuelle Freiheit zubilligt, bedeutet noch keineswegs, dass man wirklich frei ist. Dies kann wohl von jedem Psychotherapeuten, der neurotisch und psychosomatisch Kranke zu behandeln hat, bestätigt werden.

Erstaunlicherweise hat aber die biologische Forschung mehr zur sexuellen Emanzipation der Frau beigetragen als die Psychologie. Mit der Entdeckung der Ovulationshemmer scheint der Durchbruch aus der geschlechtlichen Diskriminierung der Frau endgültig gelungen zu sein. Jedenfalls hat die «Pille» die Möglichkeit geschaffen, Sexualität zu leben, ohne die Fortpflanzungsfunktion damit verknüpfen zu müssen. Sie hat zudem nicht nur eine der Psychoanalyse überlegene praktische Wirkung, sondern auch eine andere soziologische Wirkungsbreite als jene ermöglicht. Die Psychoanalyse war und ist auch heute noch in vieler Hinsicht eine elitäre Behandlungsmethode. Sie erfasst nur einen geringen Bevölkerungsanteil und eine besondere Bildungsschicht. Mit der Möglichkeit der Schwangerschaftsverhütung durch Hormonpräparate wurde die gesamte Bevölkerung in allen Sozial- und Bildungsschichten auch in die Auseinandersetzung um die Sexualität einbezogen.

Trotzdem hat dies nicht genügt, die Diskriminierung der Frau aufzuheben. Diese liegt ja nicht nur auf sexuellem Gebiet vor. Vielmehr spielen soziale und politische (juristische) Gegebenheiten eine wesentliche Rolle. Insbesondere hat sich aber gezeigt, dass die Rollenverteilung von Mann und Frau dermassen historisch festgelegt ist, dass es offenbar schwerhält, die Frage nach dem eigentlichen Wesen von Mann und Frau zu beantworten.

Die Psychoanalyse vermittelt, indem sie den Menschen aus seinen Zwängen zu befreien versucht, gewichtige Einblicke in medizinpsychologische und psychosomatische Zusammenhänge. Sie gibt aber auch Auskunft über die Art und Weise, wie der Mensch die Welt, in der er lebt, *erfährt*. Sie gestattet, in die *Art der Verarbeitung* menschlicher Erfahrungen (Sublimierung, Abwehr) Einsicht zu nehmen. Und hier bereits stellt sich eine entscheidende Vorfrage: wie erfährt sich der *Mann* in seiner Geschlechtsrolle? Denn wenn das Ziel der Psychoanalyse die Befreiung des Menschen zu sich selbst ist, wenn der Mensch in diesem Befreiungsprozess nur das werden kann, was er eigentlich schon ist, dann muss am Anfang die Frage nach dem Wesen des Menschen, nach dem Wesen von *Mann* und *Frau* gestellt werden.

Grenzsituationen der Medizin

Des Menschen Dasein spannt sich zwischen zwei Polen aus, der Geburt und dem Tode. Bislang galt die Regel, dass der Mensch weder den Zeitpunkt der Geburt noch jenen des natürlichen Todes bestimmen kann. Er ist ohne Einfluss darauf. Dies gilt heute noch. Innerhalb dieser beiden Pole jedoch obliegt die Gestaltung der existentiellen Möglichkeiten dem Menschen selbst.

Allerdings bestehen zwischen Geburt und Tod, zwischen Geborenwerden und Sterben wesentliche Unterschiede. Die Geburt geschieht im sozialen Rahmen. Der Tod sprengt diesen. Ich werde in die Welt hinein geboren, ich kann mir das Dasein nicht selbst geben. Die Geburt liegt für mein Bewusstsein natürlicherweise hinter mir, der Tod steht mir immer bevor, auch wenn ich den Zeitpunkt des Todes nicht kenne. Mit der Geburt beginnt mein Leben als Mensch und Mitmensch, bei der Geburt erhalte ich den Namen, der Geburtstag wird zeitlebens gefeiert. Mit der Geburt beginnt aber auch schon die Möglichkeit des Todes. Ich kann den Tod anderen zufügen, ihn mir selbst geben. Der Tod wirft mich auf mich selber zurück, jeder stirbt seinen Tod allein. Das Mit-Sein wird in ihm zerrissen.

Die unsere heutige Welt bewegende Diskussion stellt nun tatsächlich auch die Unabänderlichkeit unseres Schicksals hinsichtlich Geburt und Tod in Frage. Wir leben in einer Zeit, da Rechte gefordert werden. Recht auf freie Entfaltung, Recht auf Arbeit, Recht auf Bildung, Recht auf Entscheidung. Der Mensch will über sein Schicksal verfügen können, über sein Leben, auch über seinen Tod. Das Recht auf den eigenen Tod, das Recht auf ein menschenwürdiges Sterben, auf die Bestimmung des Todeszeitpunktes wird immer lauter und immer heftiger gefordert. So muss auch die Medizin, die Sachwalterin des Lebens, sich mit dem Problem des Todes auseinandersetzen. Aber nicht nur das: sie hat sich auch der Frage nach dem Beginn des menschlichen Lebens zu stellen. Der Mensch will auch über Zeugung und Geburt bestimmen. Die Möglichkeit, Zeugung zu verhindern, ist ihm durch die Medizin gegeben, ebenso jene, gezeugtes Leben am Geborenwerden zu verhindern. In beiden Bereichen zeigt sich die innige Verflochtenheit der Medizin mit der Gesellschaft, eröffnen sich Konfliktmöglichkeiten mit eben dieser Gesellschaft, mit der Ethik, dem Recht und der Wissenschaft. Davon soll im folgenden die Rede sein.

Schwangerschaftsabbruch als Problem unserer Zeit

Die schweizerische Regelung als Modell

Der Artikel 120 des Schweizerischen Strafgesetzbuches regelt die Strafbarkeit des Schwangerschaftsabbruchs. Danach liegt eine Abtreibung im Sinne des Gesetzes nicht vor, wenn die Schwangerschaft mit schriftlicher Zustimmung der Schwangeren infolge von Handlungen unterbrochen wird, die ein patentierter Arzt nach Einholung eines Gutachtens eines zweiten patentierten Arztes vorgenommen hat, um eine nicht anders abwendbare Lebensgefahr oder grosse Gefahr dauernden schweren Schadens an der Gesundheit von der Schwangeren abzuwenden. Das verlangte Gutachten muss zudem von einem für den Zustand der Schwangeren sachverständigen Facharzt erstattet werden, der von der zuständigen Behörde des Kantons, in dem die Schwangere ihren Wohnsitz hat oder in dem der Eingriff erfolgen soll, allgemein oder von Fall zu Fall dazu ermächtigt ist.

Dieser Gesetzesartikel, der sich auf die Formulierung strikter ärztlicher Indikationen beschränkt, lässt in der Praxis verschiedene Auslegungen zu. Während etwa 17 Kantone als schweren gesundheitlichen Schaden praktisch nur die direkte Lebensgefahr anerkennen, wird das Gesetz in den 5 Städtekantonen larger interpretiert. Dazu kommen die Auslegungsdifferenzen individueller Art, da der Begriff einer schweren dauernden Gesundheitsschädigung weitgehend dem Ermessen des begutachtenden Arztes überlassen bleibt.

Dies allein lässt bereits den Schluss zu, dass mit dem Artikel 120 StGB Missbrauch getrieben werden *kann,* dass Irrtümer und Ungerechtigkeiten vorkommen *können* und dass vor allem der Willkür nicht genügend gesteuert wird. Da zudem der Begriff des gesundheitlichen Schadens nicht näher definiert ist, führt dies unter anderem dazu, dass alle vom Gesetzgeber eigentlich ausgeschlossenen Indikationsgründe (wie etwa die soziale und familiäre Situation) durch die Hintertüre der psychiatrischen Indikation wieder Eingang gefunden haben. Über 90 Prozent der Gutachten zum Schwangerschaftsabbruch werden von Psychiatern erstellt.

Es ist müssig, darüber zu streiten, ob die Psychiatrie im Einzelfall über genügend wissenschaftlich gesicherte Kenntnis verfügt, um eine auch nur einigermassen zuverlässige Prognose hinsichtlich der Schwangerschaftserstehungsfähigkeit zu stellen. Die Praxis hat seit Einführung des Gesetzes im Jahre 1942 mit aller Sicherheit ergeben, dass die Psychiatrie für eine Sache missbraucht wird, die anders geregelt werden müsste.

Der Schwangerschaftsabbruch ist, das muss vorausgeschickt werden, ein politisch unfruchtbares Thema. Es ist deshalb nicht erstaunlich, dass eine ganze Reihe politisch engagierter Leute sich weigern, öffentlich dazu Stellung zu nehmen, aus Angst vor den Reaktionen ihrer Wähler und weil damit keine politischen Lorbeeren zu holen sind.

Auch die Ärzte exponieren sich nicht gerne in dieser Frage, obwohl gerade sie in der Praxis am häufigsten mit ihr konfrontiert werden. In der Öffentlichkeit wird sie allerdings weltweit diskutiert, und dies mit einer Heftigkeit, die aufsehenerregend ist. Auffällig an diesen Diskussionen ist allerdings, dass zumeist die verschiedenen Aspekte des Schwangerschaftsabbruchs kritiklos vermischt werden. Drei dieser Aspekte sollen im folgenden zur Sprache kommen: die *ethische* Seite, die *juristische* Frage und die *menschlich-soziale* Situation.

Der Schwangerschaftsabbruch, die Tötung ungeborenen Lebens, ist nicht etwa ein spezifisches Phänomen unserer Zeit. Es gab Kulturen, die weder dem ungeborenen noch dem neugeborenen Leben ein absolutes Lebensrecht zuerkannten. Überhaupt wurde dem menschlichen Leben nicht immer die gleiche Bedeutung beigemessen. Heute aber besinnt sich der Mensch mehr auf sein Mensch-Sein, auf den Sinn seiner Existenz in dieser Welt. Das unbedingte Recht auf Leben ist aber auch in unserer Zeit nicht restlos gewährleistet. Im Kriegsfall soll es ethisch-sittlich und juristisch erlaubt sein, ja möglicherweise zur Pflicht werden, den Gegner zu töten. Auch die Zivilbevölkerung eines feindlichen Staates, selbst unschuldige Kinder, die man weiss Gott nicht als Gegner bezeichnen kann, werden straffrei umgebracht. Ein weiteres Beispiel: Der Staat hat unter Umständen das Recht, die Todesstrafe für Kriminelle zu verhängen. Viele Staaten in unserer Welt machen von diesem Recht Gebrauch. Darüber hinaus kennen wir das weltweit anerkannte Recht des Menschen, in Notwehr zu töten. Dies alles heisst nichts anderes, als dass menschliches Leben nicht unter allen Umständen ein schützenswertes Gut darstellt und dass die menschliche Gesellschaft aufgrund einer *Wertabwägung* darauf verzichtet, Menschen am Leben zu erhalten. So selbstverständlich und einleuchtend die drei angeführten Beispiele sind, könnten sie doch in Frage gestellt werden. Möglicherweise wird dies auch in absehbarer Zeit geschehen. Für viele Menschen ist dies alles nicht mehr selbstverständlich. Würde nämlich weltweit die absolute Schutzwürdigkeit menschlichen Lebens gewährleistet, dürften keine Kriege mehr geführt werden. Dass die Todesstrafe abzuschaffen ist, scheint mir ein Gebot primitivster Menschlichkeit auch dem Kriminellen gegenüber zu sein. Selbst das Recht, aus Notwehr zu töten, könnte in seiner Selbstverständlichkeit in Frage gestellt werden.

Und nun stellt sich die Frage, wie es mit der *Schutzwürdigkeit menschlichen Lebens* steht, das *noch nicht geboren* ist. Die heutige Regelung beruht auch hier auf dem Prinzip der Notwehr. Falls die Schwangere durch die Geburt des Kindes in ernste Gefahr gerät, gar den eigenen Tod befürchten muss, ist der Schwangerschaftsabbruch nicht strafbar. Dass diese Regelung auch sittlich-moralisch vertretbar ist, wird von den meisten Zeitgenossen – nicht von allen! – anerkannt. Anders verhält es sich, wenn die medizinische Indikation fehlt. Da gehen die Meinungen auseinander. Festzustellen ist jedenfalls, dass offenbar ein nicht unerheblicher Teil der Bevölkerung die Auffassung vertritt, ein Schwangerschaftsabbruch sei nicht unethisch, während ein Grossteil an der Unmenschlichkeit und Verwerflichkeit des Tötens ungeborenen Lebens festhält. Dies weist zumindest auf die Tatsache hin, dass kein allgemeiner Konsens über die ethisch-sittliche Erlaubtheit des Schwangerschaftsabbruchs herrscht. Ein solcher Konsens ist auch kaum erreichbar. Welche Auffassung hat nun der Staat zu schützen? Ist er überhaupt dazu aufgerufen, ethische Normen strafrechtlich in Schutz zu nehmen? Ist er dazu auch praktisch in der Lage? Kann das Problem des Schwangerschaftsabbruchs überhaupt gesetzlich geregelt werden?

Nachdem die ersten Stürme der Entrüstung vorbei sind, bemühen sich immer mehr Persönlichkeiten und Organisationen, denen sittlicher Ernst und hohes moralisches Verantwortungsbewusstsein nicht abgesprochen werden können, um eine sinnvolle Lösung des Problems. Von den einen wird die sogenannte *Fristenlösung* angestrebt, die beinhaltet, dass die Schwangerschaft innerhalb der ersten drei Monate durch einen patentierten Arzt aufgrund seines persönlichen Ermessens straflos abgebrochen werden dürfe, von den anderen die sogenannte *Indikationenlösung*, die eine Erweiterung der bisherigen Indikationen über den Bereich der medizinisch feststellbaren Gesundheitsschädigung hinaus vorsieht. Diese beiden Lösungsvorschläge – Fristenlösung oder erweiterte Indikationenlösung – stehen heute weltweit im Vordergrund der Diskussion.

Grundsätzliche Erwägungen

Prinzipiell stellen sich bei der Diskussion um die Schwangerschaftsunterbrechung zwei Fragen, nämlich, welche *Werte* von Staates wegen zu schützen sind und ob dieselben allenfalls durch *Strafmassnahmen* geschützt werden können.

Es dürfte kein Zweifel darüber bestehen, dass auch das noch ungeborene, werdende menschliche Leben einen von der Gesellschaft, das heisst vom Staate, zu schützenden Wert darstellt. Es kann daher im Prinzip eine Schwangere nicht selbst willkürlich darüber entscheiden, die Frucht ihres Leibes auszutragen oder nicht. Einen solchen Entscheid kann sie nur unter gewissen, von der Gesellschaft festgelegten Bedingungen treffen. Es gilt nun, diese Bedingungen zu umgrenzen.

Eine Frage, die in diesem Zusammenhang immer wieder zur Diskussion steht, ist jene nach dem *Beginn* menschlichen Lebens. Man hat sich zumeist – allerdings mehr oder weniger willkürlich – auf den Zeitpunkt der Nidation festgelegt. Dabei ist jedoch zu bedenken, dass weder die Ärzte noch die Theologen in der Lage sind, den Zeitpunkt der eigentlichen Menschwerdung auch nur mit einiger Sicherheit anzugeben. Die Ärzte schon deshalb nicht, weil sie lediglich die biologisch-physiologischen Voraussetzungen menschlicher Existenz zu erkennen in der Lage sind, die Theologen andererseits nicht, weil die Offenbarung darüber nichts aussagt. Die Frage, *wer* der Mensch nun eigentlich sei, wird von den verschiedenen philosophischen Anthropologien unterschiedlich beantwortet. Aber alle Anthropologien vermögen nur über den *geborenen* Menschen etwas Gültiges auszusagen. Daraus folgert, dass sich der Rechtsschutz in bezug auf das ungeborene Kind auf den biologisch-physiologischen Anteil der menschlichen Existenz beschränken muss.

In der Antike gab es zunächst kaum ein Recht für das ungeborene Leben. Auch im modernen Erbrecht schützt das Recht den künftig *geborenen* Menschen. Der Kirchenvater Augustinus, auch Thomas von Aquin, vor ihnen Aristoteles und andere nahmen an, dass der menschliche Embryo erst im Laufe der Zeit beseelt werde. So war für Augustinus nur die Abtreibung eines beseelten, also älteren Foetus, nicht aber jene eines frühen, unbeseelten, ein Homizid. Später allerdings wurde von der Kirche die Meinung von der Simultanbeseelung vertreten, die besagt, dass die Beseelung im Zeitpunkt der Befruchtung erfolge.

Diese kategorische Feststellung wurde eigentlich nicht mehr in Frage gestellt. Dies vor allem auch deshalb, weil sich auch die Philosophen bis in die heutige Zeit kaum mit dem Problem der Geburt auseinandergesetzt haben. Martin Heidegger spricht zwar in «Sein und Zeit» von der *Geburtlichkeit* des Menschen. Das faktische Dasein «existiert gebürtig». Geburt und Tod hängen daseinsmässig zusammen. Die Frage des vorgeburtlichen Werdens dagegen wird von Heidegger nicht berührt. Anders Hans Saner. Für ihn ist das Sein-im-Mutterleib zwar eine Form des In-der-Welt-Seins und des Mit-Seins. Aber es fehlt diesem Sein das Selbstbewusstsein, das eine Voraussetzung für das Dasein ist. «Dass das Kind in der Mutter mit der Mutter ist, macht sein Sein noch nicht zum Dasein. Dieses Mit-Sein in der Form einer vitalen, fast parasitären Symbiose ist für das Dasein gerade nicht charakteristisch. Dasein ist Mit-Sein durch Kommunikation; die aber setzt Trennung, Entbindung, voraus.»

Allerdings ist das menschliche Sein-im-Mutterleib nicht etwa vergleichbar mit dem Leben auf einer niederen Stufe, etwa jenem der Tiere oder Pflanzen. Auf keiner Stufe der Entwicklung ist der Embryo etwas anderes als «je spezifisch auf den Menschen hingeordnetes Leben». Dies gilt aber schon vom Ei und vom Spermium, also bereits vor der Nidation. Wichtig ist, dass es sich um einen *Werdeprozess* handelt, um ein Sein-auf-das-Dasein-hin. Die eigentliche Geburt ist somit doch eine wichtige Zäsur in der menschlichen Entwicklung.

Auf diese Überlegungen eines Philosophen hinzuweisen, ist gerade deshalb wichtig, weil sie aufweisen, wie komplex der ganze Fragenkreis um das noch ungeborene, werdende Leben ist. Man mag, wiederum philosophisch, an der Auffassung Saners Kritik üben. Eines steht jedenfalls fest: Eine Gewissheit über die Menschlichkeit embryonalen Lebens fehlt uns, schon weil die eigene Erfahrung solchen Seins-im-Mutterleibe fehlt.

Auch im Volksbewusstsein wurde und wird, allen gegenteiligen Behauptungen zum Trotz, embryonales Leben dem geborenen Leben nicht gleichgestellt. Schwangere, die einen (frühen) Spontanabort erleiden, trauern im allgemeinen nicht wie beim Tode eines geborenen Kindes. Ein Spontanabort oder eine Totgeburt führen weder zu einer Namensgebung noch zu einer kirchlichen Beerdigung. Die Unterschiede könnten noch vermehrt werden. Jedenfalls wird geborenes Leben höher bewertet als ungeborenes.

Es geht nun jedoch in der Frage des straflosen Schwangerschaftsabbruchs nicht ausschliesslich um den Wert werdenden menschlichen Lebens. Es geht noch um andere Werte: um solche des sozialen Zusammenlebens, der menschlichen Würde der Frau, der vorausschaubaren Zukunft des Kindes, der verantwortlichen Elternschaft usw. Der Staat hat auch die Verpflichtung, diese Werte zu schützen. Dort, wo sie gegen den Wert werdenden Lebens abzuwägen sind, stellt sich die Frage, *wer* die Entscheidung zu treffen hat: der Einzelne oder die Gemeinschaft. Selbst katholische Moraltheologen, wie etwa Sustar, vertreten die Ansicht, das Leben sei weder das höchste noch das letzte Gut. Die Ehrfurcht vor dem Leben bedeutet daher nicht etwas Absolutes. Es kann demnach Fälle geben, «wo das Leben einem höheren Wert geopfert werden muss». Und der bekannte katholische Priester, Philosoph, Psychologe und Schriftsteller Marc Oraison meint dasselbe, wenn er gerade im Hinblick auf das Problem des Schwangerschaftsabbruchs die Auffassung vertritt, das persönliche Gewissen des Einzelnen stehe über der Gesetzesbestimmung.

In Fragen der Entscheidungsfähigkeit hat sich zweifellos ein Wandel vollzogen. Während in früheren Zeiten die staatliche oder kirchliche Autorität allmächtig war und das Zusammenleben der Menschen bis in kleinste Details regelte, neigt der moderne liberale Staat immer mehr dazu, dem Individuum eine – auch wenn begrenzte – Mündigkeit zuzusprechen. Diese Mündigkeit wird, wenn auch noch sehr zurückhaltend, von den christlichen Kirchen postuliert. Es ist somit durchaus diskutabel, ob der Staat im Falle des Schwangerschaftsabbruchs in der Praxis die letztliche Entscheidung nicht auch an die Betroffene selbst, nämlich die Schwangere, delegieren könne.

Praktische Überlegungen

Die grosse Zahl illegaler Aborte beweist unter anderem, dass das Gesetz gegen die Abtreibung leicht umgangen werden kann. Ein Gesetz, dessen soziale Geltungskraft so problematisch und gering ist, dass es laufend übertreten werden kann, schreibt E. W. Böckenförde in den «Stimmen der Zeit» (1971), muss dem Prinzip der Rechtsgeltung als solchem abträglich sein. «Gesetze, die nicht angewandt, zur sozialen Wirksamkeit gebracht werden, sind ein Schaden für die Rechtsordnung insgesamt ... Sie tragen, über den konkreten Fall hinaus, zum Abbau der Gesetzesloyalität der Bürger bei.» Zudem treibt gerade dieses Gesetz allzuoft die Abtreibungswilligen in die Isolierung und damit in die Illegalität. Dies wäre auch nicht durch eine strengere Praxis zu verhindern. Die Geschichte hat zur Genüge bewiesen, dass Abtreibungswillige *immer* einen Ausweg finden. Dass das Gesetz zudem einen negativen Sozialaspekt hat, indem die finanziell besser Situierten mehr Möglichkeiten nicht nur für eine illegale, sondern auch für eine legale Interruptio haben, sei nur am Rande erwähnt.

Schlimmer als dies scheint mir zu sein, dass das Gesetz formell auch *legal* umgangen werden kann. Zwar sind die Bestimmungen klar formuliert, doch ist der Begriff einer dauernden schweren Gesundheitsgefährdung nicht normiert. Es ist also weitgehend dem Gutdünken des Gutachters anheimgestellt, diese festzulegen. Während die staatlichen Polikliniken und Kliniken eher strenge Massstäbe anlegen, üben viele psychiatrische Gutachten frei praktizierender Ärzte eher eine Alibifunktion aus.

Selbst für sehr seriöse Gutachter ist die Beurteilung schwierig. Zwei Beispiele mögen dies belegen:

1. Eine 38jährige Frau wurde in einer psychiatrischen Poliklinik auf ihre Schwangerschaftsfähigkeit untersucht. Der begutachtende Arzt kam zum Schluss, dass die Voraussetzungen für einen Schwangerschaftsabbruch nicht gegeben seien. Die Motive der Schwangeren, die in «geordneten, finanziell wohlhabenden Verhältnissen» lebte, nie schwerwiegende psychische

Schwierigkeiten gehabt hatte, schienen nicht ausreichend zu sein. Sie gab lediglich an, sie habe bereits zwei Kinder im Alter von 15 und 12 Jahren und wolle nicht noch einmal einen Säugling grossziehen. Der Entscheid war somit negativ. Wenig später erhielt sie jedoch das gewünschte Zeugnis von einem frei praktizierenden Psychiater.

2. Eine 20jährige, ledige Frau, die sich noch im Studium befindet und während vier Monaten infolge eines psychotischen Schubes in einer psychiatrischen Anstalt im Ausland hospitalisiert war, wurde von einem ägyptischen Studenten geschwängert. Unsicherheit und Angst vor einer neuen psychotischen Episode bewogen die Patientin, um einen Abbruch der Schwangerschaft nachzusuchen.

Die junge Frau hatte eine bewegte Kindheit hinter sich. In Israel als Kind eines Ingenieurs und dessen deutscher Frau geboren, kam sie nach der Scheidung ihrer Eltern (sie war damals zweijährig) mit ihrer Mutter nach Deutschland. Diese verheiratete sich nach einigen Jahren mit einem Schweizer; die Patientin hatte Mühe, den Stiefvater zu akzeptieren. Als Kind wies sie bereits deutliche kinderneurotische Züge auf, es gelang ihr aber, die schulische Ausbildung bis ins Gymnasium durchzustehen. Bereits früh hatte sie Drogenerfahrung mit LSD, Haschisch und anderen Psychedelika. Sie führte ein unstetes Leben mit sexueller Promiskuität, was ihr auch eine Geschlechtskrankheit eintrug. Nach Abklingen der psychotischen Episode konnte sie sich wieder auffangen und beruhigen. Sie begann, ihre Zukunft zu planen, als sie schwanger wurde.

Bei der psychiatrischen Untersuchung wirkte die junge Frau nervös, gespannt und depressiv. Sie klagte auch über oft wiederkehrende depressive Verstimmungen mit innerer Unruhe, Verleiderstimmung, übermässigen Gewissensbissen wegen Kleinigkeiten und aufreibenden Hass gegen sich selbst. Der Gutachter kam daher zum Schluss, dass die Patientin einer Belastung durch die Schwangerschaft nicht gewachsen sei und man mit einer Dekompensation rechnen müsse. Er empfahl den Schwangerschaftsabbruch, der dann auch durchgeführt wurde.

Was beweisen diese beiden Beispiele? Im ersten Falle war die

166

Motivation für den Wunsch der Patientin nach Abbruch ihrer Schwangerschaft für den poliklinischen Gutachter nicht einfühlbar. Er führte diese auf reine Bequemlichkeit zurück. Sie erfüllte somit die Forderung des Strafgesetzes nicht. Trotzdem musste sie nicht in die Illegalität abwandern, um zu ihrem Ziel zu gelangen. Sie war finanziell in der Lage, einen Privatpsychiater aufzusuchen, ein Gutachten zu erhalten und straffrei abzutreiben. Quod erat demonstrandum: das Gesetz kann legal umgangen werden.

Hier allerdings ist eine korrigierende Bemerkung angebracht. Es könnte nämlich der Eindruck entstehen, dass die Privatpsychiater liederliche Gefälligkeitsgutachten ausstellten und aus Geldgier Mithilfe bei der Umgehung des Gesetzes leisteten. Dies mag in einzelnen Fällen zutreffen. Im grossen und ganzen aber lassen sich auch die Privatpsychiater von durchaus ehrbaren Motiven leiten, und sei es nur von jenem des menschlichen Mitgefühls. Zudem weiss heute eine einigermassen intelligente Frau, aber eben auch nur diese, mit welchen Verstellungen, Simulationen und Märchen sie den Psychiater überzeugen (?) kann oder muss. Aber eben dies ist unwürdig, sowohl für die Schwangere wie für den Gutachter.

Im zweiten von uns dargestellten Beispiel ist die Motivation für das «positive» Gutachten offensichtlich. Es folgt der Auffassung des Gesetzgebers, dass die Gesundheitsstörung nicht lediglich durch die Schwangerschaft allein bedingt sein dürfe. Vielmehr muss der Gutachter feststellen, dass bereits lebensgeschichtlich vorbestehende Gesundheitsstörungen und psychische Dekompensationen nachweisbar sind. Dies war hier zweifellos der Fall. Trotzdem könnten auch bei diesem Gutachten, so seriös es abgefasst ist, Fragen gestellt werden. Zum Beispiel wird offengelassen, ob und in welchem Masse wirklich ein schwerer und *dauernder* Gesundheitsschaden durch den Austrag der Schwangerschaft zu erwarten ist. Es wurde ferner nicht abgeklärt, ob diese Gefahr, sofern sie glaubwürdig vorhanden ist, nicht anders abwendbar sei als durch den Schwangerschaftsabbruch. Und schliesslich, wie sich das Verhältnis der Patientin mit dem Schwängerer gestaltet hat. Es ist uns

167

nämlich bekannt, dass sie ihn später heiratete und komplikationslos zwei Kinder gebar.

Mit diesen Beispielen wollte ich lediglich auf die Komplexität und Fragwürdigkeit der Gutachterpraxis hinweisen.

Schlussfolgerungen

Grundsätzlich kann es sich entweder nur darum handeln, den Schwangerschaftsabbruch als einen schweren Eingriff in unsere Rechtsordnung abzulehnen, ausgehend von der Annahme, dass dadurch schützenswertes menschliches Leben zerstört wird; oder er wird grundsätzlich *unter gewissen Bedingungen* zugelassen, ausgehend von der Annahme, dass wir zumindest über die Frage, wann menschliches Leben nicht nur biologisch, sondern existentiell beginnt, nicht Bescheid wissen. Die Entscheidung über diese beiden Fragen muss dem Einzelnen überlassen bleiben, solange zumindest nicht mehr Klarheit beigebracht werden kann.

Gelangt man zur zweiten Ansicht, dann stellt sich die Frage nach den «gewissen Bedingungen». Hier zeigen sich vorläufig drei Möglichkeiten:

a) die totale Freigabe;
b) die Fristenlösung;
c) die Indikationenlösung.

Die *völlige Freigabe* des Schwangerschaftsabbruchs würde bedeuten, dass aufgrund des Tatbestandes keine Strafe ausgesprochen werden könnte, selbst dann nicht, wenn der Eingriff durch einen Laien durchgeführt würde. Gewiss kämen gegebenenfalls die Bestimmungen der Gesundheitsgesetzgebung zur Anwendung, wonach medizinische, insbesondere chirurgische Handlungen nur von patentierten Ärzten vorgenommen werden dürfen. Diese Sanitätsgesetzgebung genügt jedoch im vorliegenden Falle sicher nicht, einmal weil sie in den meisten Fällen gar nicht zur Anwendung käme, dann aber weil die Strafbestimmungen ungenügend wären. Zudem bietet diese Lösung keine Garantie, dass die für den Eingriff nötige Sorgfalt beachtet wird. *Die völlige Freigabe ist deshalb sowohl aus ethischen und juristischen wie aus medizinischen Gründen und im Interesse der Schwangeren abzulehnen.*

Die *Fristenlösung* besagt, dass eine Schwangerschaft bis Ende des dritten Monats straffrei abgebrochen werden darf. Die vorgesehene Zeitspanne ist vor allem deshalb auf die ersten drei Monate festgelegt worden, weil der Eingriff in dieser Zeit für die Mutter relativ ungefährlich ist. Des weiteren kann noch ins Feld geführt werden, dass in dieser Zeit die Beziehung Mutter–Kind noch nicht jene Intensität erreicht hat wie in den späteren Schwangerschaftsmonaten. In bezug auf die Entwicklung des noch ungeborenen Kindes muss aber festgehalten werden, dass die Frist von drei Monaten willkürlich angesetzt ist, sofern man nicht der Ansicht Saners folgt, es mache einen wesentlichen Unterschied aus, auf welcher Stufe des Werdens das Ungeborene stehe: «ob es eine Zygote ist, die sich in der Gebärmutter noch nicht eingenistet hat, ob ein 14 Wochen alter, in der menschlichen Gestalt fast völlig ausgebildeter oder gar ein 28 Wochen alter Fötus, der bereits ausserhalb des Mutterleibes lebensfähig wäre». Jedenfalls liegt der ganze Werdeprozess der pränatalen Existenz noch im dunkeln.

Für die Einführung der Fristenlösung spricht, dass sie offenbar der *moralisch-sittlichen* und *weltanschaulichen Auffassung* weiter Bevölkerungskreise nicht widerspricht. Dort, wo sie dies tut, kann man sich darauf berufen, dass der Staat nicht unbedingt der Hüter sittlicher Normen sein muss. Allgemein nämlich wird anerkannt, dass «nicht alles, was unsittlich ist, vom Gesetzgeber mit Strafe bedroht werden darf und soll» – wie es unter anderen der Kapuziner Kriech formulierte. Vom gesetzgeberischen Standpunkt aus gilt die Fristenlösung als die einfachste Formulierung. Sie bietet natürlich auch keine absolute Gewähr gegen Abwanderung in die Illegalität. Aber Missbräuche und soziale Ungerechtigkeiten sind eher zu vermeiden. Für die Frau selbst schliesslich bedeutet sie ein Recht auf eigene Entscheidung, das sie bis heute nicht hat. *Gegen* die Fristenlösung sprechen aber auch gewichtige Argumente. So widerspricht sie wiederum der ethisch-sittlichen Auffassung mindestens ebenso grosser Volkskreise. Zudem darf wohl verlangt werden, dass die Erhaltung ungeborenen menschlichen Lebens auch Aufgabe staatlicher Gesetze sein muss. Oder, wie wiederum Kriech sagt: «Das staatliche Gesetz wird auf jeden Fall jenes ‚ethische Minimum‘ sichern müssen, ohne das letzte sittliche Grundwerte in Frage gestellt wären.»

Ebenso wichtig scheint mir die allgemeingültige medizinische Forderung zu sein, dass ein Arzt keinen Eingriff vornehme, für den nicht eine Indikation bestehe. Es widerstrebt tatsächlich dem ärztlichen Denken, ohne ausreichenden Grund einzugreifen. Die Situation würde sich zumindest bei der Fristenlösung so stellen, dass sich kaum ein Arzt zur Vornahme des Eingriffs zwingen liesse.

Zwischen diesen Argumenten pro und kontra Fristenlösung muss sich der Bürger entscheiden. Für die einen ist sie das kleinste Übel, für andere aufgrund ihrer ethischen Auffassungen undiskutabel. Eines darf aber wohl festgehalten werden: Auch die Fristenlösung bedeutet keine Legitimation zur Abtreibung; sie schafft aber eine «staatsfreie Gewissenssphäre» (Kleiner). Auch wird durch die Fristenlösung keine einzige Frau in ihrem Gewissensentscheid präjudiziert. Sie kann nach wie vor den Abbruch der Schwangerschaft ablehnen.

Verbleibt die *Indikationenlösung*. In ihrer heutigen Form und Begrenzung vermag sie auch nicht mehr zu befriedigen. Somit gilt es, die Frage zu prüfen, in welcher Weise sie zu erweitern wäre, um Missbräuche, soziale Ungerechtigkeiten zu vermindern, andererseits das ungeborene Dasein zu schützen. Die Indikationenlösung beruht auf dem Prinzip der Wertabwägung. Die Straflosigkeit des Schwangerschaftsabbruchs wird an die Bedingung geknüpft, dass dieser ausschliesslich zugunsten eines anderen zu schützenden Wertes vollzogen werde. Der Einfachheit halber kann man diesen Wert generell als die «Gesundheit» der Schwangeren bezeichnen. Unter «Gesundheit» meine ich aber nicht nur das physische und psychische Fehlen von schwerer Krankheit, sondern im Sinne der Daseinsanalyse die Möglichkeit zum Vollzug der tragenden

Grundzüge des Daseins. Diese aber sind Freiheit und Welt-Offenheit. Offenständigkeit ist der «einheitliche Ermöglichungsgrund und das eigenste Wesen sowohl des Räumlich-seins und Zeitlich-seins des Menschen als auch seines Geschichtlichseins, seines Leib-seins, seines Mit-seins mit den anderen, seines Gestimmt-seins und seines Sterblich-seins» (Boss). Das Sich-einlassen-Können im Offenen und Freien des Daseins ist die Bedingung der Möglichkeit, dass der Mensch frei ist. Indem der Mensch das sich ihm Zeigende ins Offene und Freie seiner Existenz hinein offenbar werden lässt, «ist ihm überhaupt etwas zur Wahl und Entscheidung gestellt, gibt es die Möglichkeit menschlicher Willensfreiheit». Gesundheit hat demnach mit Freiheit zu tun, ist mit ihr sogar identisch. Gesundheit als Freiheit impliziert, dass sich bei allen Formen der Krankheit die Beeinträchtigung der Möglichkeit ereignet, sich in freien Verhaltensweisen gegenüber den Gegebenheiten dieser Welt einlassen zu können.

Es ist nun leicht ersichtlich, dass ein solcher Krankheitsbegriff nicht mehr dem naturwissenschaftlichen Defekt-Denken entspricht. Auf den ersten Blick mag er auch allzu vereinfacht scheinen. Meines Erachtens ist er aber nicht weniger klar formuliert als jener, der im Gesetz vorgesehen ist. Eine juristisch einwandfrei normierte Definition der Krankheit ist ohnehin nicht möglich. Wozu also überhaupt dies versuchen? Wenn die Ärzte schon, geschult durch exakt-naturwissenschaftliches Denken, im Einzelfall zu keinem diagnostischen und prognostischen Konsens gelangen können, so scheint mir die daseinsgemässe Begriffsbildung zumindest menschengerechter zu sein.

Aus dieser Sicht entheben wir uns auch der undankbaren Aufgabe, ohnehin fragwürdige Indikationslisten aufzustellen, über medizinische, soziale, eugenische und ethische Indikationen zu mutmassen. Zur daseinsgemässen Gesundheit gehört nämlich ausser der Willens- und Entscheidungsfreiheit auch die Wahrung der Persönlichkeitsrechte, der sozialen Situation, der Würde der Frau. Da das Mit-Sein als existentieller Grundzug des Menschen auch in seinem Vollzug zum *Mutter-Sein* gehört, ist doch die Verantwortung gegenüber dem keimenden

Leben mitenthalten. Es geht somit um die Frage, in welchem Ausmass eine Schwangere zu Recht befürchtet, durch das Austragen der Schwangerschaft in ihrer Gesundheit, als Freiheit und Mit-Sein verstanden, gefährdet zu sein. Das Mit-Sein bezieht sich aber nicht nur auf das ungeborene, noch unentbundene Kind. Es meint natürlich auch das spätere Verhältnis der Mutter zum Kind, die Liebe und Erziehungswirklichkeit.

Bedenken gegen eine solche «*Motivationslösung*» können etwa dahingehend auftreten, dass der Krankheitsbegriff zu weit gefasst sei. Dadurch käme in praxi die Indikationenlösung einer Fristenlösung gleich. Dieser Einwand hat zweifellos seine Berechtigung. Er wird aber abgeschwächt durch die Tatsache, dass wir keine brauchbare Alternative kennen. Eine handfeste, jedermann überzeugende Lösung des Schwangerschaftsabbruchproblems kennen wir jedenfalls nicht.

Die *Vorteile* dieser Lösung dagegen scheinen mir evident genug zu sein, um sie vorzuschlagen. Erstens wird am *Grundsatz* der Schutzwürdigkeit ungeborenen menschlichen Lebens festgehalten. Solches darf nur dann an der Geburt gehindert werden, wenn andere Werte – die Gesundheit der Mutter – in Gefahr geraten. Vom weltanschaulichen Standpunkt aus dürfte diese Forderung akzeptabel sein. Zweitens liesse sich diese Lösung auf gesetzgeberischem Wege, das heisst ohne Verfassungsänderung, durchführen. So erscheint uns die Formulierung, welche bereits 1927 von der Schweizerischen Gesellschaft für Gynäkologie und von der Verbindung der Schweizer Ärzte vorgeschlagen wurde, als eine mögliche Lösung. Sie lautete: «Die vom Inhaber eines eidgenössischen Arztdiploms nach den anerkannten Grundsätzen der medizinischen Wissenschaft und nach den geltenden Regeln der ärztlichen Kunst zur Abwendung einer erheblichen Gefahr für Leben und Gesundheit der Schwangeren vorgenommene vorzeitige Schwangerschaftsunterbrechung ist straflos, wenn sie mit der schriftlichen Einwilligung der Schwangeren beziehungsweise ihres gesetzlichen Vertreters geschieht.» Diese Formulierung könnte akzeptabel sein. Einerseits trägt der Arzt die Verantwortung für den Eingriff, dann aber fällt die Begutachtung durch einen zweiten Arzt und auch die ohnehin fragwürdige behördliche Aufsicht weg. Man müsste lediglich noch ergänzend beifügen, dass diese Regelung nur für die ersten drei Monate gilt. Für die Zeit danach sollte die Interruptio nur dann straffrei sein, wenn nicht anders als durch diesen Eingriff das Leben der Schwangeren gerettet werden kann. Durch ein so formuliertes Gesetz würde der Staat seiner Verpflichtung, das ungeborene Leben zu schützen, gerecht. Andererseits wären auch die Werte menschlicher Freiheit und Verantwortung geachtet.

Insbesondere aber würde auch der menschlichen Not schwangerer Frauen besser begegnet als bisher. Der Gang durch die Begutachtungen ist für viele ein Gang nach Canossa. Wenn von Gegnern dieser Lösung geltend gemacht wird, der Wegfall des (psychiatrischen) Gutachtens öffne der willkürlichen Beurteilung der Frauenärzte Tür und Tor, so möchte ich doch einmal die Frage aufwerfen, mit welcher Berechtigung man dem Psychiater mehr Objektivität zutraut als dem Gynäkologen. Beide arbeiten schliesslich auch für ein Honorar.

Gerade die Honorarfrage kann aber heute, unter anderem dank der fragwürdigen Gesetzesbestimmungen, nicht zufriedenstellend gelöst werden. Jede Vereinfachung bringt auch hier Verbesserungen.

Der Vollständigkeit halber sei noch erwähnt, dass zusätzliche staatliche Institutionen und Beratungsstellen von fragwürdigem Nutzen sind. Jede Schwangere hat heute schon die Möglichkeit, sich durch ihren Frauenarzt oder durch bestehende sozialfürsorgerische Einrichtungen beraten zu lassen – sofern sie dies will! Ich halte die Schaffung von Beratungs- und Begutachtungsstellen, wie sie von Politikern aller Parteien gefordert werden, als eine administrativ und faktisch schwer durchführbare Aufgabe, die zudem wesentlich eine Alibifunktion erfüllt. Es kann ja nicht darum gehen, die heute bereits reichlich schwierigen Verhältnisse noch komplizierter zu gestalten, besonders auch deshalb nicht, weil Willkür und Ungerechtigkeit nicht mehr als bisher ausschaltbar wären. Völlig unrealistisch ist zudem der Vorschlag, solche Beratungsstellen mit «sehr grossen Mitteln», eventuell sogar durch «zweckgebundene Steuern» zu finanzieren.

Auch in bezug auf die Strafrechtpraxis könnte ich mich einer *Verschärfung* der heutigen Situation keinesfalls anschliessen. Man stelle sich den Beweisnotstand vor, wenn auch noch «Anstifter», bzw. der Schwängerer oder sogar der Ehemann bestraft werden sollen. Ganz nebenbei bemerkt: die Behauptung Millers – «Gibt es keinen Anstifter, so gerät die Mutter wohl kaum in eine Zwangslage» – stimmt nachweislich nicht.

Mit einer Frage haben wir uns noch nicht auseinandergesetzt. Die Gegner jeglicher Indikationenlösung und Anhänger der Fristenlösung argumentieren immer wieder mit der Behauptung, menschliches Leben sei nur sinnvoll als «geliebtes und erlebtes Leben» (Moltmann). Wo Leben nicht angenommen, geliebt und erlebt werden könne, hätten wir es nicht mehr mit menschlichem Leben zu tun. Nachdem nun die Geburt eines Kindes, so Moltmann, nicht mehr Sache der Natur, sondern der Freiheit und Verantwortung von Menschen ist, kann auch die Zahl der ungewollten Kinder vermindert werden. Zur Geburt eines Kindes gehört somit der bewusste Wille und die übernommene Verantwortung für das Kind. Das Recht zum Leben sei damit nicht mehr eine Naturgegebenheit, also – wie ich hinzufügen möchte – nicht mehr ein Recht des Kindes, sondern eine «Aufgabe der Eltern und der Gemeinschaft, die es zu erteilen haben». Daraus entstehe das Recht der Geburtenkontrolle, später «gewisse Rechte der Eugenik», letztlich aber auch das Recht zum Schwangerschaftsabbruch, was allerdings von Moltmann nur indirekt angedeutet wird.

Ich bin mit Moltmann der Ansicht, dass menschliches Leben um so sinnvoller gelebt werden kann, je mehr es angenommen und er-lebt wird. Dass darüber hinaus ein Mensch, der zeit seines Lebens, also von der Zeugung an, spätestens seit der Geburt, Liebe erfahren durfte, es im Leben nicht nur einfacher hat, sondern auch mehr Erfüllungsmöglichkeiten aktivieren kann, steht ebenfalls ausser Frage. Anders verhält es sich jedoch mit zwei Problemen. Erstens meine ich, dass aus der *Möglichkeit* der Beeinflussung des Geburtsgeschehens noch kein *Recht* auf Leben oder Nichtleben des Kindes abgeleitet werden darf. Sowenig wie sich etwa aus der Möglichkeit, Leben vorzeitig zu beenden, ein Recht für die Euthanasie ergibt. Zweitens aber wissen wir, dass ungewollte Kinder – Schwangerschaften, die einer Frau ungewollt «passieren» und sie in Schwierigkeiten bringen – keineswegs ungeliebte Kinder zu werden brauchen. Den Beweis haben zumindest alle jene Frauen erbracht, die nach Ablehnung eines Interruptionsbegehrens zu einer Adoption ihres «ungewollten» Kindes motiviert wurden. In sehr vielen Fällen stellte sich schon vor, spätestens aber nach der Geburt ein inniges Verhältnis der Mutter zum Kind ein, so dass auf die Adoption verzichtet wurde. Was nebenbei beweist, dass die Adoption kein brauchbares Gegenmittel gegen den Schwangerschaftsabbruch darstellt. Und letztlich ist zu sagen, dass die Lebensentwicklung nicht ausschliesslich davon abhängt, ob man als Kind gewollt oder ungewollt, geliebt oder ungeliebt auf die Welt kam. Ein Teil, wenn auch möglicherweise nicht der grösste, unserer in die jugendliche Drogen-Subkultur abgewanderten Jugend, selbst Verwahrloste und Kriminelle, stammen aus Verhältnissen, die ihnen eine bessere Zukunft ermöglicht hätten.

Lebensverlängerung um jeden Preis?

Die unbestreitbaren Fortschritte der modernen Medizin haben der ärztlichen Kunst und Wissenschaft einen derart hohen Wert-Status in der öffentlichen Meinung verschafft, dass jedes Abrücken von naturwissenschaftlicher Erkenntnis als ein Rückfall in vorwissenschaftliche Praktiken qualifiziert würde. Nicht nur das: die bisher erreichte Leistung der naturwissenschaftlich-medizinischen Wissenschaft wird von der Gesellschaft nicht als abgeschlossen akzeptiert; es werden vielmehr weitere Erfolge verlangt und auch erwartet. Dieser Forderung schliesst sich eine zweite, soziale an: die medizinischen Fortschritte sollen *allen* Menschen zugänglich werden. Menschliche Gesundheit ist Allgemeingut, ist ein Anrecht, das allen zusteht. Dass beide Forderungen unausweichlich und zwangsläufig zur derzeit vieldiskutierten Kostenexplosion im Gesundheitswesen führen, sei hier nur am Rande erwähnt. Dass eine Gesellschaft an die Wissenschaft nicht nur Forderungen stellen kann, sondern die Erfüllung derselben auch ermöglichen muss, dürfte evident genug sein. Ist sie dazu nicht bereit, wird sie auch ihre Haltung dem Gesund- und Kranksein gegenüber neu bedenken und formulieren müssen.

Eine solche Neuorientierung scheint tatsächlich in Gang zu kommen. Das Verhältnis der Öffentlichkeit zur bisher unbesehen anerkannten Stellung von Medizin und Gesundheitspolitik ist ins Wanken geraten. Die Tatsache, dass die Medizin, in der Einseitigkeit technischer Vervollkommnung, das spezifisch Menschliche unseres Daseins nicht in gleichem Masse in den Griff bekam wie das an ihm Mess- und Berechenbare, brachte ihr den Ruf ein, *unmenschlich* geworden zu sein. Man spricht von der Entpersönlichung der Medizin, billigt «Menschlichkeit» allenfalls noch dem praktischen Arzt am Krankenbett zu, und auch dies noch mit dem Unterton der Geringschätzung. Der Versuch vieler Ärzte, die sich in massvoller Weise und ohne die Erfolge der naturwissenschaftlichen Medizin zu schmälern, um eine vermehrte Humanisierung bemühen, wird zumeist als Selbstverständlichkeit zur Kenntnis genommen, bleibt aber ebensooft wirkungslos. Massive Kritik aber, wie sie jüngst etwa in Davos an der modernen Medizin geübt wurde, schiesst dermassen über das Ziel hinaus, dass sie eine gegenteilige Wirkung erzielt. Das Selbstbewusstsein der Medizin wird durch sie nicht geschwächt, sondern gestärkt.

Der Auftrag der Gesellschaft an die Medizin

Das Verhältnis der Gesellschaft, der öffentlichen Meinung, zur Medizin ist in unserer Zeit durch zwei auffallende, scheinbar einander entgegengesetzte Tendenzen gekennzeichnet. Einerseits wird der medizinischen Wissenschaft vorgeworfen, sie vernachlässige den Kranken als Person zugunsten der technischen Orientierung an der Krankheit. Andererseits wird dem

Arzt jegliches Versagen in eben diesem technischen Bereich übelgenommen und geahndet. Die diesbezügliche Entwicklung der Dinge beispielsweise in den USA spricht eine deutliche Sprache. «Amerika leidet unter ‚Malpractice'», stand in einer Tageszeitung zu lesen. Schadenersatzklage für angebliche Fehlbehandlungen, Beschwerden von Patienten wegen ungenügender Arzt- und Spitalpflege sind an der Tagesordnung. Jährlich werden rund 20000 Klagen gegen Ärzte und Spitäler angestrengt, ihre Zahl steigt in steiler Kurve an. Die Prämien der ärztlichen Berufsrisikoversicherungen erreichen astronomische Zahlen, die Ärzte sehen sich gezwungen, eine «defensive Medizin» zu betreiben, was wiederum zu einer ungeheuren Verteuerung des Gesundheitswesens führt. Die daraus zu ziehende Konsequenz: Die Medizin ist keine gesellschaftsunabhängige Wissenschaft. Sie erhält ihren Auftrag von der Gesellschaft.

Dieser Auftrag bestand bisher und besteht weitgehend heute noch darin, den Menschen gesund zu erhalten, die Krankheit zu heilen, das Leben zu verlängern, den Tod abzuwehren. Die Medizin hat allerdings durch ihre Entwicklung diesen Auftrag provoziert. Sie hat die Möglichkeit augenfällig geschaffen, Krankheiten zu heilen und das Leben zu verlängern. Die Krankheit hat in dieser Gesellschaft und Medizin den Stellenwert eines reparaturbedürftigen Defekts, eines Versagens der Lebensmaschinerie. Der Tod hat in ihr keinen Platz mehr. Er verweist höchstens auf das Versagen der ärztlichen Kunst. Der von der Medizin sich selbst und von der Gesellschaft ihr gegebene Auftrag, um jeden Preis Leben zu erhalten und den Tod abzuwenden, beschäftigt nicht nur den praktischen Arzt, die Notfallstationen der Spitäler, sondern auch den Psychiater. Nicht nur der körperlich Kranke oder Verunfallte, nicht nur der altersschwache Patient soll am Sterben gehindert werden, sondern auch der depressive, suizidale psychisch Kranke. Scheidet ein am Leben Verzweifelter, der in ärztlicher Behandlung steht, durch Suizid aus dem Leben, so wird auch dies als Versagen des Therapeuten gewertet.

Dieses bisher eindeutige Festhalten am Prinzip der Lebenserhaltung um jeden Preis hat zwei Voraussetzungen. Erstens liegt ihm eine besondere Wertung menschlichen Lebens zugrunde, zweitens eine bestimmte Auffassung über das Wesen des Todes.

Der Wert menschlichen Lebens

Der Wert menschlichen Lebens wurde nicht in allen Zeitepochen und wird nicht in allen Kulturen gleich hoch eingeschätzt. Philosophische und religiöse Vorstellungen über den Sinn des Daseins lassen das Leben als mehr relativen oder absoluten Wert erscheinen. Dort, wo irdischem Leben nur der Charakter einer vorübergehenden Inkarnation des Geistes in der Materie zugebilligt wird, erscheint es wenig sinnvoll, dieses à tout prix erhalten zu wollen. Es wird sogar in Frage gestellt, ob dieses Leben lebenswert sei. Wo jedoch ein Leben in dieser Welt als einzige Wirklichkeit des Mensch-Seins betrachtet wird, ergibt sich die Notwendigkeit, dieses möglichst auszufüllen und so lange als möglich zu bewahren.

Beide Auffassungen scheinen in unserer Zeit der Gegensätze nebeneinander zu bestehen. Einerseits stellen wir eine grenzenlose Verachtung menschlichen Lebenswertes fest. Zu Millionen wurden in unserem Jahrhundert Menschenleben vernichtet. Wir nehmen die Meldungen der Massenmedien über Verluste bei Kriegshandlungen und Bürgerkriegen mit unglaublicher Gelassenheit hin. Ebenso gelassen nehmen wir die «Kostenexplosion» in Kauf, die solche Geringschätzung menschlichen Lebens mit sich bringt. Im letzten Jahr hat der «Wahnsinn des nuklearen Wettrüstens» die kaum vorstellbare Summe von 210 Milliarden Dollar verschlungen. Demgegenüber erscheint die erwähnte absolute Hochschätzung des individuellen menschlichen Lebens paradox. Die Ärzte insbesondere haben schon immer auf diese Paradoxie hingewiesen. Ihnen ist nicht die Zerstörung, sondern die Erhaltung des Lebens oberstes Gebot.

Dieses Gebot ist jedoch nicht unabhängig von der Einstellung unserer Gesellschaft und der zu ihr gehörenden Medizin

178

zum Tode. Mit der Möglichkeit lebensverlängernder Organtransplantationen wurde die Ärzteschaft unvermittelt mit einem Problem konfrontiert, das sie früher kaum beschäftigen musste, nämlich mit der Frage nach dem Ende menschlichen Lebens. Wann kann mit Sicherheit angenommen werden, dass der Mensch zu existieren aufgehört hat? Die Schweizerische Akademie der medizinischen Wissenschaften stellte bekanntlich fest, dass eine oder beide von folgenden Bedingungen erfüllt sein müssen, um einen Menschen als tot zu erklären: irreversibler Herzstillstand mit dadurch unterbrochener Blutzirkulation (Herz-Kreislauf-Tod); irreversibler Funktionsausfall des Gehirns (zerebraler Tod).

Wie kompliziert im übrigen die Verhältnisse sind, beweist das gehäufte Auftreten des sogenannt «apallischen Syndroms». Als Pallium (Mantel) wird die Hirnrinde bezeichnet, die das Grosshirn mantelförmig überzieht. Beim apallischen Syndrom fällt die Funktion der Hirnrinde aus, zumeist dann, wenn die Wiederbelebung zu spät einsetzt, um den Sauerstoffmangel zu verhindern. Die Funktion des Mittelhirns bleibt erhalten, der Apalliker ist somit noch nicht hirntot. Rückbildungschancen bestehen aber nicht mehr. So ist der menschliche Tod «ein zeitlich dissoziierter Vorgang» (Wunderli), «an dessen Anfang ein zunächst noch manipulierbares Sterben und die Agonie stehen, an dessen Ende aber der biologische Tod, also der endgültige Zelltod auch besonders langlebiger Gewebe». Die Medizin ist heute sogar in der Lage, künstlich gewisse Partialfunktionen bei einem Leichnam aufrechtzuerhalten (Kautzky). Dass somit die Grenze zwischen Leben und Tod unscharf geworden ist, liegt auf der Hand. Und dass die Medizin über das *Wesen* des Todes nichts Gültiges aussagen kann, ist auch den Ärzten bekannt. Dieses nämlich entzieht sich naturwissenschaftlicher Beweisführung und ist höchstens philosphischer oder weltanschaulicher Fragestellung zugänglich.

Die heute zumeist vertretene Ansicht lässt sich wie folgt zusammenfassen: Der Tod kann medizinisch am Absterben lebenswichtiger Organe, insbesondere des Gehirns, festgestellt werden. Es besteht danach keine Verpflichtung mehr, die anderen Organe am Leben zu erhalten. Aus diesem Grunde fällt auch die ärztliche Pflicht dahin, «einen Sterbenden Tag für Tag ins Leben zurückzuholen, damit er Nacht für Nacht wieder stirbt» (Moltmann). Der Mensch hat ein Recht auf sein Leben, aber auch ein Recht auf seinen eigenen Tod. Die wissenschaftliche Technik, Frucht des Forschens vieler Generationen seit der Renaissance, gibt der Medizin heute zwar die Möglichkeit, Leben über den von Krankheit oder Verletzung gesetzten «natürlichen» Endpunkt hinaus zu verlängern. Aber blosse Lebensverlängerung macht menschliches Leben noch nicht sinnvoll. Der Kampf gegen Krankheit und Tod darf nicht zur *Verdrängung* des Todes führen.

Wer aber entscheidet darüber, ob und wie lange ein Leben noch sinnvoll ist? Der Arzt, der Patient, eine von der Gesellschaft eingesetzte Kommission? Ich verhehle nicht, dass mir solche Forderungen, so vernünftig sie zu sein scheinen, ein ungutes Gefühl vermitteln. Gibt es überhaupt «sinnloses» menschliches Leben? Ist nur ein Leben bei vollem Bewusstsein sinnvoll? Oder gehört die Möglichkeit der Aktivität, des Tätigsein-Könnens dazu?

Ich kann und will diese Fragen nicht beantworten. Ich weiss auch nicht, wer sie gültig beantworten kann. Ich werfe sie aber auf, weil sie uns zu beschäftigen haben und im Raume stehen. Vor allem aber, weil sie nicht zu trennen sind von unserem Thema «Lebensverlängerung um jeden Preis». Letztlich aber werden nicht allein die Ärzte nach Antworten suchen müssen, sondern auch unsere Gesellschaft gemeinhin, in deren Vertretung vor allem die *Politiker*.

Die Aufgabe der Politik

So ist denn das von uns diskutierte Problem auch jenes der Politik. Reichlich spät, und ausgelöst durch uns bekannte Fakten, hat sie sich der Frage des Sterbens angenommen. Es scheint sich dadurch auch eine Neuüberprüfung des Auftrags anzubahnen, den die Gesellschaft der Medizin erteilt.

Im Kanton Zürich wurde eine Volksinitiative für eine Neuregelung der sogenannten Euthanasie gestartet. Im Nationalrat wurden verschiedene Vorstösse in dieser Richtung gemacht. Die im jetzigen Moment im Vordergrund des Interesses stehende, jedoch nach längerer Debatte zurückgezogene *Initiative Allgöwer* beschäftigte eine Kommission des Nationalrates. Sie forderte:

1. Es sei das «Recht auf passive Sterbehilfe» oder gar das «Recht auf den eigenen Tod» in der Verfassung zu verankern oder mindestens im Strafgesetz positiv zu regeln.

2. Es seien die Bedingungen festzulegen, die für Ausführung und Kontrolle der passiven Sterbehilfe zu gelten haben.

3. Es sei ein ärztliches Kollegium von drei bis fünf Vertrauensärzten vorzusehen, welches den Entscheid über die Gewährung der Sterbehilfe zu fällen hat.

Der Initiant verstand, so steht es in den begleitenden Ausführungen, unter *Sterbehilfe* nicht etwa den Gnadentod, sondern ausschliesslich den *Verzicht auf künstliche Lebensverlängerung*, wie sie dank den Fortschritten der Medizin möglich geworden ist. Heute nämlich werde Lebensverlängerung in einem Masse betrieben, das nicht mehr sinnvoll sei. Aus ethischen Gründen, oder in einem Konflikt ärztlicher Pflichten, aber auch wegen der hohen Kosten der Intensivpflege für die Gemeinschaft und für die Angehörigen dränge sich oft der Abbruch der künstlichen Lebensverlängerung auf.

Inzwischen hat der Nationalrat beschlossen, dass es in der Schweiz kein «Recht auf passive Sterbehilfe» oder «auf den eigenen Tod» geben soll. Auf den Erlass einer Regelung sei dort zu verzichten, wo die Vielfalt des Lebens sich nicht in abstrakte Regeln fassen lässt und das geltende Recht den Bedürfnissen einer umsichtigen Praxis genügt. Diese Situation gilt somit für die Schweiz. In vielen Ländern allerdings bestehen andere Auffassungen. Es gibt in den USA eine Euthanasie-Gesellschaft, es werden «Euthanasie-Testamente» gemacht, die angeblich von Hunderttausenden bereits unterschrieben wurden. Die juristische Seite dieser Euthanasiepolitik sei hier ausser acht gelassen. Fragwürdig scheint mir in diesem Zusammenhang lediglich die Unterscheidung von «aktiver» und «passiver» Sterbehilfe zu sein.

Auch das Nicht-Handeln kann Aktivität bedeuten. In anderen Fällen jedenfalls macht das Strafrecht diese Unterscheidung nicht. Ob ein Mensch «aktiv» umgebracht oder ihm in der Notsituation die Hilfe verweigert wird, hat den gleichen Endeffekt.

In ähnlichem Sinne wie diese Initiative, eher noch weitergehend, forderte ein anderer parlamentarischer Vorstoss vom Bundesrat die Abklärung, ob im Rahmen der Total- oder Teilrevision des Schweizerischen Strafgesetzbuches eine Regelung vorgeschlagen werden solle, wonach Tötung, Körperverletzung und Gefährdung des Lebens anderer nicht rechtswidrig seien, wenn sie durch Unterlassung oder ausnahmsweise durch aktives Handeln begangen werden, um das Leiden einer Person abzukürzen, für die von einer aus Ärzten zusammengesetzten Expertengruppe ein Befund auf einen sicheren, schmerzhaften und kurz bevorstehenden Tod vorliegt.

Auch dieses Postulat wurde zurückgezogen. Trotzdem scheint es mir wichtig zu sein, darauf hinzuweisen, dass einmal mehr eine bisher innermedizinische Angelegenheit zu einem Politikum geworden ist. Wir können uns fragen, ob dies notwendig war und sinnvoll ist oder nicht. Es wäre vorstellbar, dass die Medizin von sich aus die möglichen Sicherungen gegen mögliche Auswüchse ihrer eigenen Entwicklung, ihres eigenen Fortschritts eingebaut hätte. Die Wissenschaft nämlich kennt keine Grenzen.

Das Ethos der Humanität

Hier aber stellt sich wiederum die Frage nach der *ärztlichen Ethik*, die nicht dem wissenschaftlichen Impetus und nicht naturwissenschaftlicher Erkenntnis entspringt, sondern der menschlichen, moralischen und sozialen Haltung des Arztes. Wenn es der Medizin nicht gelingt, das Vertrauen, das die Gesellschaft ihrer wissenschaftlichen Fortschrittlichkeit entgegenbringt, auch auf die ärztliche Standesethik zu übertragen, ist eine Krise in den Beziehungen zwischen Arzt und Öffentlichkeit unausweichlich. Eine solche Vertrauenskrise sollte jedoch zugunsten unserer Tätigkeit und der Patienten vermieden werden. Dies bedeutet aber nicht mehr und nicht weniger, als dass der Arzt seine Entscheidungskompetenzen, seine je persönliche und individuelle Verantwortung niemals ganz der anonymen Gesellschaft, das heisst staatlichen Vorschriften und Gesetzen abtreten kann. «Verantwortung in medizinisch-ethischer Sicht ... ist immer existent; ... sie reicht viel weiter als die juristische Verantwortung, da hier nicht nur die angewandten Mittel einer strengen Wertung unterzogen werden, sondern die gesamte fachliche Kompetenz und das Gewissen des Arztes» (Pfaltz). Konkret auf unser Thema angewendet heisst dies, dass die Frage der Lebensverlängerung nicht ausschliesslich durch eine Verfassungsänderung oder durch einschlägige Bestimmungen des Strafgesetzbuches geregelt werden kann. Der Patient hat das Recht, auf den Arzt zu vertrauen – und er traut ihm mehr als dem Gesetz. Wir wollen nicht vergessen, dass die Forderung nach einem «Recht auf den eigenen Tod» zumeist von Gesunden erhoben wird und dass der Kranke nach wie vor ein Recht auf Heilung und auf Lebensverlängerung geltend macht. Gesunderhaltung und Erhaltung des Lebens werden immer vornehmste Aufgabe der Medizin sein. Dort allerdings, wo Lebensverlängerung tatsächlich *«künstlich»* ist, mit anderen Worten *unmenschlich*, kann sich auch der Arzt zu Recht und Gewissen auf einen Ausspruch des Philosophen Jaspers stützen, der als Grundpfeiler des ärztlichen Handelns neben naturwissenschaftlicher Erkenntnis und technischem Können das *Ethos der Humanität* setzte.

Dieses Ethos der Humanität verlangt jedoch vom Arzt eine neue Einstellung zum Sterbenden und zum Tode. In jedem Kranksein nämlich wird der Mensch vor die Möglichkeit des Todes gebracht, jedes Kranksein verweist auf die Möglichkeit des Nicht-mehr-da-sein-Könnens. Das Sterbenmüssen ist *eine* von vielen Grundzügen menschlichen Daseins. Uns, den Sterblichen, eignet nicht nur ein primäres Verständnis unseres Seins, wie es Heidegger formuliert hat, sondern auch ein Wissen um die Endlichkeit unserer Existenz. Dieses Wissen ist täglich präsent, wird zumeist aber in der Geschäftigkeit des Alltags oder durch neurotische Symptombildung ferngehalten. Das Verhalten des Menschen zu diesem Gewissesten seiner Existenz, zum Sterben, ist vielfältig. Ein Grossteil unserer Welt vermeint, Leben als Dauerbesitz behalten zu können. Der Tod wird dementsprechend verleugnet. «Die einzig menschenwürdige und freie Verhaltensweise zum eigenen Sterblich-sein dagegen besteht darin, dieser äussersten und zuletzt zu vollziehenden Existenzmöglichkeit stets inne zu bleiben. Wir haben sie stets vor Augen zu halten» (Boss). Dies jedoch nicht im Sinne eines untätigen, resignierten Hinstarrens auf den Tod, denn nur im ständigen Inne-Werden unseres Sterblich-Seins rücken auch alle anderen zu vollziehenden Lebensmöglichkeiten an ihren Platz, entgehen einseitige Verhaltensweisen wie etwa das Besitzraffen oder das Verfallen an den Betrieb des Alltags der Verabsolutierung. «Erst dadurch nämlich, dass wir uns unser Sterbenmüssen stets vor Augen halten, bleiben wir auch dessen gewahr, dass jeder Augenblick unseres Lebens unwiederbringlich ist und daher genützt werden will.» Solches Begegnenkönnen steht jedoch im Gegensatz zur Auffassung und Gewissheit, das Sterben sei nichts anderes als die Totalvernichtung.

Was bedeutet dies im Hinblick auf unsere Fragestellung? Zunächst weist es auf die Unmöglichkeit hin, den Todeszeitpunkt mit absoluter Gewissheit festlegen zu können. Es wird immer eine Ermessensfrage bleiben, wann ein Mensch irreversibel gestorben ist. Es wird deshalb immer auch eine individuelle Entscheidung eines Arztes oder eines ärztlichen Expertenkollektivs sein, den Tod des Patienten zu deklarieren. Diese Deklaration ist aber weitgehend willkürlich und nur nach naturwissenschaftlichen Gesichtspunkten zu vollziehen. Meines Erachtens sollte davon abgesehen werden, neue Todesdefinitionen, wie sie etwa als «Cortextod» (Röttgen, Kubicki) oder «Persönlichkeitstod» (Haemmerli) gefordert werden, zu suchen. Durch die Einführung solch spekulativer und nirgends eindeutig festgelegter Begriffe, wie etwa jenes der «Persönlichkeit», wird das Problem nicht einfacher, sondern komplizierter. Zudem wird es nochmals schwieriger werden, den Zeitpunkt des Todes festzulegen, denn Persönlichkeit und Bewusstsein sind nicht identisch. Es wäre allenfalls eine einfache Formulierung im Gesetz vorstellbar, etwa dahingehend, dass Mittel zur künstlichen Lebensverlängerung vom behandelnden Arzt mit schriftlicher Einwilligung des nächsten Verwandten oder gesetzlichen Vertreters ohne Straffolge abgesetzt werden dürfen, falls mit grösster Wahrscheinlichkeit anzunehmen ist, der Kranke sei nicht mehr natürlich lebensfähig.

Die Forderung, ein Kollegium von mehreren Ärzten einzusetzen, die über den «Tod» des Patienten zu entscheiden hätten, ist entschieden abzulehnen. Nur der behandelnde Arzt kennt seinen Kranken und dessen Angehörigen, nur er ist in der Lage, Verantwortung und Entscheidung auf sich zu nehmen. Diese Forderung ist nicht nur grundsätzlich, sondern auch praktisch sinnlos. Wo und wann würde man ein solches Konsilium zustande bringen, und wer würde sich für eine solche undankbare Aufgabe zur Verfügung stellen? Sollte ein Arzt im konkreten Falle im Zweifel sein, so steht ihm die Möglichkeit einer konsiliarischen Besprechung mit einem Kollegen immer offen, ohne dass dies im Gesetz vorgeschrieben sein muss.

Anders verhält es sich bei der Besprechung mit den Angehörigen. Hier vertrete ich den Standpunkt, dass diese zumindest angefragt werden müssten. Dies hat nicht nur den Vorteil, eventuelle spätere Rechtsschritte gegen einen ärztlichen Entscheid vorzubeugen, sondern auch jenen, dass das Gespräch zwischen Arzt und den Beziehungspersonen des Patienten stattfindet. Es wird zwar dagegen ins Feld geführt, dass die Verwandten durch solche Mit-Entscheide überfordert würden. Dies mag der Fall sein. Ich glaube aber, dass dies zumutbar ist, ja sein muss. Möglicherweise müssen eben auch die Familienangehörigen dazu erzogen werden, eine solche Entscheidung mitzuübernehmen. Dazu ist allerdings notwendig, dass das Gespräch zwischen Arzt und Familie nicht erst im letzten Augenblick stattfindet.

Schwierig wird die Diskussion bei der Frage nach einem «Recht auf Sterbehilfe», «Recht auf einen menschenwürdigen Tod», «Recht auf den eigenen Tod» usw. Sollte eine solche Sterbehilfe, in welcher Form auch immer, in der Verfassung verankert werden, so könnte einerseits eine Lockerung des allgemeinen Tötungsverbots, andererseits eine Legitimierung des Suizids die Folge sein. Auch wäre nicht auszuschliessen, dass sie zur «Entschuldigung beruflicher Irrtümer bemüht» werden könnte und zu einer Unzahl schwierig zu entscheidender Prozesse führte (Imfeld).

Die Ärzte sind dazu da, Leben zu *erhalten* (nicht unbedingt zu *verlängern*). Aus diesem Grunde bin ich auch gegen die Tendenzen, das Recht auf den eigenen Tod dem Menschen verfassungs- und gesetzmässig zuzubilligen. Die Bemühungen der Psychiater und der Allgemeinpraktiker um die Suizidalen würden mehr als fragwürdig; schwere körperliche Krankheiten, die vom Patienten als Todesurteil aufgefasst werden, könnten des Arztes Bemühen um Gesundung und Heilung zur Farce werden lassen. Zum Kampf gegen die Krankheit würde sich ein Kampf gegen den Patienten gesellen, ein Kampf um dessen Lebenswillen. Letztlich aber würde wohl manchen Patienten ein tiefes Misstrauen gegen den Arzt befallen, eine unausgesprochene oder laut geäusserte Angst vor der Hospitalisation, wenn dieser seinen Arzt nicht als den bedingungslos loyalen Mitkämpfer gegen Krankheit und Tod weiss. Dies aber kann er sinnvoll nur dann sein, wenn er selbst Sterben und Tod nicht aus seiner eigenen Welt abdrängt, wenn er die Augen nicht vor dem Schicksal seiner Patienten und vor seinem eigenen Sterblich-Sein verschliesst.

Zusammengefasst möchte ich folgendes nochmals hervorheben:

1. Die Medizin hat durch ihre technische Vervollkommnung in der öffentlichen Meinung Bedürfnisse geweckt, die sich zur Forderung steigern, das Leben möglicherweise auch künstlich zu verlängern. Versagen von Ärzten ahndet die Gesellschaft, die offensichtlich im Tod nichts anderes sehen kann als die totale Vernichtung des Individuums.

2. Die gleiche Gesellschaft fordert nun – im Zeitalter der allgemeinen Demokratisierung und des Misstrauens jeglicher Autorität und einem möglichen Machtmissbrauch gegenüber – ein freies Verfügungsrecht über Leben und Sterben, wodurch aber die Entscheidungsfreiheit des Arztes beeinträchtigt wird.

3. Die Möglichkeit, Leben künstlich zu verlängern, kann in Extremfällen die Fortschritte der Medizin ad absurdum führen. Die Entscheidung, auf Möglichkeiten einer nicht mehr sinnvollen künstlichen Lebensverlängerung zu verzichten, wird immer dem persönlichen Gewissen des Arztes entspringen müssen.

4. In dieser persönlichen Entscheidungspflicht muss sich der Arzt sowohl *strafrechtlich* wie *zivilrechtlich* vom Gesetz geschützt wissen.

5. Allem zuvor und im Hinblick auf eine Neuorientierung muss eine Neubesinnung der Medizin und der Öffentlichkeit in bezug auf die medizinpsychologische und mitmenschliche Betreuung sterbender Patienten stattfinden. Voraussetzung dafür ist aber, dass sich Ärzte wie Patienten eine neue Einstellung zum Sinn menschlicher Existenz, zu Krankheit und Tod aneignen.

Der Europarat in Strassburg veröffentlichte im Januar 1976 eine Deklaration über die Rechte der Kranken. Diese wurde als eine europäische Pionierleistung auf internationaler Ebene und einen Sieg des gesunden Menschenverstandes gefeiert («Tages-Anzeiger» vom 20. Januar 1976). Die kritische Durchsicht der geforderten fünf Grundrechte wirft allerdings auch Fragen auf. Das erste Recht betrifft eine Selbstbestimmung der Kranken: das *Recht auf Freiheit*, eine Behandlung zu erhalten oder abzulehnen. Zweitens ein *Recht auf persönliche Würde* und *Integrität* (Wahrung der Intimsphäre). Diese beiden «Rechte» sind wohl selbstverständlich und schon jetzt in den meisten Staaten gesetzlich geschützt. Man kann sich allenfalls fragen, weshalb psychisch Kranke immer noch davon ausgenommen sind. Suizidale werden nach wie vor gegen ihren Willen am Leben erhalten oder in das Leben «zurückgeholt». Fragwürdig hingegen scheint mir das *Recht auf Information*, das heisst auf Selbstbestimmung des Kranken auf Grund der Kenntnis der Krankheitsdiagnose, der Erfolgsaussichten und möglichen Nebenwirkungen der Behandlung. Hier wird nun deutlich klar, wie praxisfern ein solches «Recht auf Information» formuliert wurde. In den Begleitausführungen wird zwar formuliert, dass zu einem «Recht» niemand «gezwungen» würde; so müsse der Arzt seinen Patienten über die Diagnose einer tödlichen Erkrankung nur informieren, wenn der Patient selbst es wünscht. Bisher waren die Verhältnisse viel komplizierter. Die Ansichten, wann und wem eine infauste Prognose mitzuteilen sei, gehen auseinander. Ich verweise hier auf die eingehende Diskussion dieses Problems in meinem Buch «Medizinische Psychologie». Hier möchte ich nur zusammenfassen, dass die Mitteilung einer Diagnose (nicht nur bei Unheilbaren, aber dort besonders) verheerende Wirkungen haben kann, auch auf Patienten, die diese Information wünschen. Das *Recht auf angemessene Behandlung* und schliesslich das *Recht, nicht leiden zu müssen*, haben dagegen gerade für die ärztliche Betreuung unheilbar Kranker grösste Bedeutung. Die *Angemessenheit* der Behandlung bezieht sich nicht nur auf die Diagnose, sondern auch auf das Individuum. Lebensverlängernde Massnahmen müssen allen damit verbundenen Umständen gerecht sein. Dazu gehört auch das Recht, nicht leiden zu müssen – «das wichtigste und bisher am wenigsten beachtete Recht des Kranken» (Haemmerli). Der Sterbende darf somit eine künstliche Einmischung des Arztes in den Verlauf seiner tödlichen Erkrankung ablehnen. Er kann auch auf die medizinische Behandlung verzichten, wenn dadurch seine Leidenszeit verlängert wird; er kann Schmerzfreiheit, auch mit dem Tod als unbeabsichtigte Folge durch die Abgabe hochwirksamer Medikamente fordern. Es wird natürlich zu Recht zwischen einem «sinnvollen» und «sinnlosen» Leiden zu unterscheiden sein. Dass nicht jedes Leiden schlechthin sinnlos ist, bedarf heute keiner Begründung mehr. Die Psychotherapie hat es längst an den Tag gebracht, dass auch Leiden für den Menschen Sinn und Bedeutung hat. Die grossen Religiösen haben dies immer gewusst, auch wenn die Sinngebung oft eine andere war. Aber schwere Leidenszustände haben oft mit «natürlichen» Leiden nichts mehr gemeinsam. Sie sind, wie dies Saner an anderem Ort eindrücklich beschrieb, vielmehr selbst Produkte unserer Medizin, ohne die sie gar nicht aufgetreten wären, weil das «natürliche» Sterben längst zum Tode geführt hätte. Auch besteht kein Zweifel darüber, dass es *unerträgliches Leid* geben kann, welches das Weiterlebenmüssen als sinnlos erscheinen lässt. Die Verlängerung des Lebens wird dort zur Verlängerung der Qual. Dabei muss «leiden» nicht allein mit Schmerz gleichgesetzt werden. Es gibt auch das Leiden eines durch Unfall oder Krankheit auf das faktisch Vegetative reduzierte Existieren eines Menschen. Aber auch da gilt, dass es für den Arzt eine *absolute Hoffnungslosigkeit nicht gibt.* Es wird demzufolge auch keine allgemeine Regelung geben können, die das ethische und juristische Gewissen voll zu befriedigen vermag.

Die Freiheit zum Tode beruht darauf, dass kein menschliches Dasein je frei darüber entschieden hat, ob es ins Dasein kommen will oder nicht. Der Mensch, sagt Heidegger in «Sein und Zeit», ist in sein Da geworfen und muss sich daher selbst mit seinem nichtigen Ende «übernehmen», um frei existieren zu können und sich auf seine Möglichkeiten zu entwerfen. Heidegger spricht ausdrücklich von der Freiheit *zum* Tode. Die moderne Medizin und mit ihr die moderne Gesellschaft wünschen sich eine Freiheit *vom* Tode. Aber der Tod gehört *zum* Leben. Die Freiheit zum Tode ist die «höchste Instanz» des In-der-Welt-Seins. An ihr bemisst sich, wie der Mensch existieren kann: flüchtig vor dem Bevorstand des Todes oder mit dem Mut zur Angst vor ihm. Diese letzte und höchste Instanz eines freien Existierens darf aber nicht als Freiheit zur Selbstvernichtung verstanden werden. Sie wirft den Menschen im Gegenteil auf seine augenblickliche Existenz zurück, um den Bevorstand des Todes in dieser wirksam werden zu lassen, aber so, dass er ganz und entschlossen so ist, wie er sein kann. Dagegen würde die Selbstvernichtung dem Dasein den Boden für ein existenziales Sein zum Tode entziehen (zitiert nach K. Löwith). Man soll sich die Angst vor dem Tode zumuten, um seiner selbst, um seines Daseins als solchem und im ganzen mächtig zu werden.

Karl Löwith dagegen meint, die wirkliche Freiheit zum Tode könne sich sowohl in der Selbstvernichtung bezeugen wie in dem Gleichmut zum bevorstehenden Ende. Beides, der Selbstmord wie der stoische Gleichmut gegenüber dem Tod, wurde zwar von christlichen Denkern seit jeher als unverträglich mit der Schöpfungslehre und der Unsterblichkeit der Seele verworfen. Löwith bezeichnet es als das Verdienst des Philosophen David Hume, der beides wieder zu Ehren brachte. Es gehöre gerade zur angeborenen Freiheit des Menschen, den Selbstmord als Handlung frei von Schuld und Tadel zu begehen. Denn, so wird in Anlehnung an Seneca («Agamus Deo gratias, quod nemo in vita teneri potest – Danken wir Gott, dass niemand im Leben festgehalten werden kann», Epist. XII) gefragt, weshalb sollte der Mensch nicht mit vollem Recht von der Macht Gebrauch machen, welche ihm die Natur verliehen hat? Hat aber, so fragen wir zurück, der Mensch nicht auch die Macht, *andere* umzubringen? Gibt die Macht auch schon das Recht, von ihr Gebrauch zu machen? Hume selbst hat seinem Leben weder aus eigener Macht noch durch fremde Hilfe ein Ende bereitet. Als er mit 65 Jahren schwer erkrankte, sprach er während seiner tödlichen Krankheit mit Freunden freimütig über sein herannahendes Ende. In einem Trostbrief an die Comtesse de Boufflers, die kurz zuvor ihren geliebten Prinzen Conti verloren hatte, schrieb er: «Meine Krankheit, die mich seit zwei Jahren untergräbt, hat in den letzten sechs Monaten rasche Fortschritte gemacht und ist offensichtlich mein Ende beschleunigend. Ich sehe den Tod ohne jede Angst oder Bedauern Schritt für Schritt näher kommen. Ich grüsse Sie zum letzten Male mit grosser Zuneigung und Hochschätzung. Ihr David Hume.»

Ein solcher Brief, meint Löwith zu Recht, bezeugt aufs schönste und beste, was eine freie philosophische Gelassenheit zum Tode sein kann.

Todesfurcht und Todessehnsucht in unserer Zeit

Reden und Schreiben über den Tod, über die Todesfurcht und Todessehnsucht scheint in einer Zeit, da die «Ars moriendi» längst gestorben ist, von fragwürdigem Wert; leben wir doch in einer Zeit, da Sterben und Tod aus dem Bewusstsein verdrängt, zumindest kaum noch zur Kenntnis genommen werden. Und doch beherrschen die Todesfurcht, aber auch die Todessehnsucht, des Menschen Fühlen, Träumen und Handeln nicht minder als in früheren Jahrhunderten. Zwei Phänomene sind für das Verhältnis des modernen Menschen zum Tode besonders charakteristisch: einmal der sozial sanktionierte, hektische Versuch der Todesvermeidung um jeden Preis, andererseits eine Lebenshaltung, die geradewegs zum Tode führen muss. Moderne Hygiene, Wohlstand, Technik, Präventiv- und Rehabilitationsmedizin, Unfallverhütung und Lebenshilfen in allen Lagen führen einen aussichtslos scheinenden Kampf gegen die lebenszerstörenden Kräfte des Menschen, gegen die tödlichen Gefahren ungesunder Lebensweise, gegen Alkohol und Nikotin, gegen zwangshafte Arbeits- und Leistungssucht, gegen Rauschgift, Langeweile und seelische Depression. Todesfurcht, Todesvermeidung und Todessucht scheinen sich im Kreise zu jagen. Leuenberger meint, Todessehnsucht und Todesverliebtheit seien Phänomene der Neuzeit; die Ambivalenz von Todesfurcht und Todesfaszination entstehe parallel zur Entchristlichung des modernen Denkens. Die Tradition der christlichen Vorbereitung auf den Tod, der spätmittelalterlichen und reformatorischen Bindung des Todes an das Kreuzessterben Christi, fand ihr Ende in der Dichtung und Kunst der Übergangsepoche zur Moderne, beginnend mit der Barockzeit und endend mit der Romantik. Den furchterregenden Todessymbolen gesellte sich jedoch eine zuvor kaum gekannte Todesinbrunst zu. Angelus Silesius bezeichnet den Tod als ein «selig Ding», Novalis spricht von der «Sehnsucht nach dem Tode», Todesfurcht und Todessehnsucht finden von Goethe bis Rilke ihre Dichter.

Todessehnsucht und Todesangst als Grundbestimmung des Daseins

Wenn von Todesfurcht und Todessehnsucht die Rede ist, mag zunächst der Eindruck entstehen, es handle sich um zwei verschiedene Phänomene menschlicher Erfahrung, ja um zwei Begriffe, die in einem abgrundtiefen Gegensatz zueinander stehen. Kann man etwas gleichzeitig fürchten und herbeisehnen? Gibt es ein menschlich unausweichliches Geschick, das die einen fürchten, die anderen herbeiwünschen? Ist der Tod, das Sterben-Müssen, ein Phänomen, in dem sich der Mensch so oder anders verhalten kann? Oder liegt nicht gerade der Todesfurcht wie auch der Todessehnsucht eine gemeinsame, vorpsychologische, zumeist unreflektierte, nicht eigens bedachte Haltung dem Gewissesten unserer Existenz zugrunde, nämlich der Tatsache, dass unser Leben ein Leben zum Tode hin ist?

Solche und ähnliche Fragen bedrängten mich, als ich die Aufforderung erhielt, zum Thema «Todesfurcht und Todessehnsucht» Stellung zu beziehen. Während mir die Todesfurcht als Psychiater und Psychotherapeut in mannigfachen Formen täglich begegnet, musste ich mich zunächst tatsächlich darauf besinnen, unter welchen Aspekten seelischen und psychosomatischen Krankseins die Todessehnsucht zu erfassen wäre. Denn selbst die Selbstmordwünsche und -versuche, die Hoffnungslosigkeit der Depressiven und Verzweifelten, liessen sich nicht ohne Gewaltanwendung unter den Begriff «Todessehnsucht» einreihen. Der vorzeitig herbeigeführte Tod ist wohl häufiger auf die nicht mehr ausstehbare, nicht mehr erträgliche Todesangst zurückzuführen als auf eine Sehnsucht nach dem Tode. Trotzdem führte mich die Wahrnehmung der Verhaltensweisen und Persönlichkeiten vieler Patienten zur Gewissheit, dass die Todessehnsucht zumindest ebenso häufig und ubiquitär ist wie die Todesfurcht und dass schliesslich beide Phänomene untrennbar miteinander verbunden sind.

Die Menschheit hat sich wohl seit Anbeginn ihrer Existenz mit dem Todesproblem beschäftigt; schliesst doch der Seinscharakter unseres Daseins nicht nur ein Wissen um unser

«Sein» – von Martin Heidegger als primäres Seinsverständnis bezeichnet – ein, sondern auch die Gewissheit des Sterben-Müssens. Jede Zeitepoche hat die ihr angemessenen Versuche unternommen, mit dem Problem des Todes fertig zu werden. Keine Weltanschauung, keine Religion gibt es, bei der die Frage nach dem Wesen des Todes und die ethischen Forderungen nach dem Verhalten des Menschen dem Tode gegenüber nicht zentral wären. So hat sich denn auch im Bewusstsein der Menschheit die Überzeugung bis zum heutigen Tag erhalten, dass menschliches Dasein mit dem Tode nicht aufhöre, sondern – in welcher Form auch immer – weiterhin existiere. Diese Weiterexistenz nach dem Tode, in vielen Anschauungen nur der Seele, im Christentum auch dem Leibe des Menschen zugedacht, hat zwei Aspekte. Biran hat einmal in einem beachtenswerten Aufsatz von der «unguten», «schlechten» und der «guten» Unsterblichkeit gesprochen. Im ersten Fall schwebt die Seele mit allen ihren Strebungen und Wünschen in einer absoluten Leere. Ihr Nicht-mehr-in-der-Welt-Sein trennt sie von jedem Zugang zu den Erreichungsmöglichkeiten, so wie sich die griechische Mythologie das Schattendasein der Verstorbenen im Hades vorstellte. Die «gute» Unsterblichkeit meint den Tod als blossen Formwechsel der Existenz. Die Seele würde demnach die Kontinuität des Erlebens mit allen Freuden und Leiden voll bewahren. Während die Auffassung von der «unguten» Unsterblichkeit des Menschen die Todesfurcht recht eigentlich begründet, soll jene der «guten» Unsterblichkeit ein derart «menschenfreundliches Konzept» sein, dass «sich der Verdacht rege, ob es nicht einen in der Maske einer sachlichen Vermutung auftretenden Wunschtraum» darstelle. Denn im Lichte solcher Grundauffassung müsste der Tod jeden Schreckens verlustig gehen, ja es müssten unter Umständen «besondere Hilfsmassnahmen» nötig werden, damit er nicht herbeigesehnt werde. Erst die «gute» Unsterblichkeit soll dem natürlichen Bedürfnis des Menschen, für die kommenden Generationen zu sorgen und Arbeiten zu ihrem Wohle zu leisten, deren Früchte wir nie sehen werden, einen Sinn verleihen. Vom Standpunkt des Todes als der leeren, gefühllosen Unsterblichkeit aus hingegen wäre «jede Zielsetzung durch die Dauer des individuellen Lebens beschränkt und jenseits dieser Grenze sinn- und inhaltslos». Tatsächlich gibt es Menschen, die ihr Leben nach dem Prinzip «Nach uns die Sintflut» einrichten und sich in keiner Art und Weise um die «Nachwelt» kümmern. «In ihrer überwiegenden Mehrheit» – so Biran – «erfüllen freilich die Menschen unbeirrt ihre Pflichten gegenüber der Zukunft des Menschengeschlechts, sie handeln so, als ob der Tod nicht existieren würde. Dies erklärt sich nicht durch den Mangel an Logik und auch nicht durch das Unvermögen, sich das Nichtsein vorzustellen, sondern offenbar dadurch, dass sie ungeachtet und oft im Widerspruch zu ihren Vorstellungen über den Tod irgendwie von ihrem künftigen Dabeisein beim Glück der Nachfahren, dem künftigen Geniessen ihres Erfolges ihrer heutigen Bemühungen überzeugt sind.» Biran erklärt dies damit, dass in uns gleichzeitig «zwei gegensätzliche instinktive Überzeugungen, die von der schlechten Unsterblichkeit, die die Todesfurcht begründet, und die von der guten Unsterblichkeit, die sie aufhebt», existieren.

Mit dem Auftreten der Naturwissenschaften ist allerdings eine Auffassung vom Tode in die Welt gekommen, die weder einer guten noch einer schlechten Unsterblichkeit das Wort redet, sondern schlicht vom Tod als dem endgültigen Nicht-mehr-Dasein spricht. Der Tod bedeutet in naturwissenschaftlicher Sicht das unwiderrufliche Ende menschlicher Existenz. Wirklichkeitscharakter in naturwissenschaftlichem Sinne hat ja nur das Mess- und Wägbare, das chemo-physikalisch Erfassbare. Da «Seelisches» nicht in diese Kategorie fällt, entfällt es auch dem naturwissenschaftlichen Forschen und Denken. Der Mensch wird auf seine Biologie reduziert. Darüber hinaus vermag die Naturwissenschaft nichts über ihn auszusagen.

Würden sich die Naturwissenschaften damit begnügen, die Tatsache anzuerkennen, dass sie nur einen Teilaspekt menschlicher Existenz, nie aber das Wesen derselben zu ergründen vermögen, so wäre ihnen kaum etwas entgegenzuhalten. Sie würden sich jedoch selbst untreu. Denn naturwissenschaftliches Forschen kennt keine Grenzen. Getreu dem Versprechen

196

ihres Begründers, René Descartes, bemühen sich die Naturwis-senschaftler mehr denn je, die Welt dem Menschen untertan zu machen. Dies heisst, dass sie sich keinesfalls lediglich als eine unter vielen Wissenschaften betrachten, sondern als die Wis-senschaft schlechthin, die auch eines Tages imstande sein wird, das Wesen des Menschen – und damit des Wesen des Todes – restlos zu ergründen. Ein angesehener Neurologe erklärte mir noch vor kurzem, es sei nur eine Frage der Zeit, bis uns die Mathematiker das bieten werden, was den Physikern versagt blieb: das Rätsel menschlicher Existenz aufzulösen.

Nachdem die Physik, die Chemie und die Mathematik den Menschen «vergegenständlicht» haben, muss die These vom Nichtsein nach dem Tode als die direkte Konsequenz natur-wissenschaftlichen Denkens betrachtet werden. Diese Grund-auffassung des Todes als Übergang ins Nichts versucht nun auch aufzuzeigen, dass Todesfurcht a priori sinnlos sei und kei-ne Berechtigung habe. Bis zum Moment des Sterbens soll der Mensch ja im unbestrittenen Besitze aller Lust einmal erlebter Erfüllungen sein. Nach dem Eintreten ins Nichtsein dagegen schwinde zusammen mit diesem Besitz auch jede Möglichkeit, an dem Verlust zu leiden. Das Fürchterliche, der Schmerz ob der Trennung, der Verlust des Besitzes, werde nie Wirklichkeit, womit von vornherein die Basis für das Fürchten entfalle. Die Beweisführung gibt zwar das Eintreten der Katastrophe – des Todes – vollinhaltlich zu, doch zeigt sie zugleich auf, dass die Katastrophe nicht stattgefunden hat, da der Mensch in ihr aus dem Sein entschwindet. «Aber die feine Deduktion aus den Be-deutungen des Sein- und des Nicht-sein-Begriffes» – ich zitiere wiederum Biran – «kommt überhaupt nicht an die konkrete seelische Wirklichkeit heran und hat daher noch niemandem Freiheit von der Todesfurcht gebracht. Im Gegenteil, die Per-spektive des Todes als Nichtheit, als endgültiges Ende er-schreckt und bedrückt womöglich noch mehr als die Vorstel-lung von der schlechten leeren Unsterblichkeit.»

Es hat sich tatsächlich erweisen, dass weder die Auffassung vom Tod als dem Ende des Menschseins schlechthin, noch jene eines «unguten», weil leeren Fortlebens der Seele, die Todesfurcht zu bannen vermag. Ebensowenig aber kann ich mich der Ansicht Birans anschliessen, dass die Vorstellung einer «guten» Unsterblichkeit sie aufheben kann. Die Erfahrung auch mit gläubigen Menschen spricht dagegen. Vielmehr bin ich der Überzeugung, dass die Todesfurcht wie auch das Sterben selbst Grundformen menschlichen Existierens darstellen und demzufolge so zum menschlichen Leben gehören, dass sie wesensmässig dieses mitbestimmen.

Dies hat nun allerdings nichts mit der «Psychologie» der Todesfurcht zu tun; so wie etwa angenommen wird, die «instinktive» Todesfurcht diene dem Leben überhaupt, sie sei dazu da, dem Individuum die Gleichgültigkeit gegenüber dem Tode und eine eventuelle Todessehnsucht auszutreiben, in ihm den Willen zum Kampf um seine Selbsterhaltung zu wecken. Es geht hier vielmehr um die Frage nach Sinn und Bedeutung der Angst im menschlichen Leben sowie um jene nach dem Verhältnis des Menschen zu dieser Angst. Es sei schon hier vorweggenommen, dass ich die Auffassung einer «instinktiven» Todesfurcht nicht teilen kann. Furcht und Angst, sofern wir überhaupt beide Begriffe voneinander unterscheiden wollen, setzen ein Wovor und ein Worum voraus; mit anderen Worten: ein Wissen um das Gefährdende und das Gefährdete. Dieses Wissen ist jedoch nicht instinktgebunden. So wie nur der Mensch um sein Sein und um seine Vergänglichkeit weiss, kann auch nur der Mensch Todesfurcht empfinden.

Angst und Furcht

Ich habe bisher konsequent von Todes*furcht* und nicht von Todes*angst* gesprochen. Bereits Biran unterschied zwischen Angst und Furcht, obwohl im deutschen Sprachgebrauch beide Begriffe fast unterschiedslos füreinander stehen. Die Angst soll, ähnlich wie der Schmerz, der Liebesverlust, der Sexualhunger, das Gefürchtete selbst sein. Sie bildet sich jedesmal dann, wenn die Seele eine schwere Versagung, eine Unlust oder Unlustbefürchtung erlebe, bilde demnach eine zweite, sich der primär vorhandenen superponierende Unlust. Diese zweite Unlust verschwinde erst dann, «wenn die ihr zugrunde liegende primäre Unlust oder Unlustbefürchtung ins Unbewusste versenkt» werde und in neurotischen Symptomen eine Abfuhr finde. Also wecke auch die Todesfurcht schwere Angst; «weswegen eben ihr Sinngehalt unbewusst wird. Um zu ihm vorzudringen, müssen wir vorher die Angst als die Ursache der Verdrängung und des Widerstandes besiegen.»

Die Unterscheidung von Angst und Furcht gehört heute fast zu den Selbstverständlichkeiten des philosophischen, psychologischen und anthropologischen Sprachgebrauchs. Für Freud stand fest, dass die Furcht ein bestimmtes Objekt voraussetze, vor dem man sich fürchtet, während die Angst einen unbestimmten, von einer konkreten Gefahrensituation unabhängigen Zustand bezeichne. Bei Kierkegaard entsteht Angst dann, wenn die Freiheit im Nichts erstarrt, auf dessen Grund die Sünde lauert, so dass jede Angst wesentlich Schuldangst ist. Furcht dagegen bezieht sich auf einen bestimmten Gegenstand oder eine bestimmte Situation. Auch die Unterscheidung Heideggers hinsichtlich einer ontologischen Aussage über die Angst und einer ontisch erfassten Furcht ist für unser Thema nicht ohne Bedeutung. Heidegger hat sich zwar immer vehement dagegen gewehrt, dass seine Aussagen «anthropologisch» missbraucht würden oder gar zu einem anthropologischen System gehörten. Er verwies mehrfach auf Passagen in «Sein und Zeit», wo «eindeutig und expressis verbis» ausgedrückt ist, dass es ihm nicht um den Menschen, sondern um das Sein und die Erfahrung des Seins gehe. Trotzdem sind, wo von Dasein – womit bei Heidegger immer der Mensch gemeint ist – die Rede ist, «anthropologische, humanwissenschaftliche Aspekte notwendigerweise mitvertreten» (Adler-Vonessen). Zudem gründet jede anthropologische und psychologische Erkenntnis immer in einem philosophischen, ontologischen Vor-Urteil. «Überall da, wo es um Sinnverständnis, um Deutung oder Nachvollzug einer Handlungs- oder Erlebniseinheit geht, können wir uns leicht davon überzeugen, dass wir nicht ohne ein hermeneutisches Vorverständnis auskommen, dass unsere Einsichten immer schon von einer weltumspannenden Vormeinung vorgeprägt sind». So wäre es auch «unsinnig zu fragen, zu welcher Art des Angsterlebnisses, bis zu welcher Tiefe der ängstlichen Erschütterung man es bringen muss, um die von Heidegger gemeinte Angst, die mit der Transzendenz gleichzusetzen ist, zu erfahren. Das Wesen der Angst oder was sich als Wesen des Sich-Ängstens erschauen oder beschreiben lässt, ist in jeder Angsterfahrung enthalten: die Enge und Leere, in der wir uns vereinsamt fühlen, das Entschwinden räumlicher, zeitlicher und personaler Bindungen, die Aufhebung des uns umfassenden Zusammenhalts – all das meinen wir unausgesprochen mit, wenn wir von Angst sprechen.»

Immer also, wenn von Todesfurcht oder Todesangst die Rede ist, befinden wir uns auf einem bestimmten ontologischen Hintergrund, ist dieser miteinbeschlossen. Dies gilt nicht nur für die Daseinsanalyse, sondern auch für die Psychoanalyse Freuds. Die Angst ist bei Freud in der biologischen Natur des Menschen begründet. Psychische Vorgänge, meint er, könnten wie Naturereignisse beobachtet werden. Die Annahme eines räumlich ausgedehnten, zweckmässig zusammengesetzten, psychischen Apparates hat ihn «in den Stand gesetzt, die Psychologie auf einer ähnlichen Grundlage aufzurichten wie jede andere Naturwissenschaft, z.B., wie die Physik». Mit anderen Worten: Auch Freuds Psychoanalyse ist in einem ontologischen Vorurteil begründet, sosehr er sich immer wieder gegen die Philosophie wehrte. Diese ontologische Grundlage ist aber grundverschieden von jener der Existentialphilosophie. Sie ist in technisch-naturwissenschaftlichen Gegebenheiten verankert.

Hinsichtlich der Todesfurcht lässt sich eine Abgrenzung gegenüber der Todesangst kaum mehr aufrechterhalten; insbesondere schon deshalb nicht, weil die Angst vor dem Sterben nicht erst angesichts der realen Todesbedrohung, beispielsweise durch eine Krankheit oder eine andere unmittelbar bevorstehende Gefahr, auftritt. Todesangst ist völlig unabhängig von «realer» Todesgefahr. Und insofern es dem Dasein in der Angst immer um sein Seinkönnen geht, ist letztlich jede Angst Todesangst.

200

Angst und Schuld

Befindlichkeit heisst, «wie einem ist» – und in der Angst ist einem unheimlich; «unheimlich» meint die Unbestimmtheit des Daseins, das Nichts und Nirgends. Das Nichts ist jedoch nicht einfach die Negation des Seins, hingegen kann es als eine «Drohung» gegen das Sein bezeichnet werden. Die Seinsbedrohung meint indessen nicht einfach die Möglichkeit des Todes, des Sterbens. Das Nichts ist eben jenes Etwas, das Seiendes nichtet, in dem Sinne etwa, dass das Dasein in seiner *Selbstverwirklichung* gefährdet ist. Angst vor dem Leben und dem Tode hat, wer sich seine ihm zugehörigen Daseinsmöglichkeiten noch nicht als die seinen angeeignet und demgemäss sein Dasein nicht verwirklicht hat. Angst entsteht überall dort, wo eine Erfüllung verunmöglicht wird, handle es sich bei dieser um den Fortbestand des Lebens, um die Befriedigung eines wichtigen Triebes, um die Vollendung einer gestellten Aufgabe, um eine Reifung der Persönlichkeit oder irgendein Hinauswachsen über sich selbst. Indem das Dasein die Selbstverwirklichung verfehlt, wird es in existentiellem Sinne *schuldig*.

Welche Bewandtnis hat aber die Schuld mit der Todesangst? Verhält es sich nicht so, dass häufig recht fromme und gesetzestreue Christen in unheimlicher Todesangst leben? Kann man auch da von Schuldangst sprechen? Gewiss, denn die Gesetzestreue schliesst das Schuldigwerden an sich selber keineswegs aus. Jores erklärt zwar die Tatsache, dass die meisten Menschen ohne Angst sterben, durch das entscheidende psychologische Moment der Hoffnungslosigkeit, «noch einmal die Möglichkeiten zu einem erfüllten Leben, zu einer Lebensentfaltung zu finden». Hingegen sollen Kranke mit Herzinsuffizienz, insbesondere solche mit Angina pectoris und jene mit gestörter Atemfunktion, Angsterlebnisse in der Todesstunde erleiden. Bei den zum Tode führenden Erkrankungen der Bauchorgane oder auch denen des Gehirns erlebe der Mensch keine Angst. Nun, wenn wir die Bedeutung des Herzens und der Atmung für das menschliche Dasein kennen, verstehen wir auch, dass zumal dort, wo das «Herzhafte», Gemüt- und Gefühlshafte bedroht wird, Angst eintritt. Jede Beengung der gemüthaften Lebensmöglichkeiten führt dazu. Die Lethargie, die hoffnungslose Selbstaufgabe, bildet jedoch keinen Gegensatz zur Angst, sondern oft eine Form der Angstabwehr. Die Angst verschwindet, wenn sich der Mensch ins «Unvermeidliche» schickt und er nicht mehr ausweichen kann – also auch angesichts des Todes. Daher sterben die Menschen in Konzentrationslagern wie die Tiere im Käfig, ohne Angst, aber stumpf und ergeben. Sie sind ja schon gestorben als Gefangene und entmenschlichte Menschen. Lebenserhaltung wird unwichtig, wenn Lebensentfaltung behindert ist. Der Mensch ist – in wesentlichem Gegensatz zum Tier – relativ «instinktenthoben», aus der Zwangsjacke der Instinkthandlungen weitgehend befreit. Wie er sein Leben gestaltet, bleibt ihm selbst anheimgestellt. Die «Lebensentfaltung» ist ihm als Problem, als Aufgabe gegeben. Jores gelangt allerdings zur Feststellung, dass der heutige Mensch in geradezu erschreckendem Masse diese Aufgabe vernachlässigt und dass die heutigen Lebensbedingungen nicht zuletzt durch die technische Zivilisation ihm eine möglichst vielfältige Entfaltung seiner Möglichkeiten immer schwerer und schwerer machen. Die technische Entwicklung hat zwar einerseits die «Möglichkeiten des Menschen zur Lebensbewältigung» unendlich vervielfacht, andererseits aber zur Bequemlichkeit wesentlich beigetragen. Die Technik nimmt dem Menschen so viel ab, «dass er sich selbst, oft rein passiv, von ihr bedienen lässt und eigene Fähigkeiten dabei verkümmern und brachliegen». Mindestens die Hälfte aller Menschen erfahren in ihrem Beruf keine Befriedigung mehr. Wenn die Berufsarbeit getan ist, gibt sich der Mensch der sogenannten «Zerstreuung» hin, das heisst er erleidet wiederum passiv, ohne Entfaltung eigener Möglichkeiten, dieses oder jenes, lediglich um die Zeit auszufüllen, um nicht der Langeweile zu erliegen. «Gerade der angstvolle Mensch wird in seiner vollen Entfaltungsmöglichkeit gehemmt.» Jores findet hier den Anschluss an die Gewissensbildung und den echten christlichen Glauben, wenn er schreibt, der Mensch habe ein Mitwissen um die Erfüllung jenes Grundgesetzes alles Lebendigen. «Es gibt ein Mitwissen des Menschen darum, was eigentlich sein soll, was ihm adäquat und gemäss ist. Das ist sicher die tiefste Wurzel jenes Phänomens, das wir als Gewissen bezeichnen. Damit erhebt sich die Frage, ob nicht eine Quelle der Angst insbesondere des neurotisch gestörten Menschen auf einem tiefen, nicht bewussten Mitwissen darum beruht, dass er im Begriff steht, sein Leben entscheidend zu verfehlen.» Diese Angst wird und muss gleichzeitig auch Todesangst sein, denn es droht ja das Schreckgespenst, von dieser Welt abtreten zu müssen, ohne die Aufgabe, die dem Menschen gestellt ist, wirklich vollbracht zu haben.

Eine zweite, nicht weniger wichtige Quelle der Todesangst entspringt der *Entborgenheit des modernen Menschen*. Die Ungeborgenheit versetzt ihn in Angst, denn der Mensch bedarf der Geborgenheit zu seinem Leben. Diese Geborgenheit liegt nicht nur in einer vertrauten äusseren Umgebung, sondern auch im Wissen um eine Ordnung, in der wir stehen, durch die Ausrichtung unseres Lebens nach höheren, nicht von uns selbst bestimmten Zwecken und Gesichtspunkten: «durch den Glauben».

Daraus ergibt sich, dass der angstneurotische Mensch keinen «echten» religiösen Glauben besitzt, denn Angst und Glaube schliessen sich so aus, wie Glaube und Liebe sich je einschliessen. Timor non est in caritate.

Das Verhalten des Menschen zur Todesfurcht

Es dürfte kaum eine Epoche gegeben haben, in der der Mensch so umfassend mit seiner irdischen Vergänglichkeit konfrontiert wurde und zugleich das Sterben-Müssen, die Gewissheit des Todes, so vehement zu verleugnen suchte, wie gerade unsere Zeit. «Media vita in morte sumus – mitten wir im Leben sind mit dem Tod umfangen», diese mittelalterliche, Notker dem Stammler zugeschriebene und später von Luther übernommene Antiphon wird uns heute in vollem Ausmasse täglich vor Augen geführt. Die leibhaftige Bedrohung der Menschheit, ja deren mögliche vollständige Vernichtung durch Kriege (nukleare Bedrohung), biologische Umwelteinflüsse (zunehmender Sauerstoffmangel), Technik (Verkehrsunfälle, Flugzeug-, Schiffs- und Eisenbahnkatastrophen), Gewalt- und Terrorakte ist, um nur eine Auswahl aus dem makabren Katalog zu erwähnen, fast total.

Sosehr wir uns daran gewöhnt haben, mit solcher Bedrohung und im Angesicht des Schreckens zu leben, sind wir doch nicht bereit, uns persönlich mit der Tatsache abzufinden, dass wir selbst schicksalsmässig dem Tode verfallen sind, ja dass wir zum Tode hin leben. Auch wenn wir uns der Endlichkeit unseres Daseins bewusst sind, versuchen wir, uns diesem Bewusstsein zu entziehen. Die einen gehen in der Geschäftigkeit des Lebens auf und füllen dieses süchtig in immerwährender Leistungs- und Konsumgier aus; für andere beginnt das Leben erst nach dem Tode. Beide Verhaltensweisen sollen die Todesangst bewältigen helfen. Ihnen liegt aber auch je eine bestimmte Vorstellung vom Tode zugrunde. Im ersten Fall wird der Tod als das unwiderrufliche Ende, die totale Destruktion, das hereinbrechende Nichts betrachtet, der völlig sinnlos ist und dementsprechend auch das Leben als sinnlos erscheinen lässt. Im zweiten Fall verliert das Leben ebenfalls seine ihm eigenständige Sinn- und Werthaftigkeit, gilt es doch lediglich als Vorbereitung auf ein Leben nach dem Tode; der Mensch befindet sich gleichsam im Vorraum des eigentlichen Lebens.

So könnte man annehmen, das Verhältnis zum Tode sei ein höchstpersönliches, der weltanschaulichen und philosophischen Geisteshaltung des einzelnen überlassen. Bestenfalls die Theologen und Philosophen hätten demnach die Berechtigung, über den Tod nachzudenken und ihn in ihre Wissenschaft einzubeziehen. Die Ärzte aber, sie, die von der menschlichen Gesellschaft als eigentliche Kampftruppe gegen den Tod eingesetzt sind, sollten darüber nicht nachdenken? Kann es ihnen gleichgültig sein, welches das Wesen dessen ist, gegen das sie anzutreten haben? Steht es bei ihnen gar so, wie überhaupt in ihrer Wissenschaft: dass sie zwar ausgewiesene Naturwissenschaftler sind, doch die philosophischen Voraussetzungen und

204

Grundlagen ihrer Wissenschaft weder zu kennen brauchen noch gar in Frage stellen dürfen? Ist der Arzt dadurch jedoch nicht zu einem Handwerker geworden, der in Selbstbescheidung oder aus Ignoranz wohl in der Lage ist, sein erlerntes Handwerk auszuüben, ohne aber die Grundlagen seiner Tätigkeit kennen zu müssen? So wie Handwerker eben ein Haus bauen und reparieren können, ohne die Gesetze der Physik zu kennen. Krankheit hat in so verstandener Medizin den Stellenwert eines reparaturbedürftigen Defekts, eines Versagens der Lebensmaschinerie; der Tod jedoch findet in ihr keinen Platz. Er verweist höchstens auf das Versagen der ärztlichen Kunst und ist im Grunde eine Beleidigung für den Arzt.

Gewiss, diese Medizin kann ihre Notwendigkeit und ihre Berechtigung beanspruchen. Sowenig man Physiker beim Hausbau als Maurer, Schreiner, Elektriker, Installateure und Handlanger anstellen wird, sowenig wäre dem kranken Menschen mit Philosophien gedient. Die genannte Selbstbescheidung der Ärzte ist deshalb höchst sinnvoll; Erhaltung eines gesunden Lebens bleibt vornehmlichste Aufgabe des Arztes, so sehr sogar, dass sie als ethisches Prinzip jegliches ärztliche Handeln bestimmt. Ein Arzt, der sich dieser Verpflichtung entzieht, hat aufgehört Arzt zu sein (und als solcher ist der Arzt Naturwissenschaftler). Philosophie und Weltanschauung am Krankenbett mögen im Zeitalter der Medizinmänner, Schamanen und Gesundbeter gefragt gewesen sein. Heute, in unserer rationalen Epoche, hat der Arzt die ganz klar umgrenzte Aufgabe, den Menschen gesund und am Leben zu erhalten.

Allerdings lässt sich diese Aufgabe in doppelter Hinsicht nicht so leicht erfüllen, einmal, weil bislang nicht geklärt ist, was Gesundheit eigentlich bedeutet, zum anderen, weil wir im Grunde so wenig wissen, was die Erhaltung des Lebens, ja was «Leben» überhaupt darstellt. Denn die Tatsache, dass menschliches Leben und menschliche Gesundheit biochemisch *erhalten* werden können, sagt noch nichts über deren *Wesen* aus. Leben finden wir auch bei Pflanzen und Tieren; auch diese können absterben oder verenden. Können sie aber sterben? Setzt Sterben nicht ein Wissen um die Möglichkeit des Todes voraus, das Pflanzen und Tieren völlig abgeht? Und ist menschliches Kranksein nicht eine viel umfassendere Beeinträchtigung des Daseins, als es die «medizinische» Diagnose vermuten liesse? Also doch Philosophie?

In zwei Bereichen genügt die vorhin skizzierte Aufgabe der Ärzte nicht; zum einen im Gebiet der psychosomatischen Medizin, zum andern in der Begegnung des Arztes mit dem unrettbar zum zeitlich absehbaren Tod verurteilten Kranken. Die psychosomatische Krankheit sprengt bereits den Rahmen der naturwissenschaftlichen Medizin. Sie konfrontiert Arzt und Patient mit Fragen, die «handwerklich» nicht zu lösen sind, obwohl dies heute immer noch hartnäckig versucht wird. In weit stärkerem Masse begegnet der Arzt dieser Problematik menschlicher Existenz bei der Behandlung unheilbar erkrankter und sterbender Patienten. Die Kranken selbst nämlich zwingen die Ärzte, Stellung zu nehmen, sei es durch ausgesprochene oder stumm an sie herangetragene Fragen. Davon wird jeder Arzt betroffen, ob er es wahrhaben will oder nicht. Und wenn man die seelische Bedrängnis junger Mediziner, die mit sterbenden Patienten zu tun haben, miterlebt hat, kann man ermessen, welche Abgründe menschlichen Seins sich dem Arzt angesichts des Todes auftun; dem Arzt, der ja auf diese Aufgabe während seines Medizinstudiums nicht vorbereitet wurde, da es den Tod in der naturwissenschaftlichen Medizin nicht gibt – höchstens den Leichnam als anatomisches oder pathologisches Präparat!

Jeder Mensch hat ein eigenes Verhältnis zum Sterben, das abhängig ist vom Wissen und Glauben, von gesellschaftlichen, weltanschaulichen, religiösen und familiären Einflüssen, vom Erlebnis beim Tod eines Angehörigen, von der eigenen «gesunden» oder «neurotischen» Lebensentwicklung. Die Sterbensgewissheit kann verdrängt werden oder aber den Menschen angstvoll lähmen. Corey unterschied vier Weisen des Umgangs mit dem Wissen um die Sterblichkeit: Avoidance, Acceptance, Neutralization, Suppression; das Bewusstsein des Sterben-Müssens kann demnach umgangen, angenommen, neutralisiert oder unterdrückt werden. Junge Menschen neigen eher zu Acceptance beziehungsweise Neutralization, alte zu Avoidance.

Zwei Wesensmerkmale des Sterbens sind für die Verarbeitung des Wissens um den Tod von besonderer Bedeutung: die hora incerta, die Ungewissheit des Todeszeitpunkts, und die Tatsache, dass man allein stirbt. Sartre bereits erkannte, dass man auf den Tod nicht warten könne, sondern höchstens auf ihn gefasst sein müsse, denn das Wann des unbestimmt-gewissen Todes kann jeder Augenblick sein. Jaspers hob die Einsamkeit des Todes für den Sterbenden wie für den Zurückbleibenden hervor. So ist das Erschreckende an der Todesahnung das Wissen um die *Trennung* von dieser uns vertraut gewordenen Welt, von unseren Lieben, von unserem Leben. Diesen «Tod» erlebt der Mensch aber immer wieder, zeit seines Lebens – das Kleinkind etwa, das von seiner Mutter getrennt wird, der Liebende beim Abschied von der Geliebten.

Die empirische Sozialforschung wies nach, dass Kinder im Alter zwischen ein und drei Jahren den Tod in seiner Bedeutung noch nicht erfassen. Mit fünf bis neun Jahren hingegen, besonders vom achten Lebensjahr an, konkretisiert sich das persönliche Sterben als Vorstellung einer irreversiblen Auflösung des Körpers. Die Möglichkeit, selbst zu sterben, wird bewusst. Im Vordergrund des Erlebens stehen jetzt eine realistische Einschätzung des Todes und die Neugier für die Begleitumstände des Sterbens. Während der Adoleszenz und des frühen Erwachsenenalters findet man meist eine ungewisse Todesangst, wobei hier allerdings eingehende Untersuchungen fehlen (auffallend ist die hohe Suizidalität in der Zeit zwischen Pubertät und abgeschlossener Maturität). In den mittleren Lebensjahren sind die Ergebnisse uneinheitlich; einer der wichtigsten Adaptationsmechanismen an das Altwerden scheint jedoch die Verleugnung des Todes bei über Fünfzigjährigen zu sein, wobei natürlich Unterschiede in der Abhängigkeit von Religiosität und sozialer Integration erkennbar sind. Menschen, die in der Familie oder im Altersheim leben, zeigen zumeist eine positivere Einstellung zum Tod als Alleinstehende (J. E. Meyer). Jedermann weiss, dass menschliches Leben sterblich ist, aber nur wenige wissen, wo und wie heute gestorben wird. Es fehlt je länger, je mehr die bewusste Einstellung zum Tode. Während früher die direkte Erfahrung des Todes anderer einen Teil der ganzen Lebenserfahrung bildete, verschwinden heute bereits die Schwerkranken aus dem aktiven Leben der Familie in die Krankenhäuser und Sterbekliniken. Zudem leben die Alten immer häufiger unter ihresgleichen in Altersheimen; die Bestattung mit den entsprechenden Ritualien wird an Beerdigungsinstitute delegiert, und so entgleitet die Todeserfahrung dem Individuum (Moltmann). Man erwartet vom modernen Menschen, dass er sich immer *beherrscht* gibt und *funktionstüchtig* erhält, auch wenn er einen geliebten Menschen verloren hat. Überdies wird erwartet, sagt J.E. Meyer, «dass wir selbst möglichst lautlos, ohne Aufsehen und Last für andere, abtreten. Der moderne Mensch hat kaum mehr Gelegenheit, sich an den Tod zu ,gewöhnen'. Die Wandlungen der Begräbnisriten, in denen ursprünglich Trauerarbeit geleistet wurde, haben vor allem dazu beigetragen, Sterben und Tod aus dem Blickfeld der Lebenden zu entfernen und damit dem Menschen eine lebensbegleitende Vertrautheit mit dem Sterben unmöglich zu machen». Durch Isolierung der unheilbar Kranken und der Alten, also aller dem Tode Nahestehenden, geht der unmittelbare Todeskontakt für beide Seiten verloren. Bevor der *physische* Tod den Menschen erreicht, erleiden viele Kranke schon den «*sozialen Tod*» (Moltmann). Sigmund Freud bemerkte bereits, dem Menschen eigne die unverkennbare Tendenz, den Tod beiseite zu schieben, ihn aus dem Leben zu eliminieren. Freud hat denn auch die «unbewussten» und «bewussten» Gründe dargelegt, die den Menschen bewegen, Sterbenden aus dem Wege zu gehen. Die amerikanische Psychoanalytikerin Janice Norton wies nach, dass sich Familie, Freunde, Ärzte und Seelsorger oft von sterbenden Menschen abwenden. Ja, es ist bekannt, wie abgesondert und isoliert Sterbende sogar in der Klinik sind. Ärzte und Krankenschwestern suchen deren Zimmer weniger häufig und weniger lange auf als die anderer Patienten. So wird der Sterbende nicht nur isoliert, sondern auch seiner Würde beraubt. Er wird zum «hoffnungslosen Fall», der Tod zum «Exitus letalis».

Der Tod weist in den verschiedenen Lebensaltern einen unterschiedlichen Aspekt auf. Es ist sicher fragwürdig, vom sterbenden Kind und Jugendlichen, ja selbst vom Erwachsenen, der mitten aus dem Leben gerissen wird, zu behaupten, sein Dasein wäre früh vollendet worden. Der Todesfall bei jungen Menschen vollendet dieses Dasein vermutlich nicht, sondern bricht es ab; er gilt gemeinhin als vermeidbar, so dass man sagen kann, der Tod sei «wenigstens in den Ländern mit entwikkelter Zivilisation immer mehr zu einer Angelegenheit der alten Menschen geworden» (Leuenberger).

Neurotische Angstabwehr

Nachdem wir uns mit der philosophisch-soziologisch-psychologischen Problematik der Todesfurcht auseinandergesetzt haben, bleiben uns als Fazit zwei grundlegende Feststellungen: 1. Die Todesangst erscheint dort, wo der Mensch seine Selbstverwirklichung verfehlt oder noch nicht erreicht hat – sie ist also letztlich Schuldangst. Da die Selbstverwirklichung, das Abtragen der existentiellen Schuld, während eines Menschenlebens nie voll erreicht werden kann, wird auch die Todesfurcht nie aufzuheben sein. 2. Angst entsteht auf dem Boden der Ungeborgenheit, der Lieblosigkeit. Die Entborgenheit bildet gleichsam den Nährboden, aus dem die Angst wachsen kann, denn mangelnde Liebe und mangelndes Verständnis bedingen ihrerseits an erster Stelle die Selbstverfehlung. Nun glückt einem Menschen in seinem endlichen Dasein *nie die volle Selbstverwirklichung, weshalb er dauernd der Schuld und Angst ausgesetzt bleibt.* Wenn der Mensch die Angst nicht mehr erträgt, begibt er sich in die Neurose. Der neurotische Mensch aber kann die Angst abwehren oder ihr verfallen. Viele Neurotiker sind weniger ängstlich als der Durchschnittsmensch, sofern sie nicht an einer ausgesprochenen Angstneurose leiden.

Möglichkeiten der Angstabwehr sind beispielsweise die neurotischen Versuche der «Regression» in die frühkindliche Abhängigkeit des Menschen von seinen Eltern; der Verlust der Individualität mit seiner freiwilligen Unterordnung unter die Autorität sogenannter «Vorbilder» oder Idealtypen, mit anderen

Worten der «Konformismus», und schliesslich vor allem auch das Ausweichen in die kollektiven Entlastungssysteme. Das Kollektiv übernimmt die Verantwortung und damit zugleich die Bewältigung der Angst, von der das Individuum enthoben wird. Es liegt auf der Hand, dass das Kollektiv nur dann seine sichernde und bergende Funktion auszuüben vermag, wenn es sich letztlich auf den einzelnen rückbezieht und ihm zumindest eine Verbesserung der Lebensbedingungen oder gar das Paradies auf Erden versprechen kann.

Todessehnsucht – Todesfaszination

Flucht vor dem Tode, Todesvermeidung und Privatisierung des Todes stehen in einem merkwürdigen, zumindest scheinbaren Gegensatz zu einem anderen Phänomen, das uns heute in immer eindringlicherer Form begegnet: der Todessehnsucht des Menschen.

Diese Todessehnsucht zeigt sich wiederum in vielfältiger Form; eher selten und dann für den Beschauer eher in krankhafter Form bei Menschen, die offensichtlich und willentlich den Tod suchen. Damit meinen wir nicht die verzweifelten Selbstmörder, die sich aus purer Angst vor dem Leben in den Tod begeben. Es sind vielmehr jene, deren Verhalten darauf schliessen lässt, dass sie – möglicherweise völlig unreflektiert – ihr Leben aufzugeben bereit sind oder dasselbe bereits aufgegeben haben. An und für sich ist dies kein neues Phänomen. Die Geringschätzung des leiblichen und weltlichen Lebens fand in allen Zeiten und Kulturen ihre Anhänger. Am eindrücklichsten fand die Todessehnsucht wohl, wenn auch in sublimierter Form, im Religiösen, sogar im christlichen Weltbereich, ihren Ausdruck. Asketische Lebensformen, Geisselung des (sündigen) Leibes, Rückzug in die Einsiedelei oder in gleichgeschlechtliche Ordensgemeinschaften, dort gelegentlich sogar unter Einschränkung der sprachlichen mitmenschlichen Begegnung durch Schweigegelübde. Die Gelübde zur Keuschheit und Armut können ebenfalls in diesem Zusammenhang erwähnt werden. Dazu kam die gewollte und verherrlichte Opferbereitschaft. Wer sich für den anderen aufopfert, gibt eigene Ansprüche auf. Im Bewusstsein, sich selbst aufzuopfern, wird die Todessehnsucht erkennbar und durch die selbstlose Hingabe legitimiert. Keuschheit, Armut, Opferbereitschaft, Demut und Gehorsam bedeuten Verzicht auf Leben, auf eigenständiges, selbstbestimmendes Erleben menschlicher Grundbedürfnisse. Beim Eintritt in ein Kloster vollzieht sich eine noch unauffälligere Art, aus der Welt zu scheiden. Nonnen und Ordensbrüder befinden sich nicht mehr «draussen in der Welt». Sie zeigen damit auch die Distanz, die sie zum profanen, irdischen Lebensweg eingenommen haben, und ihre Sehnsucht nach der ewigen Ruhe, der Ewigkeit, nach dem Erlöser, dem himmlischen Bräutigam, der sie gleichermassen liebt. Sie leben in der Überzeugung, hier im «Jammertal» leben zu müssen, während ihnen die Jenseitsvorstellung zeitlebens alle unvergängliche Herrlichkeit des Himmels verheisst. So wird das Sterben ein willkommener «rite de passage», hinter welchem im Sinne des «Stirb und Werde» unmittelbare Hoffnungserfüllung folgt. Gemäss dem Worte des heiligen Paulus: «Ich habe Lust, abzuscheiden und bei Christus zu sein.»

Aber nicht nur in christlichen und buddhistischen Klöstern, nicht nur bei jenseitsorientierten religiösen Menschen treffen wir diese Todessehnsucht. Auch Dichter und Schriftsteller haben sie besungen. Herder, Novalis, Kleist, selbst Goethe, Rilke, Hölderlin, die Romantiker und die Dichter von Sturm und Drang legten Zeugnis davon ab. So schreibt R. M. Rilke («Das Buch von der Armut und vom Tode»):

O Herr, gib jedem seinen eigenen Tod.
Das Sterben, das aus jenem Leben geht,
darin er Liebe hatte, Sinn und Not.
Denn wir sind nur die Schale und das Blatt.
Der grosse Tod, den jeder in sich hat,
das ist die Frucht, um die sich alles dreht.

Walter Rem hat sich ausführlich mit der Wechselbeziehung von Dichtkunst und Totenkult bei Novalis, Hölderlin und

Rilke auseinandergesetzt. In der Romantik sind Liebe, Dichtung und Tod untrennbar verbunden; sie nährt sich aus ihnen. «Überall lässt sich in der romantischen Dichtung der leise, nie verstummende innere Ruf in die Heimat, nach Hause, zur Urversammlung vernehmen, überall ist die geheime, nie zu stillende Sehnsucht, das unbeschreibliche Heimweh nicht nur nach Gärten und Bergen der realen Heimat zu spüren, sondern nach einer viel ferneren, tieferen Heimat ... es ist ein Heimweh, das sich zum Heimweh ohne Heimat, zur labyrinthischen Selbstquälerei steigert, das zur tiefen Wehmut anwächst, die einen wahnsinnig machen kann ...» Novalis ist der Verkünder der Liebe, der Krankheit und des Todes. Die Todesverbundenheit und Todesliebe des romantischen Dichters leitet sich von der Erhebung des Menschen über sich selbst her, von dessen Überstieg ins Jenseitig-Künftige; insofern ist der Poet «transzendentaler Arzt» (Novalis). In der Überzeugung von Novalis sind Sterblichkeit und Wandelbarkeit ein Vorzug höherer Naturen. Der Geist selbst ist Vergänglichkeit. Der Übergang aus der wirklichen Welt in den als Geheimniszustand begriffenen Tod und in die Tiefe, in ein neues ewiges Leben wird durch den Dichter verherrlicht. Bereits bei Herder finden wir die «Sehnsucht nach Ruhe und Tod» (Gedicht) und den Tod als Erlöser in «Des Einsamen Klage»:

Ich steh' allein: mein dunkles Seyn
Hell macht der Hoffnung Morgenrot;
Nur deine Fackel, holder Tod,
Mir strahlt mit wildem Schein.
Wo weilest Du? bring mich zur Ruh!
Komm, führ mich in dein stilles Land,
Und schliesse mir mit sanfter Hand
Die trüben Augen zu.

Herder, Novalis, Kleist, aber auch Goethe und Hölderlin sowie die Philosophen der Einsamkeit, Schopenhauer und Nietzsche, erlebten die Macht der Todessehnsucht, am intensivsten vielleicht Rilke, den ich bereits zitierte.

212

Die Todessehnsucht ist aber auch ein kollektives Phänomen. Man stellte sie psychologisch oft der Sehnsucht nach der Mutter, dem Heimweh, gleich. Bekanntlich wurden in früheren Jahrhunderten die berühmt-berüchtigten Schweizersöldner, die in fremden Diensten standen, von starker Sehnsucht nach ihrer Heimat befallen, aber auch von einer derartigen Todessehnsucht, die sie in extremen Situationen zu berserkerhafter Todesraserei trieb. Diese Todesraserei ist auch heute noch zu beobachten: wir haben sie in den afrikanischen Befreiungswirren erfahren, wir sehen sie in kleinerem Ausmass bei unseren Jungen, die in halsbrecherischer Weise auf rasenden Motoren und Autos ihr Leben aufs Spiel setzen.

Es sei dahingestellt, ob – wie die Psychologen behaupten – die Todessehnsucht im Grunde genommen eine Sehnsucht nach der Mutter, gar der Ur-Mutter sei, von der sich der reifende Mensch trennen musste. Uns beschäftigt heute auch nicht mehr die Todesraserei der Kriegshelden oder Märtyrer, sondern eine ganz andere Form der Todessehnsucht, die nicht so laut und schreiend ist, sondern still und zehrend. Wir begegnen ihr in den mannigfaltigen Formen psychopathologischer Erscheinungen.

Todessehnsucht in der Psychose

Dass die Todesangst, wie die Angst überhaupt, bei psychotischen Prozessen in entscheidender Weise das Krankheitsbild bestimmt, ist bekannt. Diese Angst meint immer eine Verletzbarkeit, sei es durch Verfolgung (Paranoid), durch Zerstückelung, Verlust der Persönlichkeit usw. Die Psychose selbst aber ist ein Prozess, der tatsächlich zum Tode führt, wenn auch nicht unmittelbar zum leiblichen Ende. Der Zerfall der Persönlichkeit ist an sich schon ein Zu-Tode- und Zu-Grunde-Gehen.

Viele Psychotiker erleben jedoch die Angst und die Sehnsucht nach dem Tode ganz bewusst. So erklärte eine schizophrene Patientin, alle spitzen und schneidenden Gegenstände machten ihr Angst. Zeitweise sprachen sie sie selbst auf Selbstmord an, so dass sie kaum an ihnen vorbeigehen konnte. Zeitweise hatte sie Angst, andere Menschen um sie herum könnten sich verletzen oder könnten verbluten. Auch machten sie alle Maschinen krank, weil sie Menschenleiber zerschneiden oder verschlingen könnten. In dieser schrecklichen Welt erwartete sie oft, dass die Erde sich auftun und sie verschlingen würde. Niemand würde davon wissen, niemand würde bemerken, dass sie einmal gewesen sei. Niemand würde um sie trauern. Es wäre, als hätte sie nie gelebt.

Die Patientin warf ihrer Therapeutin immer wieder und immer häufiger vor, sie daran zu hindern, sich dem Sterben hinzugeben. Die einzige Lösung für sie wäre, sich total fallen zu lassen, immer weiter, bis nichts mehr da wäre. Dann endlich könnte sie sterben. Dort wäre dann eine Grenze zu erreichen, die sie wenigstens spüren könnte. Das Sterben wäre wenigstens ihr eigenes. Sie spüre, dass sie nur die Türe aufmachen müsse für den Tod. Dem Tode sei sie ausgeliefert, er sauge sie ein, sie sei von ihm fasziniert. Manchmal sprach sie auch davon, in ihrem Leib «wühlen» zu wollen, sich in ihn zurückzuziehen wie in eine Höhle, dort die Erinnerungen zu betrachten wie alte Spielsachen, auf der Lebensleitung liegen und in den Knochen wühlen zu wollen. Jedoch all dies dürfe man nicht, denn solange man am Leben bleiben müsse, brauche man immer noch eine schützende Schicht.

Manchmal wünschte sie, sich wie eine Rakete ins Weltall hinausschleudern zu lassen, dort wäre sie endlich völlig allein und alles wäre vorbei. Es gab Phasen, da ihre Unruhe und ihr Leiden, aber auch ihre Sehnsucht zu sterben so intensiv wurden, dass sie sich wie in hohem Fieber oder in einer Feuersbrunst befand.

In besonders drastischer Weise erleben wir die Todessehnsucht bei dem von Ludwig Binswanger beschriebenen «Fall Ellen West». Bereits im 17. Lebensjahr schrieb die Patientin Gedichte, die ihrer Todessehnsucht Ausdruck verliehen. «Küss mich tot» war das eine betitelt. Sie rief darin den finsteren kalten Meerkönig an, er solle zu ihr kommen, sie in heisser Liebesgier in seine Arme drücken und totküssen. In einem andern Gedicht wuchsen graue, feuchte Abendnebel um sie her, streckten ihre Arme nach ihrem kalten, längst gestorbenen Herzen aus. Die Bäume schüttelten, ein altes, wehes Lied singend, trostlos ihre Häupter, kein Vogel liess den späten Sang erklingen, kein Licht erschien am Himmel, der Kopf war leer, das Herz bang. In späteren Jahren erschien ihr der Tod nicht mehr so schrecklich, er war kein Sensenmann mehr, sondern eine herrliche Frau, mit weissen Astern im dunklen Haar, grosse Augen, traumtief und grau. Das Einzige, was die Patientin lockte, war das Sterben: «So ein wohliges Ausstrecken und Hindämmern. Dann ist's vorbei. Kein Aufstehen wieder und ödes Schaffen und Planen.» «Hinter jedem Wort verberg ich eigentlich ein Gähnen», schrieb sie an einen Freund. «Jeden Tag werde ich ein bisschen dicker, älter und hässlicher. Wenn er mich noch lange warten lässt, der grosse Freund, der Tod, dann mache ich mich auf und suche ihn.» Sie sei nicht schwermütig, bloss apathisch. «Es ist mir alles so einerlei, so ganz gleichgültig, ich kenne kein Gefühl der Freude und keines der Angst ... Der Tod ist das grösste Glück des Lebens, wenn nicht das einzige. Ohne die Hoffnung auf das Ende wäre das Dasein unerträglich. Nur die Gewissheit, dass früher oder später das Ende kommen muss, tröstet mich ein wenig.» Aber nicht nur in ihren Gedichten und Briefen äusserte sich ihr Wunsch zu sterben. Auch ihr leibliches Dasein zeugte davon. Die Menstruationsperiode blieb aus, sie magerte extrem ab, nahm kaum mehr Nahrung zu sich, verlor rapide ihre Kräfte. Sie schlief bis zu zwölf Stunden am Tage. Ihre Stimmung war jedoch in diesem Zustand nicht mehr depressiv, sondern heiter. Schliesslich machte sie aber doch einen Selbstmordversuch, nachdem sie schon früher Selbstmordabsichten geäussert hatte. Ein zweiter Selbstmordversuch folgte, schliesslich ein dritter und vierter, so dass sie in eine psychiatrische Klinik eingewiesen werden musste.

Der Wunsch der Patientin zu sterben zog sich durch ihr ganzes Leben. Schon als Kind fand sie es «interessant», tödlich zu verunglücken, beispielsweise beim Schlittschuhlaufen einzubrechen. In ihrer Reitzeit machte sie die tollkühnsten Kunststücke, sie brach sich bei einem Sturz das Schlüsselbein, fand es schade, dass sie nicht ganz verunglückt sei. War sie als junges Mädchen krank, so war sie jedesmal enttäuscht, wenn das Fieber herunterging und die Krankheit wich. Als sie mit 22 Jahren auf das Abitur lernte, wollte sie von ihrem Lehrer immer wieder den Satz hören: «Wen die Götter lieben, der stirbt jung.» Hörte sie vom Tode von Freundinnen, so beneidete sie diese und hatte bei den Todesnachrichten leuchtende Augen. Als sie im Kinderheim tätig war, besuchte sie trotz Warnungen ihrer Vorgesetzten an ansteckenden Krankheiten leidende Kinder, in der Hoffnung, selbst angesteckt zu werden. Sie versuchte auch, sich dadurch Krankheiten zuzuziehen, dass sie sich nach einem warmen Bade nackt auf den Balkon stellte, dass sie ihre Füsse in eiskaltes Wasser setzte, dass sie sich mit 39 Grad Fieber bei Ostwind vorne auf die Strassenbahn stellte. Ihr damaliger Analytiker bezeichnete ihr Verhalten als einen «langsamen Suizidversuch».

Nach Entlassung aus der Kuranstalt Bellevue nahm die Patientin eine Dosis Gift, wodurch sie ihr lebenslanges Ziel – den Tod – erreichte.

Binswanger hat an dieser Fallbeschreibung die Gleichzeitigkeit der Todesfurcht und der Todessehnsucht sehr eindrücklich aufgezeigt. Ellen Wests Angst war überhaupt Angst vor dem In-der-Welt-Sein als solchem. Sie hatte vor Allem Angst, vor dem Dunkel und der Sonne, vor der Stille und dem Lärm. Die ganze Welt bekam bei ihr den Charakter des Bedrohlichen. Das Selbst wurde feige. Daher die Selbstverachtung. «Ellen sieht sich schon im Grabe, die graue, aschenbleiche Not sitzt daneben, die Vögel schweigen und fliehen, die Blumen welken vor ihrem eiskalten Hauch. Die Welt selbst wird zum Grabe. Die Praxis lockt nicht mehr, an die Stelle der Arbeit ‚tritt das Gähnen, die Apathie'.» Sie hat Angst vor allem ihr Begegnenden, auch vor dem Tode. Und doch erscheint ihr als einziger Retter aus diesem Dasein wieder der Tod, der nun nicht mehr – wie früher – als finsterer Meerkönig oder Gott-Vater, sondern erdennäher vorkommt, bald als «der grosse Freund», bald als eine herrliche Frau. Gleichgültig, ob Mann oder Frau, wenn er nur «das Ende» bedeutet. Aber auf dieses Ende konnte Ellen West nicht warten. Das langsame Absterben, Verrosten, Verdorren, Verkümmern, Schal-und-erdig-Werden war ihr verhasst. Die Patientin lebte in einem schweren Konflikt zwischen Angst und Sehnsucht. Ihre Leiblichkeit wurde in diesen Konflikt mithineingerissen. Sie hatte Angst vor dem Dickwerden und einem gesteigerten Drang nach Essen. Sie lebte im Gegensatz zwischen dem Leben in einer ätherischen Welt und dem Leben in der Welt der Erde. Ellen wollte nicht leben, wie der Wurm in der Erde lebt, alt, hässlich, stumpf und dumm, mit einem Wort: dick. Sie wollte lieber sterben, wie der Vogel stirbt, der sich die Kehle sprengt in höchstem Jubel, oder sich im eigenen Feuer wild verzehren.

Todessehnsucht und Todesangst fallen deshalb zusammen, weil beide eine Gemeinsamkeit haben, das *Verfallen*. «Zur Angst» – sagt bereits Binswanger – «kommt es ja immer nur da, wo das Dasein dem, vor dem es sich ängstigt, ‚im Grunde' bereits verfallen oder verhaftet ist.» Dieses Verhaftetsein und dasjenige, dem es in seinem Grunde verhaftet ist, zeigt sich gerade bei Patientinnen wie Ellen West in hervorstechendem Masse. Für Binswanger stand fest, dass die Kranke an einer fortschreitenden schizophrenen Psychose litt. Ähnliche Verhältnisse treffen wir aber auch bei Patientinnen mit Anorexia nervosa an, einem Krankheitsbild, das ebenfalls wie bei Ellen West mit hochgradiger Abmagerung, Essensverweigerung, Angst vor dem Dickwerden, Verstopfung und Sistierung der Menstruation einhergeht. Magersüchtige sind Menschen, welche von einer grundsätzlichen Abwehrhaltung gegen das dem Menschen vorbestimmte Existieren-Müssen verzehrt werden. Am liebsten noch würden sich solche Menschen als Geist-Wesen sehen. Jene Menschen allerdings, die im Grunde ihres Wesens unter gar keinen Umständen als leibliche Menschen in der Welt leben wollen, sind auch für den Therapeuten zumeist unrettbar verloren.

Todessehnsucht als neurotische Lebensflucht

Jede Seinsweise, die ein Aufgeben eines Teiles unseres Wesens *für* etwas, zum Beispiel für ein Ideal, verlangt, weist im Keime auf eine Todessehnsucht, mindestens eine End-Bezogenheit auf; einen Seinsbezug allerdings, der die Begegnung mit der Welt noch erträgt. Anders verhält es sich mit Menschen, die weder sich noch die Welt zu ertragen vermögen. Sie flüchten in eine Welt, die ihnen Aufgelöstheit, Unbeschwertheit verspricht, eine Welt, die vergessen lässt. So erleben wir gerade in unserer Welt die Todessehnsucht als kollektives Phänomen einer Jugend, die zunehmend der Langeweile und dem Drogenkonsum verfallen ist. Der Drogensüchtige «entrückt» sich von dieser Welt, er geht «auf die Reise», die ihn vom Hier und Jetzt weg in das gelobte Land – ins Nirwana – führt.

Wir hatten selbst einen 21jährigen jungen Mann psychiatrisch zu begutachten, der in grossem Ausmasse drogenabhängig war und Drogenhandel trieb. Die Welt, in der er zu Hause war, war die Welt der Drogen und der Ausgeflippten. Die Arbeitsplätze kamen ihm leer und fade vor, die bürgerliche Welt langweilte ihn, auf seinen Reisen fühlte er sich einsam, aber inmitten der Rauchschwaden einer muffigen Bar und mit seinen Kollegen fühlte er sich wohl. Die Einstellung des jungen Mannes dem Leben gegenüber war durch eine fatalistische Resignation gekennzeichnet, gemischt mit der inneren Ablehnung der bestehenden Gesellschaftsordnung, jedoch ohne klares politisches Ziel und ohne den Versuch, seinem Leben einen eigenen Sinn abzugewinnen.

Er gehörte in die Gruppe jener jungen Menschen, die einer jahrelangen Drogengewöhnung verfallen waren, ohne eigentlich süchtig geworden zu sein. Wollte man seine Neurose beschreiben, dann am ehesten im Sinne der heute vielfach gerade bei Jungen anzutreffenden Langweiligkeitsneurose oder Sinnentleerungsneurose. Ärger, Unlust, Widerwille, Gleichgültigkeit, Resignation, Apathie, abgelöst vom Drang nach Veränderung, nach Wandern, gehört dazu. In dieser Leere finden die derart in ihrer Weltoffenheit beschränkten Menschen Zuflucht zur Droge, die es ihnen ermöglicht, der Eintönigkeit und Lebensunlust wenigstens für eine kurze Zeit zu entrinnen. Gefühle des Unterdrücktseins durch die wohlangepasste Gesellschaft, diffuse Vorstellungen einer blockierten Zukunft, Mangel an Initiative und Schuldgefühle fördern die Fluchttendenz. Es ist die Selbstentfremdung, welche Langweiligkeit und Sinnentleerung hervorruft und damit auch die Sucht, immer wieder Neues zu erleben, um sich von der Monotonie und Stagnation zu befreien. Die Liebesfähigkeit ist blockiert, ebenso die Aggressivität. Die Menschen werden passiv, sie können nur noch besitzen und geniessen. Jegliche Fähigkeit, Unangenehmes zu ertragen, Konflikte zu lösen, sich aktiv mit der Welt auseinanderzusetzen, ist ihnen abhanden gekommen. Die Frustrationstoleranz ist auf Null gesunken. Der Tod ist für sie die letzte grosse Reise.

Die Geschichte dieses Mannes ist die Geschichte einer ganzen Generation. Böhler schrieb, es sei erstaunlich, mit welcher Leichtfertigkeit der heutige Mensch mit seinem Leben umgehe. Geschwindigkeitsrummel, Gas, Staub und Lärm setzen eigenes und fremdes Leben aufs Spiel, schädigen und zerstören ganze Wohnlandschaften. Die Langeweile hat unsere Welt erfasst, die Flucht vor dem eigentlichen Leben. «Der Erforschung einer bestimmten Fliegenart opfert ein Gelehrter sein ganzes Leben und häufig auch das seiner Familie. Für den Ausbau eines Unternehmens und die Ansammlung eines Vermögens führen Unternehmer das Leben eines Galeerensklaven, ohne die Früchte selbst geniessen zu können.» So haben wir einerseits ein menschenunwürdiges Leistungsstreben, das die Todesangst bannen soll, auf der anderen Seite eine Aggressivität, die zum Tode hinführt. Todesfurcht und Todessehnsucht, Merkmale *unserer* Zeit, möglicherweise auch *jeder* Zeit, haben hier und jetzt Ausmasse angenommen, die den denkenden und verantwortlichen Menschen zum *Handeln* bewegen müssen.

Todesangst und Todessehnsucht
als treibende Motive der Absage an das Leben

Wir haben gesehen, dass Todesangst und Todessehnsucht ihre gemeinsame Wurzel im Verfallen-Sein an den Tod haben. Der Todesfurcht und der Todessehnsucht entspricht eine Wertminderung des Lebens. Im Falle Ellen West führten Todesangst und Todessehnsucht zum Suizid; im Falle unseres Drogensüchtigen zum Absterben jeglichen Lebenssinnes. Im ersten Fall war das Ende total; im zweiten Falle blieb zumindest das Erleben gewisser Weltbezüge erhalten. Trotzdem meine ich, sind Todesfurcht und Todessehnsucht immer auch verknüpft mit der Einstellung des Menschen seinem Leiblich-Sein gegenüber. Der versuchte oder vollende Suizid vernichtet den Leib des Menschen. Aber auch im chronischen suizidalen Verhalten, in der Abkehr vom Erleben des Lebens zeigt sich eine Leibfeindlichkeit. Wir haben von der asketischen Haltung extrem religiöser Menschen gesprochen, von der Vernachlässigung des Leibes durch Hunger und Geisselung. Wir sehen die gleiche Leibfeindlichkeit in den jugendlichen Subkulturen des Hippiewesens, der Drogenwelt. Besonders deutlich aber bei allen Formen schwerer Depressionen. Die Vernachlässigung der äusseren Leiberscheinung bei Depressiven ist häufig für deren Krankheit symptomatisch. So dürfte es sich lohnen, ja als Imperativ erscheinen, die Beziehungen des Leiblich-Seins des Daseins und der Endlichkeit unseres In-der-Welt-Seins zu durchleuchten.

Freud stellte bekanntlich ein naturwissenschaftliches Modell des Menschen zur Diskussion. Für ihn waren zwei einander gegensätzliche Grundtriebe, beide biologischer Natur, für die Entwicklung des Menschen massgeblich. Einerseits der Eros, dessen Energie lebenserhaltend wirken sollte, andererseits der Todestrieb, welcher als Quelle des Untergangs, der Aggressivität, betrachtet wurde. Der Todestrieb, «Stiefkind der Psychoanalyse» (Caruso), meint Freud, manifestiere sich auch als treibende Kraft gegen die Genesung des neurotisch Kranken, als Behinderung des analytischen Behandlungsverlaufes. «Es gibt keinen stärkeren Eindruck von den Widerständen während der analytischen Arbeit als den von einer Kraft ..., die sich mit allen Mitteln gegen die Genesung wehrt und durchaus an Krankheit und Leiden festhalten will. Einen Teil dieser Kraft haben wir als Schuldbewusstsein und Strafbedürfnis agnosziert und im Verhältnis des Ichs zum Über-Ich lokalisiert ... andere Beträge derselben Kraft mögen, unbestimmt wo ... am Werke sein.» Besonders in den Endstadien der Analysen stossen wir auf einen dieser «unbestimmten Orte», wo der Todestrieb, «unabhängig von Schuldgefühlen, die durch die Analyse stark reduziert wurden, wirksam ist» (Garma). Die Todestriebtheorie wurde später von einem Grossteil der Psychoanalytiker wieder fallengelassen, von anderen modifiziert. Caruso meint, die Hypothese des Todestriebes sei «eine der kühnsten anthropologischen Theorien, die je aufgestellt worden sind», obwohl sie von den Epigonen entweder totgeschwiegen oder optimistisch verwässert wurde. Garma stellt die Frage, ob die Todestriebtheorie pessimistisch sei – und verneint sie gleichzeitig. Sie versuche lediglich, unnötiges, selbstverursachtes Leiden zu erklären. Sie beschreibe und untersuche die Entstehung der Art und Weise, wie Menschen aktiv versuchen, nicht glücklich zu sein. Sie leugne auch keineswegs die Möglichkeit, ererbte und persönliche Erfahrungen günstig zu beeinflussen, denn sie zeige, «dass der Todestrieb aus früheren Erfahrungen der Menschheit hervorging, sich mit ihnen entwickelte und dass die destruktiven Konflikte, die er verursacht, zunehmen oder abnehmen je nach der Art der Erfahrung des betreffenden Menschen. Wenn dies der Fall ist, wenn die Todestriebtheorie die menschliche Persönlichkeit wahrnimmt, ohne sich Illusionen hinzugeben, und wenn sie den Ursprung von Schwierigkeiten und die Möglichkeiten, Glück zu erlangen, aufzeigen kann, dann darf sie – obgleich eine düstere Theorie – als optimistisch betrachtet werden. Wenn primäre, selbstzerstörerische Tendenzen existieren, dann wäre eine Theorie, die den Todestrieb leugnet, pessimistisch. Eine solche Verleugnung würde bedeuten, dass man eine Illusion aufrechterhält und selbstzerstörerische Elemente in lustvoller Verkleidung akzeptiert.»

Gerade diese Aussage, wonach im Menschen «primäre, selbstzerstörerische Tendenzen» existieren, ist anthropologisch gesehen höchst fragwürdig. Unabhängig davon, dass solche Tendenzen auf einen biologisch wirksamen «Trieb» zurückgeführt werden könnten, entspricht diese Annahme keineswegs der psychotherapeutischen Erfahrung, wie sie auch dem philosophischen Denken wesensfremd sein muss. Nicht nur bei Freud und den Vertretern einer naturwissenschaftlich ausgerichteten Psychoanalyse finden wir diese Annahme einer primär selbstzerstörerischen Natur des Menschen. Auch Anthropologen, wie etwa von Gebsattel, sprechen von einem «nihilistischen Grundzug der menschlichen Natur», von einer «primären Lust am Zerstören, an der Destruktion als solcher». Demgegenüber betont die Daseinsanalyse, dass weder in der Aggressivität noch in der Suizidalität je ein solcher primärer Zerstörungsdrang zu sehen sei, dass vielmehr auch in solchen Akten nichts anderes als der Versuch sich zeige, durch die Überwindung von Schranken erlösende Befreiung und Weitung anzustreben. Dies heisst aber, dass jeder aggressive oder selbstzerstörerische Akt lediglich eine privative Form des Miteinanderseins darstellt. Eine Privation ist jedoch grundsätzlich alles andere als die Verneinung dessen, dem etwas «geraubt» wurde, dem etwas fehlt. Schon gar nicht wird zufolge einer Privation ein Phänomen in seinem Sinn und Gehalt in sein Gegenteil verkehrt. Vielmehr verweist jedes privative Phänomen erst recht auf den vollen Bedeutungsgehalt der unversehrten Erscheinung. In demselben Sinne ist auch menschliches Kranksein immer nur eine Privationserscheinung des Gesundseins. Als solche ist auch alles Kranksein grundsätzlich nur von einem zureichenden Verstehen des Gesundseins her angemessen und voll zu begreifen. Und so kann auch das Phänomen des Sterblich-Seins, des Todes, ausschliesslich vom Phänomen des Lebens, des In-der-Welt-Seins her erfasst werden.

Noch schlimmer sieht die Sache aus, wenn wir das Leiblich-Sein des Menschen aus dem Blickwinkel der Freudschen Triebtheorie zu sehen versuchen. Am Ende nämlich sieht man bei solchem Denken im Menschen und seiner Welt nur noch ein